提升自信·改变内向·克服紧张·积极热情

DANGZHONG JIANGHUA

文天行 ◎ 编著

当众讲话

敢说·会说·妙说

克服当众讲话紧张怯场 全面提升演讲口才能力

台海出版社

图书在版编目（CIP）数据

当众讲话：敢说 会说 妙说 / 文天行编著. — 北京：
台海出版社，2014.12
ISBN 978 - 7 - 5168 - 0520 - 6

Ⅰ. ①当… Ⅱ. ①文… Ⅲ. ①语言艺术—通俗读物
Ⅳ. ①H019 - 49

中国版本图书馆 CIP 数据核字（2014）第 285388 号

当众讲话：敢说 会说 妙说

编　　著：文天行

责任编辑：刘文卉　　　　　责任印制：蔡　旭

出版发行：台海出版社
地　　址：北京市朝阳区劲松南路 1 号　邮政编码：100021
电　　话：010—64041652（发行，邮购）
传　　真：010—84045799（总编室）
网　　址：www. taimeng. org. cn/thcbs/default. htm
E-mail：thcbs@126. com

经　　销：全国各地新华书店
印　　刷：北京柯蓝博泰印务有限公司
本书如有破损、缺页、装订错误，请与本社联系调换

开　本：710×1000　　　1/16
字　数：228 千字　　　　　　印　张：17
版　次：2015 年 5 月第 1 版　印　次：2015 年 5 月第 1 次印刷
书　号：ISBN 978 - 7 - 5168 - 0520 - 6

定　价：35.00 元

前言

当众说话，是一门艺术。往往一句同样意思的话，让不善言辞的人讲出来，会粗鄙难听，但有的人却能将它讲得清晰风趣、悦耳动听，甚至富含哲理。像这种口出妙语的人，我们通常会赞美他是"口吐莲花"或"舌灿莲花"。

人人都能说话。但不见得人人都会说话，更不是人人都会巧说话。

其实，说话这件看似平淡无奇的事情，它背后所包含的能量却非常巨大。二战期间，美国人就已经将"舌头"、原子弹和金钱，定为国家赖以生存的三大武器。今天，美国人又把"舌头"、美元和计算机，定为了国家赢得全球化竞争的三大武器。在美国人心中，"舌头"的作用在任何时候都独冠三大武器之首，足见说话的背后所包含的能量决不可小觑！

要打造"舌头"的威力，首当其冲的就是"敢说"。历史上，毛遂自荐、救赵于危亡之时，魏征直谏、辅佐太宗实现贞观之治等等，就是"敢说"取得的成绩。而"敢说"只是第一步，要想通过说话成就事业，还必须"会说"。史书中，晏子使楚、不辱使命，墨翟陈辞、止楚攻宋等等，就是"会说"留下的美谈。在学会"敢说"、"会说"之后，冉懂得"巧说"的智慧，那么就可以凭着三寸之舌，无往而不胜了。诸如触龙说服赵太后，用长安君换来了齐国的救兵；诸葛亮激将孙权、周瑜，最终使天下形成三足鼎立的局面等等，就是"巧说"建立的功勋。具体说来：

敢说是胆。敢说话的人，在任何人面前说话都不会感到恐惧，在任何场合说话都不会让场面失控。要达到这一步，需要刻苦地训练自己的胆量和技巧，不怕

1

出丑、不惧嘲笑、不理质疑、不畏权威。这是掌握说话能量的第一步，也是最关键的一步。

会说是度。会说话的人，一句话可以让人笑；不会说话的人，一句话可以让人跳。会说的人说出的话，总是合情合理、入耳入心、进退有度、褒贬有节。从他们说出的话里既可以巧妙地体现自己的立场主张，更可以因为显示出来的学识修养，进而提高个人的群体威望。

巧说是智。巧说话的人，可以使陌生的人觉得相见恨晚，能够让固执的人变得从善如流。甚至一句话抵得上千军万马，谈笑间樯橹灰飞烟灭；也能够扭转乾坤，挽狂澜于既倒。这也正应了那句话：心里有，嘴中才能有；心里没有，嘴中焉能有哉？

那么怎样才能由"不敢说"而"敢说"，由"敢说"而"会说"，由"会说"而"巧说"呢？本书通过全新说话理念的引入和层层递进的引导，深入浅出地介绍了锻炼和运用"舌头"功力的方法。全书分成十二章，从不同的角度和方面介绍了"敢说"、"会说"、"巧说"的技巧。采用说理和故事相结合的方法，让读者在阅读中思考，在思考中实践，在实践中进步，最终彻底掌握说话背后所隐含的巨大能量。

在生活中我们发现，那些掌握了说话能量的人，总能在与人相处时八面玲珑，在遇到困难时转危为安。他们凭借着自己的说话本领事业有成，爱情美满，财源广进，前途一片大好。这正如美国人类行为科学研究学者汤姆森所断言的那般："发生在成功人物身上的奇迹，至少有一半是由口才创造的。"只要掌握了本书中的说话技巧，让自己变成一个"敢说"、"会说"、"能说"的人，那么你的人生必将因为说话的巨大能量而获得惊人的改变。不管是"口吐莲花"还是"舌灿莲花"，都不是大师的专利，我们也同样可以具备！

目录

CONTENTS

上篇 敢说是胆量

中篇 会说是情理

下篇 巧说是智慧

—————第一章—————
敢说话，才能闯天下

1. 因口有才，扫除开口的"拦路虎"

在现实生活中，很多人在私下里能够说得"头头是道"，但真正面对公众场合的时候，却显得惊慌失措、紧张万分，甚至有些人连站起来的勇气都没有！事实上，很多时候并不是他们没有这方面的口才，而是心里的"畏惧"束缚了自己的发挥！

为什么别人能够讲一口流利的话，而且该出场时就出场，从来没有半点扭扭捏捏，旁若无人地尽情展现自己？而临到自己头上的时候，心里却像揣着一只兔子，充满紧张和不安，甚至汗流浃背。是因为别人的口才好，而自己的语言迟钝吗？当然不是。或许当你们在私下里交流的时候，对方还不如你说出的话精彩感人呢！

很多人会疑惑地问："这究竟是为什么呢？"难道自己天生就不是那种能够出入"大场合"的材料？当然也不是。其实，最主要的原因就是突破不了自己的心里"障碍"，缺少相应的勇气和胆量，也就是我们通常所说的"怯场"！事实上，每个人站在公众场合讲话的时候多多少少都会紧张，只是程度深浅而已。只要你坦然面对，克服掉畏惧的心理轻松上场，就能够让自己的口才得以尽情地展示和发挥！

王凯是一名刚入校的大学生，由于在大学以前把大量的时间都花费在了学习上，根本没有机会接触社会，更没有经历过什么大场合。所以，当大学开学后的第一个班会上，看着别人在讲台上侃侃而谈，自己却怕得要命，一想到马上就该自己上台演讲的时候，王凯不由自主地就哆嗦起来，如果可以真想躲起来！

然而，班里的学生一个接一个上台，谁也免不了，很快就轮到王凯了。但是他却一脸窘相向班长乞求道："我真的说不好，别让我上去了……"这件事让班长也感到很为难，因为大家无一例外，而且也是一个大家相互认识的好机会。所以就鼓动大家一起为他加油，可越是这样王凯越显得紧张和害羞，甚至趴在了桌子上连头都不敢抬起来了。但是，大家都在等着他，班长只好让他站在自己的座位上向大家介绍自己。虽然，他勉强站起来说出的话让人感觉到声音都在颤抖，但他总算站了起来，而且自己也感到真正站起来后远没有想象的那么可怕和紧张，反而释怀了很多。

大家知道王凯有这方面的不足，就有意把这样的机会让给他。有一次，老师让班里找几个代表参加座谈会，班长故意对王凯说只要去听就行了。结果到了才知道，到场的每一个同学都必须要发言的。这让王凯有点措手不及，但是有了上次的锻炼，他决心鼓起勇气试一试！于是，在老师的点名下，王凯站了起来，尽管依然紧张，大家明显看到他的双手在发抖，但是他却出人意料的站在那里讲了几分钟，而且发挥的还不错！当王凯坐下来的时候感觉到自己后背上满是汗水，但是他显得很快乐，也很释怀！

后来，经过不断地磨练，王凯突然发现其实自己的演讲水平还是不错的，以前只是由于紧张没有发挥出来而已！

很多时候，有些人只是自己吓自己，想象着站在大家面前会有多紧张、多可怕，而如果自己真的放松下来的时候，反而没有了那么多的紧张和恐惧，更多的是战胜和展示自己的轻松和愉悦。

的确，当一个人在台上只顾紧张的时候，哪里还有口才可以发挥？往往害怕自己说不好、害怕出错，更担心在大家面前出丑，所以越这样想就会越紧张，越不知道该说什么！即便是在私下里滔滔不绝、准备充足的人，如果不能克服心里的畏惧，同样会在台上语塞，尽显慌乱的神情！

莉娜在一家房地产公司上班，由于工作努力，为公司带来很大的收益。所以，在年终的表彰大会上同事们要她作为员工代表发言。因为莉娜平时就是一位性格开朗、能说会道的人，更何况只是几句简短的发言，所以她并没有做什么准备。当有人让她准备发言稿的时候，她很轻松地答道："这是我最拿手的，还用得着打草稿吗？"

然而，当她真正地站在台上的时候，一种前所未有的紧张和恐惧向她袭来，她之前信手拈来的演讲发言竟一句也说不出来了！

就像莉娜一样，私下里"能说会道"，甚至是长篇大论，但是真正发表演讲的时候却没有了往日的"风采"。因为紧张和畏惧让她的脑子一片空白，以致不知道该说什么。反过来想，如果她能够克服心里的畏惧感，大大方方的在台上，那么她的口才一定会发挥的很完美，至少不会像现在那样显得尴尬和窘迫！

因此，当众讲话最重要的、也是第一位的就是要克服掉畏惧的心理。因为一个人只有敢于表达，才能有机会向别人展示自己的才华和魅力。否则，倘若站在大家面前手忙脚乱、紧张不安，即便能说出来也显得毫无力度，整个人的地位和形象就会降低！尤其在职场上，不敢表达，或者因为畏惧怯场而吞吞吐吐，那么，你就得不到大家的重视和尊重，当然就会错失很多机会和人脉，影响事业和人生的成功！

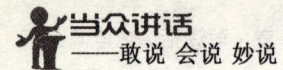

2. 控不了场面，上不得台面

你在公众场合紧张吗？毋庸置疑，很多人都有这样的经历，尤其站在大家面前讲话的时候，脸刷一下就红了，无论目光还是双手都找不到一个自认为合适的位置。可想而知，他们会有完美的表现吗？说起话来肯定结结巴巴，枯燥乏味！

我们知道很多人会在公共场合万分紧张，尤其说话更是颠三倒四、前言不搭后语，甚至半天说不出一句话来！大家有没有想过为什么会出现这样的情况呢？其实，当中的原因很简单。

有些人是因为一直就性格内向，平时就很少在大家面前讲话，更不要说什么公共大场合了；有些人是因为缺乏自信，在大家面前显得心里没底，生怕出什么乱子，因为担心才会引起自己的紧张……还有一种就是因为自己的要求太高，对自己过于苛求，在他们的心里哪怕一丝的不完美都不能出现，以致因为"求全"而让自己的内心一直处于担心和纠结的状态。

事实上，引起人们在当众讲话的时候紧张的原因有很多，其实只要我们找到了紧张的根源，完全可以避免紧张的情绪，让自己自然放松在展示魅力十足的口才，至少能够淡定、从容地面对眼前的一切！

某市举办了一场大型的演讲比赛，要求参赛的对象必须是本市市民，另外全市的高校师生都可以参加，但是有名额限制，每个学校只能参加两人！而大赛的奖金非常丰厚，所以，报名参加比赛的人非常多，有来自工厂的工人，有来自单位的员工，也有一些退了休的老人……而其中最令人关注的就是在校大学生梅斌。他的名声不仅仅自己的同学和老师知道，包括很多市民都认识他，可谓是"风云人物"。因为梅斌经常参加一些演讲比赛，在市里以前举办的比赛中，他几乎每次都是以第一名的身份站在领奖台上，而且通过电视直播，所以在大家的印象当中，梅斌肯定又是这次的冠军了！

其实，不仅仅是因为奖金，也是为了能够让自己的学校在市里更加有名气，所以，大家都对梅斌抱有很大的希望，并且已经准备好了为他的胜利而庆祝！

这样，梅斌就带着重大的使命天天拼命地练习，而且感到身上的压力非常大。所以，他不允许自己有半点的失误，哪怕是一丝一毫都不行！

很快，演讲的日子到了，梅斌也已经做好了充分的准备，他有信心拿下这次的第一名！然而，当他看到会场里的人山人海，又想到自己一定要成为今天的第一名，不由得手心冒汗了。当他站在台上开始演讲的时候，包括自己的校长、老师、同学都在下面为自己鼓掌加油，眼神里充满了期待。这时他又想到了自己的目标和大家的希望，他告诉自己一定要演讲好，一定要演讲好……就这样他感到了以前从来都没有过的紧张。

结果，梅斌开始变得浑身发抖，说话吞吞吐吐，完全不像以前大家看到的那位"演讲明星"了！可想而知，他不仅没有拿到第一名，而且连决赛都无缘参加了！

当一个人太过于苛求得到一样东西的时候，他就会全身心地投入进去，以致会达到一种苛刻和完美的境地！所以，这样就容易让人精神过分集中，带着压力和急功近利的人怎么可能会不紧张呢？结果不但不会有助于事情的发展，反而会让自己发挥失常，连正常的水平都不能达到！就像梅斌一样，他太渴望成功了，反而在演讲时出现了不该出现的紧张情绪，最终让自己错失了机会！

王海是一个性格比较内向的人，平时很少说话，无论是大家在一起聚会，还是同事们一起聊天，他总是属于被"忽略"的对象。因为他性格很腼腆，几乎不发表自己的观点和看法，尤其当别人和他开玩笑的时候，王海不由自主地就会脸红、不知所措！

所以，尽管王海学的是新闻媒体传播专业，但由于自己的性格原因，只能选择做一名"默默无闻"的文员，而且纯粹做一些文字工作。每次开会，领导让他总结一下自己的工作和感受的时候，他总感觉很不自在，万分的别扭，紧张得一会儿就流出汗来！

其实，这种情况就是由于性格造成的，内向、腼腆让他无法适应在公众的场合展示自己的口才，紧张的情绪已经让他无所适从了，哪还有什么多余的心思放在说话上面呢？所以，知道了内向的性格是造成自己当众讲话紧张的障碍后，也就找到了症结所在，只要对症下药，坚持去改变，慢慢地就不会紧张了！

既然别人能够站在演讲台上挥洒自如，毫无惧色，我们一样也能做到。或许你会说自己依然会紧张万分，但是这完全可以克服。只要找到了紧张的原因，只要愿意付出行动去改变，尽管不可能每个人都成为演讲家，但是至少不会再在大家面前惊慌失措！所以，不要认为紧张是理所当然的，事实上你也可以不紧张！

3. 摩西尼的三寸之舌

在这个世界上，拥有一流的口才是每个人都梦寐以求的。然而，当看到别人口若悬河地在那里发表精彩的演讲，很多人只是停留在羡慕和赞叹上，自暴自弃地认为自己缺少这方面的天赋。事实上，口才是练出来的，无论拥有天赋与否，都应该积极尝试和锻炼！

林肯说："口才是社交的需要，是事业的需要，一个不会说话的人，无疑是一个失败者。"可见，口才对于我们每一个人的重要性。然而，很多人只知道去羡慕别人的好口才，甘愿做一个欣赏者，并且认为那是人家的天赋，在尝试之前就默认了自己不可能拥有那样的能力。

当然，极少数人在语言方面的确具有天赋。但是一个人的好口才不是光靠天赋就能实现的，缺乏后天锻炼的所谓天赋是不可能成就出色的口才的，至多是一些语言上的"小聪明"，终究难登大雅之堂！而即便是一个在语言方面没有什么先天优势的人，甚至是有残缺的人，如果坚持训练同样能够拥有让人折服的口才。

所有，对于任何人来说，想要拥有一流的口才，没有持之以恒的锻炼是不可能实现的！口才是练出来的，敢说才是第一步，通过不断地尝试和改进才能让自己当众讲话的能力得到提高！

几千年前，雅典有个名叫狄摩西尼的演说家，谁也不会想到这位历史上的雄辩家，曾经患有严重的口吃。他家庭富裕，却幼年多病，两肩不平，个子矮小。在他年幼的时候，他的叔父想要霸占他的家产，因为这件事狄摩西尼涉及到了官司。当法院审问时，他因无法答辩而败诉，并因口吃加上外貌丑陋，到处受人嘲笑和欺侮，因而终日过着悲哀绝望的生活。

后来，他想到自己的苦难都是由于口吃造成的，于是下定决心，立志矫正自己的口吃，锻炼正常说话和辩论的能力。据说他每天在家对着镜子练习讲话，或者跑到海边，把大海当听众，用自己激烈的雄辩式的演说和海潮澎湃的吼声相对抗。他曾把石子含在口中练习说话，这样持之以恒的苦心锻炼，经过一个相当长的时期，狄摩西尼居然成为了一个了不起的雄辩家。

由于他长于辩论，不到三十岁，就成为一个极有名望的律师。他为了反抗祖国的敌人，凭着三寸不烂之舌，游说各国，订立军事同盟。同时又凭着自己出色的演讲唤起本国人民觉醒，痛击强敌。当时企图吞并希腊诸邦的马其顿王腓力曾感叹说："希腊诸邦虽有强大的海陆军队，实不足一顾，所惧者，唯狄摩西尼三寸之舌耳。"

谁会想到一个大名鼎鼎的演说家当初竟然曾经是一个口吃呢？但事实摆在大家的面前不得不让人信服。或许当初没有生活的逼迫，狄摩西斯不会想着去锻炼自己的口才，也就不可能成为演说家，然而他通过自己的努力确确实实改变了毛病，而且拥有一流的雄辩口才！所有的这些至少让我们明白：锻炼是可以让自己的口才改变的，而且还可能成就自己的一流口才！

洛恩生活在一个富有的家庭，从小就是衣来伸手饭来张口，没有感受到什么是生活的压力自然而然也就养成了一些坏毛病。然而，洛恩有一点不仅让自己骄傲，也让家里人感到欣慰，那就是他的语言天赋。

洛恩是一个十分机灵的孩子，很小的时候洛恩就能清楚地表达自己的意思，甚至有时候还能和大人们进行激烈地"辩论"。尽管那时候说出的话在大人们看来很普通，但是对于他的年龄而言已经是超乎想象了！所有见过他的人都夸赞洛恩很有语言的天赋，并预言将来长大后肯定有出息。

就这样，洛恩在大家的赞誉声中慢慢长大了，一直到了二十多岁，这时候他的语言方面的聪明劲儿是很多人比不了的，尤其在闲着没事儿的时候说一些俏皮话更是在行。然而，让人想不到的是，在一些大的场合，尤其是比较正式一点的，他却像完全变了一个人似的，紧张、语塞、吞吞吐吐、张口结舌……再也找不到他侃侃而谈时的感觉！而和他一起长大，当初在语言方面很普通的小伙伴，站在演讲台上却显得挥洒自如，流利而又有说服力的语言不时引来阵阵掌声！

原来，他的这位语言"天资"并不高的同伴，后来不断地在语言方面加强锻炼，主动创造机会锻炼自己的胆量和说话技巧，逐渐拥有了出色的口才！而洛恩却因为生活无忧无虑，自己一直被人们称赞，而从来没有努力过。因为洛恩没有在自己先天优势的基础上进行过锻炼，所以他的口才依然只是停留在小时候那点"天赋"上面，并没有得到进一步的提升和运用。因此，他的才只是一些小聪明，根本撑不了大场面！

从这里我们就可以清清楚楚地看到，想要成就一流的语言，能够在大场合撑起大场面，不锻炼是难以实现的，即便是那些有一点天赋的人！相反，即使是一个普通人，只要努力锻炼，也能让语言得到很大的提升，甚至成为一流的演说家。因为只有锻炼才能让自己的胆量越来越大、适应能力越来越强、说话的技巧越来越丰富。相比那些凭借着先天的优势停滞不前的人会显得更加沉稳大气，在口才方面更有说服力，至少他们能够从容地说出来！

无论是一个在语言方面有天赋的人，还是一个平凡无奇的人，都应该把口才的锻炼看成是一种自我磨砺和进步的过程，并且相信通过锻炼能够让自己的"短板"的部分得以延长，"长"的部分变得更长！所以，敢于说出来，敢于去锻炼，你才能有机会让自己的语言魅力十足！

4. "闭门"造不出好车

在生活中，很多人并没有理解什么是口才，以及怎么样才能获得口才。大多数人总认为只要学习一些这方面的理论知识，就能慢慢地提升自己的语言水平。事实上，这是在"闭门造车"，全凭自己的想象和推测，缺少实践的锻炼，如同纸上谈兵，没有实质作用！

在我们的身边，有很多人想提升自己的口才，并且整天让自己扎在理论文字里，一遍又一遍地去记忆书中的方法和技巧。然而，到头来他们并没有让自己的口才得到实质性的提升，尽管他们已经把那些理论性的东西背得滚瓜烂熟。

事实上，他们的思想和方向就已经错了。因为只看几本书就想成就一流的口才，不仅不现实，而且是在闭门造车，完全凭借自己的想象和推测。口才不是一种理论，更不是一段文字就能解决的问题，它更多的是一种能力，需要在现实中体味技巧和要领！就像我们中国功夫一样，光知道那些动作要领远远是不够的，只有勤学苦练才能掌握真本领，达到收放自如的境界。

所以，想要在当众讲话中展示自己的风采和魅力，拥有真正的口才，就要避免钻进理论的"死胡同"，以及全凭自己的想象和推测。否则，你永远都不会在口才方面获得成功！

赵慧是一家私营企业的老板，她的公司里员工不是很多，工作量也并不大，按说她应该感到很轻松。而然，一直有件事让她忧心忡忡。因为她的口才不好，有时候开会因为紧张，她甚至说话前言不搭后语，或者反复啰嗦、抓不住重点。所以在大家面前显得没有领导的风范，因为缺少凝聚力而影响了整个团队的发展！所以，赵慧就想方设法去提高自己的口才，而且买了好多关于口才方面的书，努力地在平时加以学习！

书买回来之后，她就暗暗发誓：不出三个月一定要让自己的口才得到大幅度的提升，让大家看到一个不一样的自己！就这样，她每天下班后会熬到很晚，坚持把当天的看书计划完成，并且把书中的要领和步骤记清楚，第二天早晨再把昨天看的书重新复习一遍。由于白天的工作，再加上早晚的看书，让她没有一点儿休息时间，整个人筋疲力尽。

很快三个月就过去了，赵慧瘦了一圈，但是想到自己已经掌握了书里的知识，而且马上就可以运用到工作当中，心里依然觉得很值得！

又到了该开会的时候，赵慧提前准备了一番，并想着在会议上给大家一个惊喜，让他们看到自己的口才！可是，当她照着书中的方法去做时，却发现自己的语言根本不听控制，紧张的情绪还是无法缓解。这使得她更加着急了，使劲地在脑海里翻找着平时看到的方法和技巧，但依然无济于事！

赵慧的错误在于，她在方法和认识上就已经偏离了正确的轨道。

认为仅仅靠着几本书就能够让自己的口才得到实质性的改变，真是有点儿幼稚和天真。然而，在现实生活中并不是只有赵慧会出现这样的错误认识，有很大一部分人和她一样在"死啃书本"，把书上的理论当成救命的法宝！其实，书上的理论是死的，而且只是从大的方向上给予了指引，而我们要面对的是活生生的场面，很多细节和需要把握的分寸只有在实践中才能得到掌握！

的确，很多时候理论只是教会了我们怎么去做，但具体能不能做得好还要看自己对真实场面的把握。一个人想要拥有好口才，就必须不断地学习，不断地实践，敢于去尝试，敢于去挑战，在实际运用中提升自己的讲话能力！

5. 先出丑，后出色

在这个世界上，没有人喜欢出丑和丢脸，相反大家都想尽一切办法尽量避免出现此类事情。然而，出丑和丢脸有时候并不是绝对的坏事。事实上，敢于出丑和丢脸的人才能在这个过程中学到更多别人不曾触及的东西！

有人说："在出丑和丢脸之后，如果你只学会了以后不怕再出丑，那么最多你算是练就了一张厚脸皮。只有在出丑和丢脸的过程中不断发现和完善自我的人，才是最高境界的出丑！"

的确，谁也不希望自己在大家面前出丑和丢脸，然而当我们需要在大家面前出丑的时候，就一定要敢于放下面子，认认真真地出丑，并欣然接受别人的讥讽和嘲笑！

比如，一个人的口才不好，没有胆量在公众面前讲话，或者站在演讲台上面红耳赤、紧张不安。那么，最好的办法就是多锻炼，更关键的是放开面子不怕出丑，而且还要热衷于在大家面前出丑。因为出丑的次数越多，说明你在大家面前尝试的机会就越多，你的适应能力就越强，而你的紧张程度就越低，最终找到和掌握更多的适应方式和说话的技巧！

所以，想要克服自己不敢当众讲话的弱点，就要从不怕出错、不怕出丑和丢脸开始。现在放下面子，才会让自己以后拥有更多的面子！

萧伯纳不仅是英国杰出的戏剧家，也是一位出色的演讲家。有趣的是，他学演讲的过程也颇具"戏剧性"

萧伯纳年轻的时候是个非常胆怯的人。20岁那年，他初到大城市伦敦，胆子非常小，不好意思见人。一次，别人请他去做客，他在河堤上走来走去，磨蹭了二十多分钟，才壮起胆子走到人家门前。到了门前，他还是情绪慌乱，不敢去敲人家的门。

还有一次，朋友邀他去参加学术辩论会，他在会上万分紧张地站起来，结结巴巴、语无伦次的发言，结果受到别人的讥笑，有人甚至说他是傻瓜。对于年轻时的胆小和恐惧，后来的萧伯纳坦然承认："很少有人像我这样因为胆小而痛苦，或极度地感到羞耻。"

当他意识到自己不敢大胆讲话是个严重的缺点后，便发奋练习演讲，决心把自己的缺点变成优点。他为自己制定了一个训练计划——以学溜冰的方法练习演讲。他联想到自己初学溜冰时也很恐惧，但后来终于在一次次狼狈不堪的摔倒中逐渐熟练掌握了成功的要领。可见，不上溜冰场，就学不会溜冰。同样的道理，如果不当众练习，自己就不可能真正学会演讲。他下定决心，一定要抓住任何一个开口说话的机会，不怕出丑。因为只有这样，胆怯才会渐渐地远离自己，否则，自己永远都只是个胆小鬼。于是。他先是勇敢地报名加入伦敦的一个辩论学会，每星期都坚持当众演讲。

刚开始，别人都把他当成一个"小丑"，取笑他，甚至轰他下台，但他始终坚持演讲完毕再下台。他一次又一次地向自己挑战，内心里总是一遍遍地高喊："我不怕出丑！"我不怕出丑！慢慢地，他变得胆大起来，演讲也流利多了。从不怕出丑中尝到了甜头，萧伯纳开始寻找更多的锻炼机会。此后，每逢有公众讨论的聚会，不管是在教堂、学校，还是在公园、码头、市场；不管是在挤满上千听众的大厅，还是在只有寥寥几人的地下室，他都涌跃参加。并且，他还全身心地投入到社会运动中，四处演讲。有人曾做过统计，在此后十二年中，他的演讲次数到达了一千多次，几乎在全伦敦的每个地方都能看到他慷慨陈词的身影。

当然，战胜自己的过程是困难的，萧伯纳饱尝了怯懦、恐惧的煎熬，以及别人讥笑的折磨，但他始终未曾退缩，而是以强大的毅力坚持下来。结果，他从一个自卑怯懦的青年，变成了二十世纪上半叶最出色的演讲家之一。后来。有人曾问萧伯纳："您是怎样学会声势夺人地当众演讲的？"他回答说：我固执地、一个劲儿地让让自己出丑，直到娴熟为止！"

很多人之所以不敢在公共场合讲话，归根结底就是因为害怕自己丢面子，所以才会谨慎又谨慎，小心再小心，结果导致除了紧张还是紧张！事实上，一个人越是害怕出丑，越是害怕丢面子，那么他就越不能得到锻炼和磨砺，永远都处于畏惧的状态，而且每一次都会出丑！所以，你只有敢于在短时间里出丑，才能避免长远的没面子！其实，出丑怕什么呢？那不就是失败一次吗？你只有不怕挫折和磨难，在出丑的过程中汲取能量，才能让自己以后的当众讲话变得更加流利，更加吸引人！

事实上，当众讲话的第一道关就是胆量和勇气，只有具备了这些你才能让自己的口才得到最大限度地发挥！否则，一上台就开始紧张和不安，哪里还有精力思考说话的问题，甚至一句话都表达不出来！所以，不怕出丑不仅仅能够让自己在具体的场合中掌握说话的各个细节和分寸，而且还能锻炼自己在公共场合下的胆量和勇气，让自己更加自然轻松地面对！

出丑只是暂时的，它不仅仅是一种勇气，更是一种责任、目标和

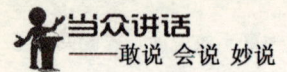
担当！为了让自己的口才更加出色，你必须让自己更多的出丑！

6. 有动力才会更努力

人生在世，什么是动力呢？什么又能离开动力呢？没有任何一样东西能够缺少动力，大到宏观宇宙，小到微观世界，没有动力就不能前进，就不能有什么创造！我们人类更是这样，无论做任何事都是从动力开始的，然后才有了目标和方向！

在现实生活中，并不是每个人都有在公共场合讲话的能力，很多人正是因为欠缺这方面的优势而错过很多机会，阻碍了通向成功的道路！所以，对于那些不善于当众讲话的人来说，锻炼才是唯一的出路。然而，锻炼绝不能是被动的，而应该是积极主动的，否则不会有什么大的进步和提升！这就需要一个人有这方面的爱好，有"说话"的动力！

那么，怎样才能让人们对当众讲话产生动力呢？一方面自己要有目标性，不能像一个无头苍蝇一样到处乱撞，否则就不会有提升自己的积极性，很大程度上成了一种跟风和盲目；另一方面，要有像别人学习和靠拢的追求，看到别人站在台上挥洒自如、侃侃而谈，自己不能光羡慕，还要想着有一天自己也要成为这样的"演说家"。这样，有了自己的榜样才会为之不懈的努力！

所以，对于每一个想要在当众讲话方面有所上进的人来说，有了当众说话的动力，才会集中各方面的资源和优势，并利用到提升自己的口才上面来！

像很多人一样，王芳的口才也不怎么好，尤其当众讲话的时候更是张口结舌，每次在单位发言的时候她都显得愁苦万分！所以，她整天和自己身边的人叫嚷着要提高自己的说话水平，要让自己的口才变得更好！

然而，她的目标很笼统，并没有针对性的方向。所以，看到别人去买口才类的书她也跟着去买，看见别人主动在会上发言，她也象征性地站起来，但却是漫无目标的乱说一通。王芳在毫无目标和计划的情况下试图锻炼自己的口才，结果根本没有什么作用！

所以，尽管她也和别人一样进行所谓的锻炼，但是到头来她的演讲能力依然没有半点起色！对于这样的情况，他自己也感到很苦恼和纳闷，因为她几乎和别人一样地努力，但是别人经过一段时间有了显著地提升，而自己还在原地踏步！

原因已经很明显，王芳根本就没有确立自己的明确方向，只是在被动地跟风，看着别人那样做自己也那样做，结果因缺少必要的目标以失败而告终！不仅仅当众讲话，做任何事都要有明确的方面性和针对性，否则就会像一辆没有目的地的车不可能极速前进，永远也到达不了终点，而所做的一切都将成为"无用功"！

凯威是一家公司的小职员，管理着一些刚刚来的新人，主要负责对他们进行培训和引导，从某种程度上讲他就是一位小领导！因此，在给大家培训的过程中，免不了要站在台上讲话。但是，他的唯一毛病就是不适应当众讲话，表达的时候总是吞吞吐吐、结结巴巴！不过，他并没有放弃自己，每每有机会参加公司及外面的重大活动的时候，他都非常认真地听那些领导的讲话，尤其是一些讲话有魅力的人的演讲他更是不会错过！

很多时候，他想象着自己有朝一日也会站在那样的演讲台上，并为成功的站在台上演讲一直默默地准备和锻炼着！他把这些人当成自己的榜样，并为之而奋斗。每次当自己泄气的时候，他就想想自己以后要成为和他们口才一样的人，立马就来了兴致和动力，并决心为之不懈地努力！事实上，他不光是在羡慕那些出口成章的人，更多的是在学习他们的优点和风范，把每一个细节都在心里记得清清楚楚！

有了这样的学习榜样，凯威就有了源源不断的动力，一有机会就主动有目标性地去刻苦训练。一年以后，凯威在公共场合的讲话能力得到了显著的提高！

一个人锻炼当众讲话的能力，一旦有了自己的榜样也会尽最大努力向他们的讲话水平和风格靠拢，让自己浑身充满动力，积极地向着"榜样"的目标迈进！

事实上，树立这样的榜样并不是要把他们的口才复制过来，而是作为心中的一种目标来产生强大的吸引和推动力，让自己有拼劲、有韧劲，向着一个明确的方向前进，这样更有利于集中"力量"更大幅度地提高自己！

可想而知，无论在工作还是生活中，一个有目标和动力的人与一个没有目标和动力的人相比，完全是两种不同的精神状态，两种不同的处事方式！同样一件事情，有目标和动力的人更勤奋刻苦，会竭尽全力去实现自己的理想；而缺少目标和动力的人则是一副散漫无度、随意而为的样子。就像走路一样，他们不知道最终要走到哪里，所以就不会急着往前走！锻炼口才，必须先找到目标和方向！

————第二章————
有胆量，说话才有分量

1. 一定是乐谱错了

在通往成功的道路上，遇到阻碍和困难是常有的事儿，但是如何去对待这就决定了自己能不能最终走到成功的终点！有时候，真理就掌握在少数人手里，只要自己坚持的是正确的，就不要怀疑和退缩，哪怕遭到大多数人的反对，也要勇敢地据理力争！

无论是面对人生，还是面对问题，每个人都有自己的坚持。然而，这些坚持并不一定会得到大家的理解和赞同，甚至会因为自己的坚持与大家不同而遭到一致反对，尽管很多时候自己的坚持是正确的！

面对"敌众我寡"的局势，很多人会怀疑自己的坚持，或者迫于压力而内心"畏惧"，从而屈从或者附和！另外，还有些人虽然坚持了下来，但是在和大家的争辩中缺少底气，产生一种恐惧的心理，让自己变得紧张和慌乱，在着急中言语往往会出现差错，本来自己站在有利地位，却让别人给"驳倒"。

所以，在当众讲话的时候，无论面对多少人，只要自己坚持的是正确的，就没有什么可害怕的，要敢于表达自己的观点，而且还要说得理直气壮，把自己的观点充分地展现出来！

小泽征尔是一名音乐指挥家，在全世界都很著名，而且很多世界著名的歌剧院都力邀他的加盟。

有一次，他去欧洲参加音乐指挥家大赛，决赛的他被安排在最后一位。小泽征尔拿到评委交给的乐谱后，稍做准备，便全神贯注地指挥起来。突然他发现乐曲中出现了一点不和谐。开始他以为是演奏错了，就让乐队停下来重新演奏，但仍觉得不和谐。至此，他认为乐谱确实有问题。可是在场的作曲家和评委会的权威人士都郑重声明：乐谱不会有问题，是他的错觉。

面对几百名国际音乐界的权威人士，他难免对自己的判断产生了犹豫。但是，他考虑再三，坚信自己的判断是正确的。于是，他斩钉截铁地大声说："不！一定是乐谱错了！"他话音刚落，评委们立即站立起来，向他报以热烈的掌声。

原来这是评委们精心设计的一个环节，以试探指挥家们在发现错误而权威人士又不承认的情况下，是否能坚持自己正确的判断，因为只有坚持正确判断的人，才真正称得上是世界一流的音乐家。

当小征泽尔发现问题的时候，下面很多权威人士并不赞同他的观点，所以他的提议遭到了大家的一致反对。有些人面对很多权威的反对声，也许不敢激烈交锋，至少心里会有一种畏惧和紧张，而且说出来的语言也会"软绵绵"的，毫无力度！而小征泽尔不害怕大家的反对，面对权威他也不紧张和畏惧，而是据理力争，坚持自己的观点和看法，事实证明他是正确的，最终赢得大家的一致好评！

小马是一名高中学生。有一次，在数学课上老师讲错了一个概念，但是除了小马之外，大家好像并没有什么异议，因为没有人敢怀疑老师的权威性！而小马却毫不犹豫地站起来指出老师的错误，这让老师很尴尬。而下面的学生更是拥护老师的观点，一致反对小马的观点。

刚开始小马还在和老师据理力争，但是面对众人的"排挤"，小马感到有点动摇了，怀疑或许是自己错了！因为面对大家的压力他变得有些紧张和畏首畏尾，再也不敢说出口，即便有时候嘴里蹦出几个字，也是含糊不清，没有一点儿说服力。这样反而让大家认为他在胡闹，还遭到了大家的嘲笑！

事实上，有什么害怕的呢？既然是正确的，为什么不敢坚持呢？每一个人都相信真理，而不是依靠人数的寡众。你只有理直气壮地站在大家面前表达出自己的观点和坚持，才能让自己更加自信，以一种自然放松的状态讲出自己的道理和风采！否则，你的退让和妥协只能加剧自己的紧张和畏惧感，让自己充分的道理和证据无法清楚有效地展示出来，从而显得自己的当众讲话的能力欠佳，还会遭到大家的非议！

所以，当众讲话需要的是一种胆识和气魄，有争议就要允许辩解，不要害怕别人的反对，别人可以当着你的面毫无惧色，为什么你就不能洒脱自如地和他们据理力争呢？口才需要锻炼，但是首先需要的是一种勇气，只有不畏惧、不紧张，全身心放松下来，才能让自己的语言得到更大程度的发挥！

2. 谁恐惧，谁就要受折磨

怯场，是很多人都要面对的"难题"，尤其是在一些重大的场合，面对许许多多比自己更有气场的人，他们立马就泄了气。别人越是淡定从容，他们就越表现得紧张和不自信，本来可以发挥的很好，但结果却乱了方寸，不知所云！

为什么很多人会在大家的面前怯场呢？其实有很多原因，一方面是自身经历的大场面比较少，应变能力差，一时难以适应；另一方面，看到别人都那么优秀，立马就没有了自信，生怕自己出丑，越担心就会越紧张，越紧张出错的几率就会越大，进而在大家面前的表现就会越差！

尤其在一些大的场合，很多人并不是因为口才不好才不敢说，而是被别人的积极表现给"吓住了"，这是他们怯场中的一个重要原因。本来只是略微的紧张，而一看到别人那么从容淡定、挥洒自如，再比较自身的表现，就会觉得自己与别人有差距，事先所有的准备就会乱作一团麻，紧张加剧就会更加害怕上台，即便勉强上去了也不会有良好的表现！

为什么会怯场呢？很多时候，无论是因为经历少，还是没有自信，归结为一点就是放不开，胆量不够大。事实上，我们可以不用害怕，人多又怎么了，场面大又怎么了，我只讲我的话，把自己的所有魅力尽量展现出来，所有的人和场面就会成为你的"衬托"，不被外物干扰你就不会再怯场！

张伟在一家公司做经理助理，平时免不了会有这样那样的应酬。

有一次，经理又带着他参加一个商业活动，晚上各公司的老板经理在一起搞一个小晚会。可是就缺少一个主持人，而在座的其他人都是领导，只有张伟比较适合。所以，经理就让他来主持这个晚会。刚开始张伟一想到下面都是大领导，而自己仅仅是一个助理，就有点不自信了！但是没有其他的人选了，他只能硬着头皮上去。

后来他一想，反正是一个娱乐场合，就是大家一块玩玩，表现稍微差点也不要紧，何不借这个机会锻炼一下呢？于是，张伟就大胆起来，在台上尽情地发挥，完全忘了下面坐着的人的身份和地位，只想着自己怎么说得更好听！结果，出人意料的事情发生了，当他讲话的时候，下面响起一阵阵掌声，像是自己的粉丝一样！事实上，在克服了紧张之后，张伟的讲话相当精彩，这也是经理事后对他的评价。

试想，如果当初张伟在大家面前放不开，感觉到下面都是领导而心生胆怯。那么在台上他就会紧张不安，不但不会有什么好的表现，相反还会因为说不出话，或者语言颠三倒四而给大家留下坏印象！

李斌是一家小企业的老板，虽然规模不大，但在他的管理下经营秩序井然，没有出现过什么大的问题！然而，他并不满足于现状，总想着找机会得到别人的帮助，从而扩大企业的规模，获得更大的收益！

于是，他平时就比较关注同行业的发展，以及大家有什么动向。偶然的一次机会，他在报纸上看到近期要举行一次企业推介会，也就是大家相互宣传和交流，增加自己的知名度，虽然需要交一笔报名费。一想到会取得别人投资的机会，他还是报了名。

推介会开始后，当轮到李斌上台演讲的时候，他不由得紧张起来。虽然他也出席过一些公众场合，但是这次下面坐着的都是企业大腕，他有些不自信了！他只好勉强走上讲台，之前准备好的"豪言壮语"，以及自己企业的特点和优势，此刻在他的脑海里全部混乱了。结果他站在台上语无伦次，而且还不停地挠头、擦汗……此时，坐在下面的一些听众认为他缺少做大事的风范和气度，连最起码的演讲都搞不定，又怎么能做好一个企业呢？

就这样，李斌在台上甚至连邀请其他企业投资的事情都忘了，下面的人都在偷偷地嘲笑他，脸上带着轻蔑的表情。李斌的失败正是因为自己心中的恐惧，这使得他气场弱到了极点，在大家的心目中没有产生任何积极的影响，根本不可能征服大家，他理所当然地失败了！

很多人经不起大场面，遇到这种情况就会变得语塞，说不出话来，或者因为慌乱而发挥不出正常的水平。其实，想明白了这有什么好怕的呢？你要知道，无论地位高低，自己的目的就是讲好话，不需要对谁负责，更不用看谁的脸色，因为在讲话的"权利"上大家都是公平的！更何况你越放得开越能展现出自己的水平，大家才会越看得起你，所以你完全可以放开手脚尽情地发挥！

蒙田说："谁恐惧，谁就要受折磨，并且已经受着他的恐惧的折磨。"的确，就像很多人畏惧当众讲话一样，每次面对当众讲话的时候，心里一定是焦躁不安和紧张万分，身心时刻被困扰着。而如果你能够放下胆怯，勇敢地讲出自己的话，不仅战胜了自己，而且还感到无比的释怀，让自己越来越敢于在大家面前讲话！所以，无论在任何场合，需要讲话的时候就一定不要胆怯，大大方方地说出来才能发挥出水平、展现出魅力！

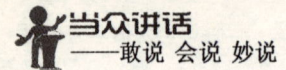

3. 越"说"让你越成功

很多时候，指出对方的缺点和问题就像是医生给病人看病，本来是好事一桩！然而，很多人却因为害怕惹对方不高兴，从而选择了世故和圆滑！事实上，有时候说出来未必就是坏事儿，甚至赢得更多的尊重和信任，越来越成功！

很多时候，人们就是因为有了太多的顾虑，才会在做事儿的时候表现得患得患失，尤其是与人交往的过程中，更是谨小慎微，或者圆滑世故！有时候明明对方有问题，本应该指出或者提醒，但是却选择了沉默和无视。他们还在心里认为这是自己的聪明之举，岂不知别人会认为你不真诚，不能明辨是非或者坚持原则，肯定不讨人喜欢！

相反，有时候我们帮对方指出缺点和问题，或许会引起对方一时的不快，但当他们明白过来的时候就理解了你的忠诚和良苦用心，从而获得对方的信赖！

一家非常有名气的公司招聘经理。因为这家公司薪资待遇相当优厚，所以前来报名的人排成了长长的队伍。

在经过严格筛选，笔试、面试和实际操作等程序后，最后只剩下四位应聘者。他们分别是小张、小王、小李和小林。由于这几位应聘者都表现的非常出色，难分上下，而公司只能留下一个。所以公司老总决定再对他们进行考察一下。

考察在老总的办公室进行。小张进去后，一眼看见老总的鼻尖和脸颊上各有一处墨汁，看起来很滑稽，他差点控制不住笑出声来。然而他还是忍住了。他知道，在这样一个决定自己命运的非常时刻，任何对老总的嘲笑和不敬，都会让他错失良机。

然后小王走进来办公室。和小张一样，他也看到了老总脸上的墨汁。他这个人做事比较专一，只关心老总的询问。这样一来，他对答如流地阐述了老总提出的关于各个方面的问题，很自信很满足地出来了。

接着，小李也和他们两个一样，认真回答问题，对于老总脸上的墨迹他视而不见。

小林是最后一个进去的。还没来得及反应，老总已经向他发出了提问。不过他没有回答，而是打断了老总的问题说："老板，您的鼻尖和脸颊上各有一处墨迹……"老总好似一脸的尴尬说了一句："你可以走了。"小林觉得自己的工作没戏了，竟然当面让老板难堪。

不过随后，他接到公司人事部的电话："明天可以来上班了！"小林感到非常的意外，因为在一般情况下这是不可能发生的事情。他把一个人的缺点给指出来了，但是他却赢来了难得的机会，这就是小林简单真实的表现出了自己的非凡！

看到对方身上的缺点，他并没有像其他人那样选择沉默和回避，而是很坚定很勇敢地指出老总在形象和仪表上的不足！虽然在事后他也意识到在正常情况下，他肯定不会被录用，因为毕竟当着面让一个老总出丑不会是什么好事儿，至少会让老板不高兴！不过事情并不是像他想的那样，相反他得到了老总的信任和赏识，从众多的面试者当中脱颖而出。这不仅仅是他出色的才华和良好的心理素质赢得了别人的赞誉，更重要的是他说出了真相，取得了对方的信任和认可，获得了一次成功的机会！

作家刘心武曾说过："在色彩斑斓的现代生活中，我们一定要记住一个真理，那就是在简单的生活中感受平淡才能真正获得心灵的快乐。"世界本来十分简单，正是有了那些复杂的心态才会让生活变得错综复杂。人真正想要快乐，就必须抛开那些束缚我们心灵的世故和面纱，让自己沐浴在阳光下，敞开胸怀接受风雨的洗礼和生活的不期而遇！

有时候我们不应该有那么多的顾虑，该说的时候就要毫不犹豫地说出来，说出来或许会让你获得更多的机会和重用，让彼此的关系更加亲密和真诚！

有一次，魏征在上朝的时候，跟唐太宗争得面红耳赤。唐太宗实在听不下去，想要发作，又怕在大臣面前丢了自己接受意见的好名声，只好勉强忍住。

退朝以后，他憋了一肚子气回到内宫，见了他的妻子长孙皇后，气冲冲地说："总有一天，我要杀死这个乡巴佬！"长孙皇后很少见太宗发那么大的火，问他说："不知道陛下想杀哪一个？"唐太宗说："还不是那个魏征！他总是当着大家的面侮辱我，叫我实在忍受不了！"长孙皇后听了，一声不吭，回到自己的内室，换了一套朝见的礼服，向太宗下拜。唐太宗惊奇地问道："你这是干什么？"长孙皇后说："我听说英明的天子才有正直的大臣，现在魏征这样正直，正说明陛下的英明，我怎么能不向陛下祝贺呢！"这一番话就像一盆清凉的水，把太宗满腔怒火浇熄了。

后来，他不但不记魏征的恨，反而夸奖魏征说："人家都说魏征举止粗鲁，我看这正是他可爱的地方哩！"公元 643 年，那位直言敢谏的魏征病死了。唐太宗很难过，他流着眼泪说："一个人用铜作镜子，可以照见衣帽是不是穿戴得端正；用历史作镜子，可以看到国家兴亡的原因；用人作镜子，可以发现自己做得对不对。魏征一死，我就少了一面好镜子了。"由于唐太宗重用人才，能采纳大臣的直谏，政治比较开明，而且注意减轻百姓的劳役，采取了一些发展生产的措施，唐朝初期经济出现了繁荣景象，社会秩序比较安定，历史上把这段时期称做"贞观之治"！

作为一代名臣，魏征以自己的直言敢谏而著称，有的时候也会让对方感到不可接受，或者显得没有面子。但是在天长日久的考验中，魏征的"直言"却赢得了别人的信任和赏识，而且成为了一代忠臣，别人越来越信任他，而他的才能和真诚也越来越得到肯定，成为流芳千古的忠臣，他的"直言敢谏"的故事也一度在人们当中传为佳话！

当然，魏征是一代名臣，在地位上可能很多人都比不了，但是他的这种精神还是值得大家学习和发扬的。即便是一位普通人，该说的时候也不能藏着掖着，因为说出来并不一定就会让对方生气，就算是生气也是暂时的，最终你的话会为你赢得赞赏和机遇的！

大家都知道，越是真诚正直的人，越容易讲真话，越敢于在关键的时候指出问题和缺点！因而也越容易赢得别人的信任和真心，最后让彼此的关系更加融洽！所以，我们不要害怕因"说"而让对方不高兴，往往说出来，说到对方的心坎里的时候，也就是你成功的开始！

4. 说自己的话，让别人无话可说

一个人要保持适度的敏感，才能让自己的思维敏锐、行动灵活。但是，过分的敏感不但不益于自身的发展，还会造成精神过度的集中、精力白白的耗损，以及判断的失误，最终带给自己的是不存在的纠结和徘徊！

在很多人的眼中，当众讲话一直是一个无法逾越的鸿沟，每每因无法自然流畅地表达而让自己深受折磨和痛苦！事实上，造成当众讲话的另一个障碍不是紧张，也不是压力，而是自身的过分敏感！

比如，当一个人要上台演讲的时候，他首先先考虑自己是否能够讲好，别人会不会嘲笑自己，中间会不会忘词等等！尤其当他站在台上的时候，别人的一个小动作或者一次交头接耳，他立马就会认为是在议论自己，肯定认为自己的演讲水平有问题；或者别人突然露出一个微笑，他也会感觉别人的意思是嘲笑……只要下面有一点风吹草动，他就怀疑是自己的口才哪里不合时宜。

或许别人看不出来，或许他也不会表现在脸上，但是内心已经开始了不断地推测和挣扎，注意力完全没有停留在演讲上面！可想而知，他怎么可能会不紧张，怎么可能会发挥出自己的真实水平呢？

李铭是一名中学校长，在他的带领下学校的各个方面发展的都不错，多次被评为省市优秀中学，他本人也能多次获得先进校长的称号。另外，李校长平时对学生的学习和生活也是十分的关心，尤其在每年的高考前夕，他都要多次把师生召集到一起开会，主要就是为了提升士气，让大家齐心协力坚持到最后冲关！

但是，李校长有一个明显的缺点，那就是在讲话的时候过于敏感，本来讲的好好的，因为下面别人的一个小动作就会让他变得紧张不安。他认为大家在下面的小动作是在嘲笑自己！

又是一年高考将近，李校长把大家集中到学校的操场上，再次发表演讲为大家鼓劲。刚开始的时候，大家都很安静，李校长讲得也很起劲儿，不时的还和下面的学生开玩笑。慢慢地，学生们也就放松了下来，再加上天气比较好，经常在教室里埋头苦学的学生顿时感到无比的愉悦，所以有的人就开始小声地说话，因为怕校长发现，不时地偷偷瞄校长两眼！然而，这一细节被李校长注意到了，立马心里开始有点儿慌乱了，认为大家是在私下里议论自己的讲话，而且有的人还冲着自己笑，说不定是嘲笑自己的演讲呢？

接着，不知哪位调皮的学生在下面有吹了一声口哨，李校长顿时心里又是咯噔一下，更加不知所措。因为他联想到，这肯定是有人对自己的讲话感到反感！只是他依然在上面讲着，从表面看不出什么波动，但是他的心里已经乱了，不断地推测和怀疑，不断地推翻和证明！不知不觉他的声音听起来已经开始微微发颤，眼神也躲躲闪闪，脸上也流下来豆大的汗珠。

最后，他的身体也开始颤抖起来，手上的稿子不停地摇晃。李校长知道自己再坚持下去会让大家看出破绽，那样会更加丢人，所以话没讲完就草草地收场了！

其实并没有什么事情，就是因为敏感才导致自己的"误判"，让一些并不存在的东西左右了自己的思想。本来大家在下面只是正常的举动，却被认为是对自己的演讲的一种怀疑和嘲笑，然后就不断地紧张和不安，内心进行着激烈地斗争和交锋，最终让一场有意义的演讲无果而终！

站在台上演讲，注意下面的听众的反应是很正常的事情，但绝不能太过于敏感，更不能把它太当回事，因为演讲的时候你的最大任务就是怎样把自己的口才充分地展现出来，这才是最应该关注的！或许有人会问，不把下面人的反应当回事儿，那么当别人不喜欢你的演讲的时候，又有什么用呢？

当然，这样说是有一定的道理。但是，仅凭别人的一点点举动并不能判定是不是自己的口才问题，再者说即便是也不可能当场解决，而把眼前的演讲尽最大努力发挥出来总比慌乱紧张的效果要好得多！而往往下面的这些小动作在大的会议上是再正常不过的事情，顶多属于不遵守纪律，如果你过于敏感认为是自己的问题，那么岂不是和自己过不去吗？尽是给自己的演讲增加不必要的麻烦，而且还显得自己的口才笨拙，因紧张而导致最终的失败！

所以，当众讲话的时候一定不要过于敏感，否则不仅不是自己的聪明，反而会弄巧成拙，带来本可以避免的障碍！

5. 你就是下一个演讲家

鲁迅说："世上本没有路，走的人多了，也就成了路。"同样，世界上本没有什么演讲家，只是他们锻炼的多了，知道抓住机会去锻炼，甚至没有机会创造机会也要练，最终成就了他们超乎常人的口才！所以，要抓住机会去锻炼，而且要主动去寻找机会、创造机会！

在现实生活中，很多人因为自己的口才不好而影响了很多事情，比如良好的人脉，一个说话没有胆量，不是扭扭捏捏就是吞吞吐吐的人，谁会喜欢和他交往呢？谁又会看得起他呢？所以，无论工作还是生活，没有良好的口才是不行的！

然而，很多人只是为自己的口才而苦恼，尽管也想着去锻炼，但总是像碰运气一样在那里坐等，等着别人赐给自己机会，却从来没有想着去争取和寻找机会，以及主动为自己创造机会！或许，在生活中偶尔会有一次锻炼的机会，但是只靠那些锻炼还是微乎其微的，根本不会实现什么大的突破！只有自己主动出击，让自己去追寻机会，而不是让机会"从天而降"落在自己的手心里，才能得到更多更有目的性的锻炼，然而才能让自己当众讲话的能力得到提升！

从前有一个孩子天生口吃，嗓音微弱，还有耸肩的坏习惯。在大家的眼里，别说成为一位伟大的演讲家，能够成为一个说话正常的人就是万幸了！为此，这个孩子自身也非常苦恼，因为大家经常看他的笑话。所以，他决心要改变这一切，让别人对自己刮目相看。于是，孩子开始了自己的艰辛的磨练生涯，主动找机会让自己得到锻炼，其中的艰辛和困难是一般人所想不到的！

有一天，孩子在和他的家人说话的时候，大家听到他的声音总是含含糊糊的，像是在吃东西一样。于是就问他："孩子，你怎么了？我怎么觉得你说话的时候有些问题呢？"孩子回答道："你们不知道啊，其实在我的嘴里有块石头，听说这样可以改变发音呢，我不想让自己在说话方面有什么问题，而且我还想成为演说家呢！所以我要练习。"

大家都摇头苦笑说："你呀！把话说清楚就行啦！成为演说家估计不太现实吧，你太天真了！"可是，家人的话并没有让孩子动摇，他相信自己的付出会有收获的。他依然坚持主动找机会去锻炼，而且想着法的改掉一些不利于说话的坏毛病。比如为了去掉气短的毛病，常常哪里的风大他就面对着哪个方向朗诵文章；为了改掉耸肩的坏习惯，他让自己的两个肩膀各悬一个重物；为了克服自己的胆小，哪里人多他就去哪里，尽管很紧张，但他就是为了让自己适应这种场合！

除此之外，他还加强各方面的锻炼，只要一有机会他就主动上前去，尽管很多时候被别人讥讽，但是他一点儿也不在乎，因为他知道总有一天自己会成功的，到那个时候用事实证明给大家看才是最重要的！最终他成为了一名出色的演讲大师！

俗话说，早起的鸟儿有食吃！事实证明，没有哪一个人的成功或者优秀是坐着等来的，主动才能获得更多更大的收获。只有你能走在别人的前面，敢于主动挑战困难、挑战自我，才能达到别人多不能达到的境界！这同样适用于"当众讲话"，口才不好不要紧，但是一定要懂得寻找机会、创造机会，让自己得到充足的锻炼，这是最直接，也是最有效的方法！

在现实生活中，为什么有些人能够成功，而有些人注定要成为失败者呢？事实上，与成功者相比，那些失败者在很大程度上并没有什么明显的差距，他们之间决定成败的最大区别就在于是否行动！成功者往往更专注于实际行动，而失败者总是在找原因和定计划，然而却迟迟不肯行动，那么原因找的再怎么充分，计划定的再怎么周密，到头来只能成为"空头支票"，没有实际的意义！

困惑于当众讲话的人也是一样，只是知道还远远不够，付出具体的行动去锻炼才是硬道理，也只有这样你才能亲身感受和领悟讲话时的技巧和要领，突破自己的口才"困局"！

6. 空头支票 vs 一诺千金

什么是分量呢？一个人有分量，那么他在别人的心目中就会有很大的影响，一举一动就能左右着别人的思考！同样，如果说话有分量，那么他的每一句话都会有影响力，说白了就是别人会当回事儿，信任并认真对待！

在我们的生活当中，为什么有的人说的话显得很有影响力，而且能够取得别人的信任；有的人尽管说了很多，听起来也很圆满，但就是没有人当回事儿！事实上这就是说话的分量的问题！一般情况下，说话有分量的人并不是一时一刻就能做到的，而是在天长日久中慢慢积淀而形成的。往往他们说话算数，言行一致，要么不说，只要说出去就努力去做到，只有这样别人才会觉得他们靠得住、掷地有声，以后别人才会认认真真对待你说的话，这样才显得有分量！

否则，尤其是面对公众的时候，如果你说一些空话、大话，而且"光说不练"，开一些"空头支票"哄别人开心，说到做不到。久而久之，你的话在大家的心目中就像一阵风一样，吹过去留不下丝毫的痕迹，当然也不会产生什么影响力！那么，以后无论你再说什么都显得没有分量，别人都不会再相信，你的威望和地位都会大大降低！另外，这样的话说得越多就会让自己的信誉度降得越低，说得越好听就越容易引起别人的反感和厌恶，哪里还有什么气场可言！

老张是一家皮革厂的主管，老板不在的时候，大部分事务都要由他来处理，当然也包括员工们的工作情况！

为了达到老板的要求，鼓励员工更好地工作，老张经常会把大家召集到一起吃饭，并许诺只要大家好好地干，到时一定给予大家奖励！当然，老张所说的奖励正是大家梦寐以求的，为了得到这份奖励大家都更加努力地工作。结果，皮革厂的效益大大增加，赢得了很多利润，老板非常高兴，当然老张也十分高兴，因为老板也对他进行了奖励！

然而，当初他许下的承诺却迟迟不能兑现。有的员工就问及这个事情，老张就找各种理由搪塞，后来大家都来追究这个事情，老张只好部分兑现。但是，给大家的奖励并不是当初他许诺的那样，一看就是在敷衍大家！

后来这样的事情出现的越来越多，大家明白了老张是一个言而无信的人。当他在说什么的时候，没有人会相信了，老张在公司里也变得毫无分量！

　　事实上，当众讲话并不在多，更不在于有多么好听，最关键的是要有分量，能够让大家信服！否则，你就是说得"天花乱坠"、口如抹蜜，也会显得"轻飘飘的"，没有一点儿气场和魅力！那么，讲出这样的话的人注定是令人遗憾的，更是可悲的。

　　就像小学课本《狼来了》中的孩子一样，可能你骗得了别人一次，甚至两次三次，但是别人不可能永远上你的当！当别人在你的话里再也找不到半点的真实和信任时，他们就不会再相信你，你的话无论怎么样都不会产生影响力，当然就没有了分量！

　　在美国纽约有一位校长威廉，在读书日快要到来的时候，他会每天早上坚持在学校的操场上读书两个小时。事实上，这还不算什么，真正激起了大家的好奇心的是威廉和大家打得赌。威廉向大家承诺：如果谁在11月9日之前读完10万页的文字，他就在那一天爬行上班！

　　其实，大家都把这当成了玩笑，一个堂堂的校长怎么可能在众目睽睽之下爬行呢？但是，大家还是想"赌一把"，看看到时候威廉怎么向大家交代，甚至想看一看威廉那天食言的窘迫和尴尬！所以，从此以后大家开始努力地读书，在心里暗暗地想着怎样把威廉"打败"。有一天，两位老师和三位学生在距11月9日还有一周的时间就已经把10万页的文字读完了，并带上自己的书让威廉"检验"。

　　威廉一个个的认真地检查完毕，确认他们都已经按要求完成了任务，他们赢了。这时候，大家正在等着威廉校长怎么样为自己辩解呢。有人问："校长，您当初说的话还算数吗？"校长回答道："当然算数，我会兑现自己的承诺的！"不过大家依然不相信威廉校长能够兑现自己的承诺，他们认为那是一件多么丢人的事儿啊！

　　很快11月9日到了，威廉早早地就出发了。这一天他没有开车，也没有骑自行车，而是按照自己的承诺真的爬着去上班！不过，由于是上班早高峰期间，为了不影响交通，威廉特意在路边的草地上爬行！路上的行人知道后纷纷竖起大拇指，对威廉的言行一致表达出无限的敬意！

当学校的师生知道这件事后，都愣住了，然后自发地跑到威廉爬行的地方，含着敬意和歉疚把校长扶了起来！有位老师说："校长，其实我们并不是真的要求您这样做，那只是一个玩笑！"威廉校长答道："不！你错了！这不是玩笑，我是认真的，作为全校的领导，我必须要大家看到我的信誉，既然说了出去就必须做到，否则我还怎么领导和教育大家呢？"从此以后，无论老师还是学生，都更加敬重威廉，同样威廉在大家心目中的形象和地位得到进一步提升和认可，显得更加有号召力和影响力！

俗话说："说出去的话等于泼出去的水！"的确，没有人能够把泼出去的水收回，同样我们做出的许诺也不可能再收回来！一个人只有说到做到，用行动去证明给大家看，才能显示出自己的话语的分量，在人们心目中树立起自己的威望。所以，这就要求我们在说话前一定要三思而后行，而一旦说出去的就要想方设法去做到，以达到言行一致！

事实上，一个人如果只说不做，或者这边说完那边就忘得一干二净，也是对别人的一种不尊重，当别人感到自尊心受损的时候，可想而知他们会怎样去看待你所说的话，怎样去看待你这个人？可以肯定地说，你的话在他们的心目中已经丧失了分量和应有的尊重！那么，如果是这样的敢说，说得再多又有什么用呢？不会产生一点儿气场！

因此，无论在什么时候，无论做什么事情，无论说什么话，都要避免假、大、空。更不要把说话当成一种儿戏，尤其是在当众讲话的时候，只要说出去了就一定做到，尽管有时会很艰难，而一旦你践行了自己的诺言或者兑现了自己说的话，你的话语的分量和信任度就会大大提升，从而实现了当众讲话的意义和价值！

——第三章——
有底气，更要有人气

1. 把自己的坏状态放进口袋

人生有状态，生活有状态，同样说话也有自己的状态！有的人在说话的时候显得积极乐观，有的人则表现出一副失魂落魄的样子，说出的话肯定也不会有什么影响力，更不会受到大家的欢迎！所以，适时调节说话的状态，能让语言的魅力最大限度地显现出来！

一个人的说话状态直接体现着自己的精神状态，倘若说话的时候显得积极乐观，话语里充满着阳光和明媚，让人一听就能喜欢上，并且给人带来满心的轻松和愉悦，最重要的是让人产生无限的动力和希望，而且更愿意和这样的人交往！相反，在当众讲话的时候，如果一个人话语间不时流露出郁闷和悲伤，以及暴躁和不耐烦，那么别人就会认为他的讲话是针对自己，势必会引起别人的不满，甚至是反感和抵触，最终带来不必要的麻烦！

这样不仅会影响自己的讲话水平，还会造成人际关系的破裂，久而久之让人家慢慢地远离自己，带来的负面作用越来越大！

所以，调节说话的状态很重要。当我们发现自己说话的时候正处在一种消极的状态时，一定要及时控制住，绝不能再让这种情绪继续蔓延，同时尽最大努力把自己说话的状态调整到乐观积极的轨道上来！或许你正遭遇人生的不顺，或许你碰到了棘手的问题……但是别人并不知道。这个时候如果你消极的状态面对大家讲话，无疑会让大家感到莫名其妙，引起他们的不悦，那么你的讲话还怎么展示出水平和影响？

因此，想要在当众讲话的时候发挥出自己的水平和影响力，只有把自己的状态调整到最优，展现出积极和乐观的心态，说出的话才会深入人心、受到欢迎！

一位经理去见自己的客户，在出发之前他精心打扮了一番，并对着镜子寻找自己让人看起来最友善的微笑！

当他到达预定的地点后，发现这位客户却一脸的不耐烦，因为他的爱犬死了。这位经理试着和他沟通，但还没有说完一句话就被客户给呛回去了，因为意见分歧客户甚至言语刻薄，要把经理赶走。

然而，经理却没有发怒，而是克制住自己的情绪，尽力调整自己的说话状态，不让对方的情绪感染自己而引起语言的激化。于是他就上下抚摸自己的胸口，像捉住什么东西一样，接着又像是往兜里装什么东西！

这时客户有点儿疑惑地问："你在那里干嘛呢？"

经理微笑着说："其实也没有什么，我只是把自己的坏状态给放进了口袋，以最佳的说话状态来面对你，所以现在你才能看见我的笑容啊！

客户有点不好意思了，但最强烈的还是感动。于是他连忙向经理道歉："现在我也要和你一样，把自己的坏状态放进兜里，希望得到你的谅解！现在我们开始签订单吧！"

一般的人遇到这种情况之后，立马就会变得非常生气，再也控住不住自己的说话状态，然后针锋相对地说出一些更加冲动的话，这样一来彼此之间的矛盾就会加深，不仅生意做不成，说不定还会引起更大的麻烦！

的确，不得不说这位经理有很强的把控能力，在对方言语失控的情况下，他不但没有，乱了自己的说话分寸，反而表现出一种积极乐观的状态面对语言攻击！最终让客户感到愧疚。这样一来，不但生意做成了，还因为自己及时正确地调整说话状态而得到客户的赞赏，为以后的成功奠定了坚实的基础！

李磊生活在一个比较富有的家庭，他的父亲是一家公司的老总，而他毕业之后没有按照父亲的意愿去自家的公司上班，而是去别的公司从事自己的专业工作。

天有不测风云，突然有一天李磊的父亲生病了，由于年纪大了，后来出院后再也没有精力去管理公司的大小事务。没有办法，李磊不能眼睁睁地看着自己的父亲的产业就这样破产，只好顶替父亲成为公司新的老总。

然而，由于李磊缺少管理经验，再加上本来就年轻，经不起各种事情的困扰。当他一遇到解决不了的事情就愁眉苦脸、一副失魂落魄的样子。当下属向他汇报工作的时候，李磊也是昏昏沉沉的，并不断向下属发脾气，以一种消极的状态去和大家交流。结果，大家慢慢都对他失去信心，不但没有好感，而且还产生了厌恶的感觉。甚至有人开始在下面议论说他没有一点儿能力，怎么看都不像一个公司的老总，于是他刚来的时候的一点地位和威望慢慢在大家的心目中消失了！

事实上，李磊并没有遇到什么大不了的事情，只要他能振作起来完全有能力解决。但只因为他的消极而让大家对他失望至极，在大家心目中没有一点影响力！

一份消极的状态，首先展示给别人的是阴暗的一面，别人从他那里感受不到一点儿吸引力，更感受不到希望和阳光，那么他在说话的时候当然表现不出吸引人的地方，更多的是大家的反感和抵触，以及内心的烦恼！就像李磊一样，刚刚上任，遇到一点困难就承担不起，说话的时候状态极坏，尤其是对自己的下属，更是把软弱无能和弱不

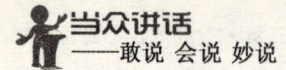
禁风在说话中展示得淋漓尽致！这样一来，就让自己的话在下属面前显得"一文不值"，缺乏应有的效力，更不要谈什么说话的水平和魅力了！

的确，消极给人们带来的负面影响是多方面的，同样消极的说话状态更会让自己的语言显得"干瘪"和"无力"，在当众讲话的时候理所当然得不到大家的认可和支持，甚至还会出现抵触和反感的情绪！那么，无论你说什么，无论你向大家的讲话多么精彩，最终得到的只不过是更多人的更多的讨厌！因为面对你的"坏状态"，大家会认为你是不尊重别人，或者是讨厌别人，当然别人就会产生同样的情绪，说出同样的"坏状态"的话语，最终形成"恶性循环"让你更加不在状态，说出的话更加过激或者有失偏颇，可想而知是多么不受大家的欢迎，而你也会毁在自己说话的状态上！

所以，对于每个人来说，说话的状态是千万不能忽略的。我们只有调整好自己的说话状态，才能说出受人欢迎的话，也才能展现自己的当众讲话的能力！

2. 要底气，不要傲气

人可以有傲骨，但不可有傲气！然而，现实中的很多人总是现实地活着，显得不可一世、高高在上，尤其说话的时候带着"盛气凌人"的姿势和语气！有人会喜欢这样的人吗？没有，讨厌还来不及呢！因为傲气的话最讨人厌！

很多人之所以不能成就大事，其中很重要的一点就是承受不住一点点成就或者成功，要么得意忘形，要么沾沾自喜，更让人不可接受的是他们总在话语上到处张扬着傲气！的确，在现实生活中很多人表现得好大喜功，并不把别人放在眼里，喜欢把自己的话压在别人的话上面，要么不开口，只要一张嘴就让人觉得不可一世，盛气凌人的话语着实让人接受不了，而他们自己却还在洋洋得意！

然而，当他们以这种话语来和大家交流的时候，很容易给人一种"居高临下"的姿势，而且还是故意"压制"和"炫耀"！那么，这种做法不但得不到大家的认可，反而会让别人厌恶和痛恨，满脑子尽是反感和排斥，这种说话的方式势必会遭到大家的抵制和愤怒。另外，当人们对他们的"排斥"心理一旦形成，无论他们拥有多少优势，说话的水平有多高，无疑都会被拒之门外！在当众讲话的时候，这样的人注定语言是失败的，人生也是失败的！

布雷诺是一家电器公司的部门主管，在升任主管之前，他特别喜欢在别人面前显示自己。但因为自己没有太多的优势，所以总体表现的还算说得过去，并没有达到让人厌恶的地步。然而，在他成为主管之后，由于自身的地位和权力的关系，他当初高傲自大的本质开始显现，即使在下属面前也是好大喜功，不把下属当回事儿，尽管下属当着他的面不说什么，但是私下里已经对他厌恶至极！

平时取得一点儿成绩或者受到领导的小小夸奖，布雷诺就会在包括下属在内的大家面前显摆自己，并以一种轻蔑的态度对待大家。他的这种行为让人十分反感，慢慢地就失去了威望和在大家心目中的地位，很多下属因为不满故意在工作中敷衍和懈怠，然后布雷诺就更加趾高气扬地对下属加大训斥和打击。

结果，下属对他的言行更加的不满，更不把他放在心上，以致一次因为一个工人在使用仪器时忘记关掉电源而引发火灾，所幸的是大火被及时控制住，但因此布雷诺被调离主管部门！从此，布雷诺的"名声"在整个公司都是尽人皆知，在大家的心目中他再也没有一点儿影响力，到处被人们指指点点！

无论处在何种场合，无论取得多大的成绩，炫耀都是不可有的。因为你的成绩大家都看在眼里，记在心里，不需要你过多的在大家面前用语言去"刺激"！否则，你大肆宣扬，目空一切，说话的时候不把对方放在眼里，好像普天之下再也没有人能够超越自己一样！而这样做的结果只能让大家由羡慕和赞赏变为讨厌和反感，并且产生鄙视的心理，而你说的越多，说的越离谱，大家的这种心理就会越强烈！那么，你的话不仅起不到正面的作用，反而成为当众讲话的反面"典型"，让自己变得更加孤立和无趣！

所以，很多人的失败就在于自己的一张嘴，本来是自己的优势资源，可以得到大家的赞赏和认可，结果却因为自己"不会说话"，"一股傲气"换来了大家的憎恶和反感！从此，大家就不会再尊重你，无论你说什么大家从心里都不会给予太高的评价，更多的是根本不把你的话当回事儿！对于每个人来说，这无疑是失败的、可悲的！

科文在一家文化公司上班，由于他的工作能力出色，不久前刚刚被提拔为经理助理，全权协助经理的日常工作。不仅地位提高了，而且薪水也成倍的增长，和他一同来公司的员工都非常羡慕他。

在升为助理以前，科文和大家还是比较说得来，人缘也不错。可是自从被提拔之后人们就发现，科文变得有些自高自大了，总喜欢在同事面前显摆，刻意抬高自己的身份，让大家觉得很是反感。其实，他就是想让大家知道他现在升职了，好让大家赞赏他。结果事与愿违，不但没有得到应有的尊重，反而让大家感到越来越讨厌！

不过，同样和科文在同一个公司，同样被提拔的另外一位同事迪卡，却表现得和他完全不一样。迪卡从普通员工被提拔为骨干，在提拔为主管以后，现在又一次被提拔为副总经理！然而，他却始终如一保持低调，从来不会因为自己的"步步高升"而在大家面前摆谱和炫耀。更加难能可贵的是，迪卡在升为副总之后依然和下面的员工经常沟通交流，以一个普通员工的身份对待他们。

于是，面对他的成就，大家一致表示钦佩和赞赏，变得对他更加尊重和敬畏。所以，迪卡随着地位的升高不但没有和大家的关系疏远，反而越走越近，越来越深得人心，他的影响力和号召力是空前的，所说的话都会得到大家的响应！

低调是做人的一种态度，更是一种大智慧，它不仅表现在做事上，更表现在说话上面。取得进步和成功，说明你比别人更加努力和优秀，大家会打心眼里敬佩，让你在大家的眼里显得更加有地位！因此，自己的成功和优秀是不需要"自吹自擂"的，更不需要用语言在大家面前处处显摆。相反，谦和和低调的话语更能引起大家的注意，收获更多的尊重和敬畏！

事实上，聪明的人越是成功越会放低自己的姿态，尤其说话的时候越显得平易近人，看似"屈尊下顾"，实则更能增强自己的语言感染力和号召力！

曾经有一天，里根总统的办公室里请进了一位小客人。他叫比利，只有7岁。比利患了一种绝症，医生说他不会活过10岁的生日。但当时小比利心中却有一个美好的梦想——当美国总统。

里根总统得知此事后，决定让小比利当一天临时的美国总统，而自己则做这位"小总统"的助手。

里根向"小总统"详细介绍了日常工作和职务范围，随后就忠实地侍候在小比利的身边。部下呈上的文件，"小总统"都请里根参加讨论，取得一致意见后，请里根代签并盖章。

在办公之余，里根与"小总统"进行了友好的交谈。里根告诉比利，他自己7岁时，只梦想成为一名消防队长，从来没想到过自己能当上总统。小比利听到这些很高兴，当然更让他高兴的是他终于"实现"了他的总统梦。

身为总统，里根不但没有表现出自己的居高临下，而且还懂得平易近人、放低姿态！不仅在做事上让人敬佩，还能像一位"仆人"一样恭恭敬敬地和"小总统"说话，听从"小总统"的吩咐，表现出了极大的谦逊和亲切！事实上，谦逊平和的话并不是"低人一等"，而是一种境界和魅力的展示。一个拥有极高地位或者巨大成功的人，如果依然能够和和气气、平平静静地和大家在一起聊天、说话，那么他将会取得更大的成功和支持！

然而，不可否认，在现实生活中有很多人喜欢"摆架子"，讲话的时候总是拐弯抹角地向别人炫耀，以此来显示自己的优越和档次。其实，真正优秀和成就的人，能够得到大家尊重和敬佩的人往往显得没有"架子"，无论对任何人说话都很热情、随和，甚至有的时候他

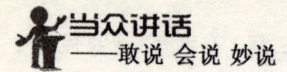
们看起来就是一个普通的不能再普通的人。但越是这样，他们的讲话越显得"引人入胜"，让你不知不觉就愿意去了解和靠近！

所以，做人要做一个聪明的人，说话要说聪明的话！倘若你说的话让人反感和讨厌，说的再多再漂亮又有什么用呢？更何况你的傲气带给自己的只是负面作用，无论对于自身的整体形象，还是说话的技巧和影响力，都是百害而无一利！因此，不管在什么时候，都不要在话语中带着傲气，否则没有人会欢迎你！

3. 要想人敬一尺，先要敬人一丈

每个人都喜欢表现自己，尤其在说话的时候更是"当仁不让"。但是人们往往忽略了一个细节，那就是在说的同时注重倾听对方的观点和看法！事实上，学会倾听才是当众讲话的较高境界，只有"会听"才会恰到好处地说话！

为什么很多人会受到大家的尊重和赞成，尤其在说话的时候人们总是怀着一种敬仰的心情？其实，就是因为他们的话说到了对方的心坎里，不仅仅敢说，更能在关键的时候把握住说话的技巧和方式！而其中最重要的一点就是"倾听"，不仅自己说，也要让别人说，而且要认认真真地听别人说！

因为每个人都有表达的欲望，都有展示自己的渴求，而你能在说话的间隙倾听别人的话语，就会让对方感到一种尊重和友善，既能满足对方的心理，又能让自己显得"会说话"！那么，当你付出自己的诚意之后，收获的同样是对方的诚意，他们同样会给你的"讲话"捧场，用心体会你说话的魅力，这样当你在当众讲话的时候就会有"一呼百应"的场面，不仅能展示口才，更能锻炼自己当众讲话的能力！

可以想象，在公众的场合，谁的话才具有吸引力呢？谁的话才会受到欢迎呢？是一个懂得耐心听别人倾诉的人，还是一个争着抢着去说话而从来不给别人留说话空间的人呢？曾有人说："认真倾听别人的倾述，虽是细枝末节，但却体现了你谦逊的教养，展现了你的素质。"很明显，会倾听的人在说话的时候才会更有"人气"，才能得到大家的一致认同！所以要成为一个当众讲话受欢迎的人，认真的倾听很重要。

张丽是一个很活泼的女孩，平时开玩笑。虽然性格开朗，但是却很少有人喜欢她，因为她是一个很喜欢发表个人看法，打断别人说话的人，她认为这样可以显示自己的内涵丰富，与众不同。

有一次，同事李维向身边的同事问路，结果还没有等同事回答，旁边的张丽就抢着说："我知道啊，你坐公交 312，然后坐三站到洪水路，然后转车 23 路坐 5 站就到鸿福路了。"听她说完，同事正要向李维在解释一下具体的线路，张丽却不给别人说话的机会，整个办公室就听见她一个人在那里滔滔不绝！张丽自己还洋洋得意于自己的"口才"。事实上，大家早已厌倦了她说话，一方面感觉她太自以为是；另一方面也觉得她不懂得尊重别人！所以，尽管她很热心和积极，说出的话却并不招人"待见"！

最后李维只是面无表情地："哦，这样啊，谢谢你啊！"其实李维只是想让她停下来听听别人的看法，但是张丽却继续说个没完。此后，再也没有人愿意和张丽说话了，每当她要说话的时候，大家都躲得远远的，尽管张丽有时候说的都是正事！

人们常说："会听的人才能更好地说，倾听才是最好的表达！"的确，一个不懂得倾听别人的人只能显得自己自私和狭隘，至少没有能说出大气的话的风范！这不仅是当众讲话的大忌，更会让别人觉得得不到应有的尊重，这样的人是不可能拥有良好的口才，说出的话势必没有人响应和支持，出现冷场的时候也不足为奇！更何况，不停的说只会让你的缺点更多的暴露于前，随意的打断别人说话，也暴露出你的素养粗野与低下品味。

很多时候，倾听是一种无言的赞美和恭维。当一个人在公共场合微笑的看着你，并认真的倾听你讲话的时候，就会让人感觉到一种魅力和气质，甚至让他的每一个动作都显得动人，当然说出的话也会更加深入人心。

琳达是一个很有智慧的女人，在公司里面担任总经理一职，平时给人留下很好的印象。有一次公司开年度大会，琳达要在台上做大会报告，其中有一个环节就是让下面的人随时提问！所以很多人在提问题的时候都滔滔不绝，有的人甚至借着这次机会爆发了一下，公司给的薪水太低。不过琳达并没有打断他们的话，而是耐心地听他们的表述然后细致地一一讲解，所以下面的人都听得很认真，没有一个人有抵触的看法！

最后，当大家再也没有问题的时候，琳达开始了自己剩下的演讲，下面的人都认真地听着，像是在看一部有趣的电影一样，没有人说话，更没有人捣乱，琳达大方的语言和动作充分地展示了自己的讲话能力和口才，让在场的每一个人都佩服得五体投地！

她成竹在胸的发表自己的观点，面对新产品的开发意见侃侃而谈。很多同事都被这个女人惊呆了，当她演讲结束的时候，会场里响起雷鸣般的掌声。

为什么会出现这样的情况呢？一方面琳达确实拥有良好的应变能力和口才，另一方面她给予了大家应有的尊重，在大家提问的时候认真地倾听赢得了人心！试想，当一个人从内心里得到大家的认可和赞赏时，首先提升的就是他在大家心目中的积极印象，当他说话的时候大家就会怀着一种尊重和敬畏的心理，理所当然讲话会显得非常有人气！

一个有智慧的演讲者首先要做到的就是能够倾听别人发表意见，而且不去打断别人说话也是一种礼貌的行为。同时，滔滔不绝并不意味着你是一个口才好的演讲家，一个人的内涵不是靠喋喋不休的说话体现的，一个喜欢倾听的人更能显示出大气和谦逊的胸怀，同时也能得到更多人的尊重。尤其在当众讲话的时候，学会倾听更有利于拉近彼此的关系，唤起大家的激情，然后他们就会以最大的热情来欢迎和支持你的讲话！

所以，我们不要认为倾听别人是在浪费自己的讲话时间，更不要认为倾听别人是在限制自己的发挥！因为你只有学会了倾听别人，你的心胸才会宽阔，你的目光才会远大，而更重要的是你得到了大家的信任和尊重，那么你说的话肯定更具有分量和征服力，让自己的观点和看法更深入人心！

否则，你只是在那里尽显自己的"口才"，以期让自己出尽风头，不懂得倾听别人的想法，不仅仅会让对方感到讨厌，还会让对方觉得你没有教养，破坏了自己的形象，最终只能不断引起大家的反感！这样，无论你怎么说，说多少，说多大声，都很难有人"买账"，那么你的当众讲话注定要成为败笔！

4. 说话面面俱到，语言失去力道

事事都要管，事事都要问，事事都要说，结果是什么呢？尤其是到处指手画脚，即便你是一位领导也不免遭到大家的反感。说得越多越让人烦，越起不到相应的作用，到头来还不如不说！所以，话要说出口，关键还是要受欢迎！

无论在生活还是工作中，我们经常会听到别人说：该管的就管，不该管的就不要管。该说的时候一定要毫不犹豫地说出口，不该说的时候不要连鸡毛蒜皮的小事都要过问！尤其是在工作中担任一定领导职位的人，更应该注意自己的讲话，不要事无巨细什么地方都能听见自己的声音，否则就会让自己的话显得啰嗦，说多了就没有了分量，而且还不受大家的欢迎！

当一个人处在集体中的领导位置上的时候，起到的是一种带领和引导的作用，所说的话就要着眼于宏观的方向，从大局出发。千万不要"面面俱到"，每一件事情都要管，讲话的时候要区分轻重、突出重点，给下属留出足够的发挥空间，也让自己拥有回旋的余地。这样不但能够节约时间，还能展现出自己的话语果断干脆的风范，让大家佩服的同时为自己赢得尊重和支持！

明威今年已经三十多岁了，经过十多年的打拼，他的手里已经积攒下来一部分资金，所以他决定开一家小公司，摆脱别人的束缚，自己当老板。他不仅把自己所有的积蓄都拿了出来，而且还向亲戚朋友筹集了一部分，没多久他的广告公司就成立了。因为第一次创业缺少经验，再加上急于求成，他想把每一个细节都做得完美，以便让自己的广告公司迅速成长起来。

于是，工作中的每一部分他都要过问，每一个部门的事情他都要插手。很多都是下属该干的事情，而且很容易就能完成，他却指手画脚起来，以致让下属感到无所适从。更为让人不解的是，有时候当下属在和同事一起讨论的时候，他却放下自己的工作盯住下属，而且还从中横加指责，让大家感到很不自在。

因为明威把大部分时间都放在这些小事情上了，每一个员工工作的细节他都不放过，所以他没有更多的精力规划公司的发展大方向，客户也越来越少。下属感觉他管得太宽，很多人再也不能安下心来工作，并且对明威充满抱怨，大家再也不像刚开始那样对明威尊敬和佩服了，甚至他说什么话都显得软弱无力，！

不久，广告公司陷入内外交困的境地，无论是在管理上还是业务拓展上都出现了危机，下属也纷纷辞职，这让明威无比的痛苦！

什么都要管，什么都要说，不该说的也要说，让大家感觉不到一点儿自由和尊重。尽管他每次说的话出发点都是好的，但事事都要说，难免就有点儿过分！这样不但显示不出自己的说话效力，反而会让大家感到厌烦，适得其反！当然这并不是说领导不可以关心下属的工作，但一定要有度，适当的了解下属工作的进展还是有必要的！不过，像明威这样大事小事都要管的方式已经失去了作为领导的作用，整天搞得像一个打杂的一样，该做的事情没有做，反倒做了很多让大家"讨厌"的事情，有损形象和地位！

一个聪明的领导绝不会什么都说的，因为说多了自己的话就不

"值钱"了，大家就会当成耳旁风一样，或者左耳朵进右耳朵出！哪里还有说话的效力和威严，更不要说什么讲话的征服力了，根本就是不可能的，最终会把自己弄得筋疲力尽反而起到相反的效果！这样"吃力不讨好"的说话方式不仅不会得到大家的认可，而且还会让别人看不起，像"无头的苍蝇"一样到处乱撞，遭到别人的嘲笑和不屑。

赵明在一家电器公司上班，因为自己的业绩突出，而且有担当力，深得领导的器重。经过两年的栽培，在适当的时机赵明被提拔为业务部经理！

上任之后，赵明为了进一步提高自己在领导心目中的地位，决心把整个部门带好，争取做出优秀的成绩。于是他就加紧对员工的约束，尽可能在工作中多投入时间，这一点是无可厚非的。但是，有一点很让人不理解，那就是他什么事都要管，无论员工干什么他都要问个明白。这还不算，员工无论做什么事他都说上一番，比如员工有时候上个厕所多几次他也会说，在不影响工作的情况下偶尔说两句话他也要说，工作中偶尔的一次失误他更是说……

赵明自认为这是负责人该干的，而且还能展示自己的"口才"魅力！事实上他错了，这样不但不能让自己的话显得有效力、有水平，当一个人的话太多了，而且是不分大事小事都要说的时候，不仅失去自己的身份，而且还会让别人感到很烦。赵明作为公司部门的领导，这样事事都要说的做法很不受大家的欢迎，在工作中也因为自己说话的时候事无巨细而连连受阻！

事都要有大小和轻重之分，有些时候需要认真对待，有些时候完全可以忽略不计！因为无论工作还是生活中，繁杂之事很多，如果我们一一过问，一一干涉，那么就算是什么事情都不干，把所有的精力都放在这上面恐怕也应付不过来！所以，尤其处在领导岗位上，当众讲话的时候更要分清轻重缓急，把该说的话放在重点上，不要像打渔一样到处撒网，否则到头来只能是"一无所获"，甚至还会"赔了夫人又折兵"，当说出的话让人厌烦的时候，岂不是还不如不说的好？

所以，对于任何人来说都是一样，尤其是在当众讲话的时候一定不能"胡子眉毛一把抓"，该说的时候抓住重点说得有效力、有魅力；不该说的时候，哪怕一字一句都不能说出半点，因为说多了只能让自己的话显得啰嗦和无力，越说越让人心烦，甚至从内心里抵触和排斥，这就失去了当众讲话的初衷和目的！因此，我们一定要告别"事事说，不如不说"的怪圈，越是渴望成功，越是希望取得成绩，越要平心静气，说好每一句话！然后，当说的话受欢迎的时候，整个人才能受欢迎！

5. "怒气"是因为缺乏"底气"

说话是人与人之间沟通的有效方式之一，但往往人们只是注意到了大的方向，却忽视了说话的细节！然而，很多时候，人们说话的成败就在于细节上面，比如一样的话，表达的方式不同，就会产生不一样的效果！

在人际交往中，特别上是在上下级相处的过程中，遇到一些问题，有的人不管三七二十一只会严厉地批评，从而导致下级情绪极其低落，甚至找不到自信；而有的人则喜欢一味地夸赞，结果容易激起下属骄傲的情绪，取得一点成绩就找不着东西南北了，很容易形成安于现状的状况。

那么，究竟怎么做才是正确的呢？面对下属的过失，怎么说才是最有效的呢？

其实，每个人都有自知之明，犯下了错误感触最深的就是自己，尽管有时候自己没有说，但在内心里却很愧疚。这时候，如果你再上去就是一通批评，话语中充满着责备和严厉，那么必然会让对方感到无所适从，甚至烦躁和抵触！

而聪明的人会巧妙地运用自己的语言技巧，避开直截了当的语言打击，先语重心长地指出缺点和不足，当他们还沉浸在被指责的难过中时，然后迅速转移话题，肯定他们做出的成绩和优点，让他们内心感到十分得安慰和温暖。当对方感受到自己讲话的诚意后，不但不会有任何消极影响，还会感受到说话者的博大和宽厚，在心里默默勉励自己以后做得更好！

这样一来，不仅让对方本已灰心丧气的状态重新振作起来，而且还显示了自己的说话技巧和"口才"，让自己以后的讲话更受欢迎和支持！所以，换一种方法说话更能显示出说话的魅力，起到事半功倍的效果！

凯威是一个剧组的导演，由于他非常善于管理，因而在主要演员有四五十个人的队伍里，大家配合默契、团结互助，每次表演都能带给观众不一样的精彩，所以他们的名声非常的响亮！

刚开始的时候，有个别的演员出现工作懈怠、做事情不认真，虽然不担任主要角色，但是也会对整个表演形成不良的影响。事后，凯威找到这样的队员聊天。他并没有生气，也没有严厉的批评，只是像平时聊天一样，而且显得语重心长。

凯威先问他们对舞台上表演有什么看法以及有什么建议，当一位演员说整体上效果不错的时候，凯威就借机说："今天找你来呢，就是想给你提一点建议，在表演的时候一定要积极一点，发挥出最好的效果，因为我们的表演要需整体的效果，可不能因为自己的失误影响了大家啊！不过，这并不是批评你，我知道你肯定不是有意的，是不是遇到了什么困难或者烦恼，说出来大家一块帮你想办法……"

其实，凯威清楚地知道这位演员是因为以前的一次角色调整不满意，但他不想让演员感到难堪，才没有说破！凯威接着说："其实，这么多年来你的表演一直都是很棒的，上一次让你退出主角并不是否认你的能力，正是因为你的功底强，才会把锻炼的机会让给别人的，这样你可以有更多的机会帮别人指正！可能你还不知道，咱们团正是想培养出一批像你这样的演员，提前先锻炼好，到时才能担当领导职务……别有其他想法，好好干，说实话我很看好你的！"

一席话说的这位演员内心激情四射、温暖无比，他觉得导演的话很真诚也很实在，像是一位亲人在和自己谈话，哪里也找不到一点儿批评的意思。从此，这位演员更加敬佩自己的导演，被他的言行和宽厚深深地打动。就这样，凯威调配着每一位演员的情绪，因此他在大家的心里的威望和地位逐渐提高，影响力也越来越大！

作为导演，要有把控整个场面的能力，每个角色的配合到位才能算得上默契和成功。但是，在现实的管理中肯定会遇到这样那样的问题，比如演员闹情绪等等。这时候能不能恰当地处理好，不仅显示了导演的能力，也决定着整个团队的成败！遇到这样的情况，凯威没有严厉地批评，而是选择最巧妙地谈话，说的让对方无懈可击而又深深地佩服，这就是说话技巧的运用，运用的好就能发挥很大的作用！

相反，倘若凯威动不动就发怒，用严厉的语言大加指责演员的错误，不仅自己说出的话得不到落实和认可，还很容易引起本已烦躁的演员的反感和抵触，让工作更加不好做，让彼此的关系更加僵持不下！事实上，这就是说话的细节问题。注意到这个细节的人会改变自己的说话方式，说出的话不但让对方更易于接受，而且还能深入人心，取得对方更多的信任和支持！这样一来，当众讲话的效力和作用就体现出来了，必定会受到大家的欢迎！

所以，无论是人与人之间的交往，还是个人对集体的管理，不管在什么时候一定要注意自己的说话方式和技巧。同样的事情，同一个人，不同的说话方式会传递出不同的效果，也会给别人带来不一样的心情。因此，无论对方有多大的失误，以最优的说话方式才能展示最优的说话水平，也才能起到最优的效果！因为细节往往决定着说话的效力和方向，只有把握好说话的细节，才能说得让人心服口服，才能在当众讲话的时候展现出自己的水平和魅力！

中篇

会说是情理

—————第四章—————
嘴上带把尺，说话讲分寸

1. 口无遮拦要不得

当众讲话是一门艺术，要由外而内展现个人魅力，说得让人心服口服，有底气、有胆识！

在现实生活中，尤其是在私下里，很多人都能说一口漂亮的话，或许有的人话不多，但是偶尔的一句也能让人觉得非常精彩！不过，如果换到公共的场合，特别是在需要当众讲话的时候，你还会说吗？事实上，这里所讲的"会说"还不仅仅是能说出来，最关键的是说得有气场、有魅力，而且还要恰到好处！

当众说话除了胆量之外，会说话的人往往能够说到别人的心坎里，或者起到锦上添花的作用，氛围一下子就被调动起来；不会说话的人，不但不会给人带来快乐，而且让人心里更堵，惹人不高兴！所以，对于每一个人来说，在当众讲话的时候就不仅仅要突破敢说，还要往前迈进一步，做到会说。

只有这样才会让彼此之间更友好和睦，才利于人际关系的发展。

所以，适当的时候讲出一些极具感染力的话，能给全场带来欢乐和愉悦。

有些时候，说话还要看场合，不要只想着自己嘴上痛快而不顾别人的感受。如果是那样，尽管你的话滔滔不绝，却得不到大家的回应和认可。因为你的讲话是建立在别人的痛苦之上的，而且没有考虑过别人的感受，那么你的敢说又有什么意义呢？

在一次酒会上，张伟作为公司的领导兼代表，应邀参加朋友间的聚会，其实就是同行业的一些合作伙伴在一起沟通交流。为了增加自己的人气以有利于与别人的合作，张伟一直在找机会展示自己。因为张伟在公司是公认的"一流的演讲者"，所以他总想借自己的语言魅力征服大家！

当大家开始吃饭的时候，一位朋友的筷子少了一根，这时张伟看到表现自己的机会到了，随口就说："嗨嗨，你这叫单刀赴会，准备一条腿驰骋疆场啊！这回你可要输了，因为我们都是两根筷子……"谁知这位朋友不但没有笑，反而显得有点不自在，再看看别的人也一副表情紧张的凝重的样子，这让张伟自己也感觉很尴尬。

原来，他忘了一件事，前不久这位朋友因为在和别人合作的时候，为了自己获得更多的利益而单独行动，为这事还闹了很多不愉快。结果张伟无意中的话却让这位朋友听出了"弦外之音"，好像是有意在讽刺他，顿时让氛围变得沉闷而尴尬起来。事实上，更让人无法接受的是，在他身旁做了一位残疾人，他的一条腿是假肢，而张伟的话更像是在戳别人的痛处，让别人既气愤有难为情！就这样，张伟本来一句自认为很漂亮的话，不但没有给自己带来赞赏，反而让自己显得不会说话，严重影响自己的形象和说话水平！

俗话说："会说话的想着说，不会说话的抢着说！"那么，当你的话不但不会让人接受，而且还会引起大家的反感，说得越多越响亮就会越让人讨厌！就像故事中的人一样，本来想着让自己展示一下，反而弄巧成拙让大家不高兴！这样肯定会让自己陷入尴尬，引起大家的不满和讨厌。不仅会让自己的话很令人扫兴，而且自己更没有面子，这样的话还不如不说的好呢！

芳芳是一个虚荣心很强的女孩，平时总是在办公室里说自己的老爸有多么的厉害，是当官的，又有钱。上街经常是开着路虎或者宝马，而上班通常会开劳斯莱斯。很多人都看不惯她这一点，但是有的人则把芳芳当成了一个乐子，用来作为缓解工作压力的辅助工具。

有一次芳芳又开始在办公室里面吹起牛来，大家抱怨放假太少，想要去看演唱会都去不成。这个时候芳芳就说："哎，蔡依林有什么好看的啊！我老爸昨天雇佣了刘德华、周杰伦还有容祖儿一堆女明星单独演唱，让他们唱什么就得唱什么。"同事小李终于忍不了就回应她："你老爸那么有钱，还让你出来到这工作啊，一个月赚点钱还不够给你老爸的劳斯莱斯加油呢"听了小李的话，芳芳特别的生气，于是就说："我在家呆不住，喜欢锻炼。"小李说："你老爸那么有钱，明天把他的劳斯莱斯开来，让大家都借光坐一坐吧！大家看怎么样？"同事们都起哄说好，芳芳涨红了脸。

事实上，有些人不会说话是因为说不到点子上，或者说得不合时宜；而有些人说得有点过火，以致找不到台阶下，明显给自己找难看！比如有些爱吹牛的人，吹吹一般的事情就算了，但是他们偏偏在大家的面前说得很离谱，让人一听就没有可信度！尽管有时候会把自己说得"天花乱坠"，听起来也非常诱人，但是这种"口才"却不会得到大家的赞赏，反而让人心生厌恶！

卡耐基说过："一个人的成功，约有15％取决于技术知识，80％取决于人类工程——发表自己意见的能力和激发他人热忱的能力。不言而喻，这句话很明确地告诉我们"说话"的重要性和关键性！尤其对于那些不善于在公共场合讲话的人，有胆量说出来很重要，但更重要的是要说出自己的口才，讲出的话能够让人喜欢和接受，这才是当众讲话的最终目的！

尤其是在工作当中，会说话你就已经成功了一半！因为很多时候

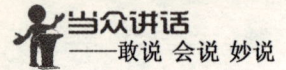

适当的话能够化解尴尬、促进感情、调节氛围等等，无形中就提升了自己的形象和地位！

2. 说话不要情绪化

每个人都有自己的情绪，但是你没有理由把自己的情绪带给别人，尤其在说话的时候更不要把自己的情绪加进去！否则，让情绪肆意泛滥，不仅是对别人的不尊重，也是对自己的不负责任，尤其是在当众讲话的时候。

在现实生活中，很多人因为受到一点点委屈或者遇到不顺心的事情，当然一时不开心是在所难免的。然而，让人不可理解的是，自己生气也就罢了，在与别人的交往中，尤其是说话的时候也会把这种坏情绪带出来，好像就是对方惹他们不高兴了似的！

然而，别人又不欠你的什么，更不应该为你的情绪买单，为什么要把这种与别人毫不相干的情绪夹杂在话语中让对方接受呢？尤其是在当众讲话的时候，如果你带着自己的情绪在那里讲话，大家更不会买你的账，毫无疑问，即便你讲得再怎么精彩，也不会得到大家的认可和欢迎！

王教授在学术圈是个大名鼎鼎的人物，因为自己的学术研究成果突出，再加上良好的人际关系，所以很多高校经常找他做一些学术报告及专业研究！事实上，王教授无论在知识的深度还是广度上，都非常的优秀，得到大家的一致认可。于是，很多人都想亲身体验一下王教授的演讲，从中学习到更多的东西，以利于自己更好地发展！然而，像王教授这样的人物，一方面平时比较忙，另一方面一般的情况下他并不愿意把大量的时间花费在做演讲报告上面，因为他更喜欢在安静的环境中踏踏实实搞研究！

　　不过，一所高校的校长还是请到了王教授做学术报告。就在报告的前一天，王教授因为一些私人的琐事儿弄得心情不快，什么事情也不想干，更不要说什么演讲了！可是，王教授已经答应了别人，而且校长已经做好了充足的准备，可谓是"万事俱备只欠东风"。如果这时候爽约，不仅让校长没有面子，自己的声誉也要受到影响。没办法，王教授只好硬着头皮参加学术报告！

　　当大家正带着热情和满心的期待聆听王教授的演讲时，他却表现得并不理想。开始时，由于有的学生比较兴奋，就显得有些活跃，王教授立马阴沉着脸，带着恼怒的口气把下面的学生批评了一顿。接下来，尽管王教授的演讲内容十分丰富，但每句话都夹杂着自己的伤心和烦恼的情绪，整个人都显得充满了怨气，尤其是后来有学生提问的时候，他只是随便应付了几句。此时让大家感到无比的失望，甚至有点小小的反感，当初的那些期待和兴奋已经消失得无影无踪！可想而知，在接下来的演讲中，尽管王教授的状态有所恢复，但是大家已经没有了耐心和兴趣，本来一场很精彩的演讲，结果弄得不欢而散，王教授的声誉也因此受到影响！

　　每个人都有不高兴的时候，心里难受或者一时无法排遣，可以找一个适当的方法去发泄。但是，你绝不能把自己的情绪带给别人，尤其在说话的时候，别人又不知道你是什么样的心情，即便是知道也没有义务替你承担。而如果你无缘无故地带着坏情绪和别人说话，那么不仅会让别人不高兴，也会引起大家的反感和抵触，严重影响自己在大家心目中的形象和地位！

　　一个随意就把自己的情绪带到生活中，把自己在别处受到的气夹杂到话语中，强加给别人的人，不仅是自私的，也是不负责任的！倘若是在当众讲话的时候，面对的不是一个或者两个人，或许是成千上万的人，情绪化的语言会让自己显得幼稚和无知。

　　夜晚，当大家都已经睡下的时候，小伟的爸爸还没有入睡，因为小伟还在写作业。正在这时候，小伟的爸爸听到小伟在嘴里不停地唠叨着：“什么破老师啊，真烦人！”

听到这些，小伟的爸爸轻声地问道：“儿子，还有多少没写呀？”一句话不当紧，小伟抱怨得更厉害了，没有好气地说：“别问了行不行？我这都快烦死了，都怪我们的老师，每天都布置那么多的作业！”

这时小伟的爸爸有点生气了，不过并没有表现出来，依然耐心地说：“儿子啊，打人能解决作业的问题吗？如果能，我愿意让你打！”小伟毫不犹豫地说：“好了好了，别假惺惺的了，您是我爸爸，我怎么能打您呢？”小伟的爸爸说：“儿子，你知不知道，你烦了可是别人是无辜的。你现在的语气，怎么就不顾别人的感受呢？我要不是你的爸爸才懒得理你呢？”

小伟在嘴里都嘟着，不过并没有反驳！这时，奶奶在隔壁发出了一连串的咳嗽声，好像还在说着什么。小伟由于心情糟糕就又抱怨道：“奶奶一天到晚都不消停！烦死了！”小伟的爸爸听到他的话有些过头了，就厉声说道：“说什么呢？怎么那么没有礼貌啊！奶奶天天给你做饭伺候你，真没有良心啊！快去看看奶奶是不是哪里不舒服！”小伟越听越烦，再加上为作业着急，再也控制不住自己的感情，发怒道：“我就说了怎么了？你知不知道我有多烦，你们还跟着掺和，还让人活不？”一怒之下，小伟的爸爸上来就是一巴掌，哭声、抱怨声顿时充满了整个房间……最后，冷静下来之后，虽然爸爸和儿子各自自我检讨，但大家的好心情已经没有了！

在日常的生活中，如果一个人总是带着情绪和别人说话，很容易就会激起别人的愤怒，而当别人对你产生抵触的时候，恰好你的心情也处在糟糕的状态，这时候就会让彼此双方情绪更加激动，一时大家都感到委屈，就会出现失控的局面。的确，谁会无缘无故地接受别人的怒气呢？当受到没有缘由的指责时，往往人们就会情绪冲动与之针锋相对，一场本来可以避免的冲突就这样发生了！

同样道理，如果是在公众的场合，或者是在当众讲话的时候，如果你不分青红皂白就把自己的情绪表现出来，说话像吃了枪药一样，那么毫无疑问就会与人产生各种各样的矛盾和纠纷，至少不会受到大家的欢迎！这时候，你的讲话不仅没有人会买账，反而成了让人听了就反感和排斥的东西，哪里还能展现出自己的魅力和水平？

所以，说话的时候一定要注意，无论你是多么的伤心或者难过，无论你遇到什么样的困境和挫折，都尽量不要把自己的坏情绪带到说话当中！因为你要知道，别人是无辜的，而你硬要强加给别人，最后只能让自己更加令人讨厌！

3. 没有人会爱上"唠叨"

有人喜欢音乐，有人喜欢文字，也有人喜欢运动，但唯独没有人喜欢听别人唠叨，相反没有人不讨厌唠叨！因为唠叨不会带给别人正能量，更多的是烦躁和不安，它可以让本来一份美好的心情顿时变得十分糟糕！

有人说，唠叨是女人的天性。不过这并不是绝对的，很多男人在说起话来也是啰里啰嗦，没有一点简明扼要的感觉，办起事来也是婆婆妈妈的！可想而知，这样的人是不会有人喜欢的，很多人不由自主地就会对他们产生一种厌恶和排斥，久而久之就形成一种惯性，无论他们说什么，首先在心里就已经很厌烦了，哪里还有兴致听你说什么！

如果在当众讲话的时候，你的这种表现更会让自己的语言变得枯燥乏味，毫无吸引力，甚至会让整个场面失控！这种喋喋不休、唠叨不断的讲话，没有人会听进去，没有人有那份耐心，因为他们的耐心早已被你的啰里啰嗦的话给耗完了！如果是这样，首先不管你讲得如何、发挥得怎么样，都会被阻挡在人们的心灵之外，这种敢说还不如不说！

据权威部门调查显示，在所接受调查的人当中，有97％的男性不喜欢唠叨的女人，就算她有普天之下的其他美德，也都无济于事。更有89．62％的男性认为，很多男人之所以过得很颓废、毫无斗志，都和妻子的喋喋不休有很大关联。

由此我们可以看出，唠叨的负面作用有多么的大，轻而易举地就能消磨掉别人的耐心，甚至是上进心！所以，要想在当众讲话中有所作为，要想让自己说出的语言得到正面的回应，要想自己的讲话受到欢迎，就要从避免"唠叨"开始！

王刚是一家电气公司的部门经理，在一次表彰大会上，王刚作为优秀领导代表登上演讲台做报告！王刚感到既激动又荣幸，心想一定要表现出自己的水平，尽可能发挥出自己的口才！

刚开始的时候表现还可以，但是讲着讲着就变了调，开始在台上面不停的唠叨，什么平时小王工作的时候爱说话，小李爱迟到，又是谁谁谁爱打小报告……像是在和别人聊天闲扯一样。更甚者，开玩笑似的说下面谁谁没有坐端正，然后又说人家头没有抬起来，最后又把话题转到了自己等等。除了听见他在上面不停地唠叨之外，大家几乎再也没有听见其他的什么！

本来上台讲话是一件很光荣的事情，结果不但没有展示出自己的讲话水平，反而因为自己的唠叨而遭到大家的一致反感和厌恶！

的确，没有人喜欢听别人唠叨，因为那样会让自己的心里感觉到烦躁。而一个优秀的讲话者最忌讳的就是不分轻重缓急，总拿一些无关紧要的事没完没了的唠叨。这样不仅会让自己显得主次不分、风范尽失，而且还会让人感到自己的讲话水平有限，没有见过大世面，没有成就大事的风度！如果是处在职场上，毫无疑问这会影响你在大家心目中的形象和分量，阻碍发展和进步！

刚刚结婚不久的刘飞，经常加班到深夜。新婚燕尔，刘飞怎么不急着回家呢？难道是和新娘吵架了吗？大家不断地猜测着。

尤其让大家不解的是，刘飞每天都是一副无精打采的样子，公司的老主任看到了心里很疑惑的问："刘飞，你这小伙子刚刚结婚怎么就不恋家啊？我像你这么年轻那会，总往家跑。"刘飞看看老钟说："老主任，我那老婆真的让人受不了啊。"老主任听了这句话就更加的疑惑了"你那媳妇我们大伙可是都看过的，非常的漂亮啊，身材也好。""老主任啊，我说的不是这个，我的那个老婆整天不停地唠叨和抱怨，每次都让我感到很烦躁。本来每天上班就够累的，下了班再这样谁受得了啊？尤其是在外面当着大家的面，不停地唠叨不仅让我感到很烦，而且自己没有面子。"

老主任听了这话，点点头说："是啊，我非常理解你的心情，如果一个人当着大家的面不停地对你唠叨，着实会让人感到不舒服，心里烦躁是很正常的！"

然后，刘飞就举起了例子：比如，有的时候我们一块在外面和朋友聚会，由于大家都是朋友，也就没有那么多的讲究，随手就把外套放在了旁边的椅子上，她就急忙走过去，抱怨道："你怎么总是乱扔衣服啊，干嘛不挂起来？"我要去一趟卫生间，她就又说："你怎么那么多事儿啊？一会儿一趟一会儿一趟！"事实上，我还是第一次去！这还不算，在吃饭的时候，她又开始向大家唠叨起来说我在家怎么怎么懒，怎么怎么不讲究……整天就像一只蚊子一样在耳边不停地"嗡嗡叫"，谁不烦呢！

无论在任何场合，想要让人接受是有条件的，不管你拥有多么华贵的背景或者出众的外表，如果总是喋喋不休，这样会让人感到没有面子，至少会影响到别人的好心情！如果是这样，不管你说的有没有道理，不管你说的精不精彩，都会被你的唠叨给"掩盖"住，当你的语言让大家感到心烦的时候，试想谁还会欢迎你呢？谁还会赞成你呢？那么即使你有"超级"的口才也会因为无法展示而毫无意义！

然而，在现实生活中，很多人总是逮住一个事儿说个没完没了，而且反复地说，不管是不是值得。这样的人有时候说话很积极，也很场面，甚至句句话都显得有道理和水平，但就是没有能深入人心，不能让人接受和喜欢。事实上，造成这种结果的最根本的原因就是他们自身的"唠叨"，把本该让人心服口服的话说得"喋喋不休"，一听就让人生厌。当一个人在大家的心目中没有了好感之后，无论再说什么都不会有人欢迎，甚至首先就遭到排斥和抵触，那么这样的敢说又有什么用呢？

所以，对于任何人来说，尤其在公共的场合，一定要注意说话的细节，即使你的出发点是好的，即使你释放的是善意和关怀，倘若没有一个合理的表达方式，说话的时候一张口就是"唠叨"没完，没有谁会喜欢和这样的人在一起，更不要说认真地听他讲话！同样，说话的人也会觉得自己很委屈，因为或许他目的并不是为了向别人"唠叨"，而是想极力地表现一下自己，但是却没有得到大家的友好认可，甚至是排斥和反感。这样，彼此之间发生矛盾和误解的几率就会大大增加，从而会更让大家讨厌他，越是这样他就会越想把自己的想法表达出来，最后就形成一种恶性循环！

4. 别把气势当气场

很多人在讲话的时候都希望自己有足够的气势，然后形成一种"排山倒海"之势。但并不是所有的气势都能受到人们的欢迎，只有当一个人气场足的时候，这种气势才能被大家认同。否则，无论话讲的多么热烈，都显示不出自己的口才！

在人际交往中，尤其在当众讲话的时候，很多人都认为气势才是最重要的，是一种让人认同和赞赏的法宝，有了它就有了征服人的魅力，就能赢得胜利、占得先机，从而得到别人的赞成和拥护！

事实上，他们错了，是对当众讲话的魅力的一种误解。气势说白一点就是故意营造的一种氛围，是外部的环境的衬托，而当众讲话的能力是多方面的、实实在在的。正是因为他们自身缺少某种优势，才会故作声势来掩盖不足！

其实，当众讲话最重要的是气场，你讲出来的话有魅力、有说服力，才能展现出自己的口才和应变能力。

年终的时候，公司一般都要做一次工作报告。王珂作为质监部门的经理要对整个部门一年来的发展情况做出全面的总结。而且，据个别领导私下里相传，老板准备在各个部门的经理中挑选出一名作为公司的副总裁，以缓解自己的工作压力。因为王珂一直以来的工作表现都不错，而且多次受到上级领导的夸奖，他觉得自己上升的空间还是很大的！

所以，提前半个月王珂就开始准备自己的发言稿，目的就是为了在大会上好好展示自己的口才，以期得到领导的重视，说不定就会被提拔为副总裁。于是，在这半个月的时间里，王珂一遍又一遍地修改自己的演讲稿，尽量达到完美无缺的地步，而且他侧重的一个重点就是要有气势，在气势上一定要压住别人，这样才能听起来更有力量，从而打动老板的心！每次改稿后，王珂都要找个安静的地方好好地练习一遍，直到听起来有足够的气势后才停下来！

年终报告会开始了，轮到王珂上台的时候，他大踏步地走了上去，显得信心十足，然后就开始了自己"热情洋溢"的演讲。很快他就忘情地演讲完毕，很多员工在下面不停地鼓掌，然而坐在前排的领导，尤其是老板并没有像对待其他的经理一样站起来热烈地鼓掌！这下，他的心里有点没有底了，不停地琢磨是怎么回事。

事后有位领导告诉他，老板认为他的演讲太过于空洞，没有什么实质性的内容，净是一些空话、套话，听起来的确很有气势，让人很有心潮澎湃的感觉。但是，这不是演讲比赛，更何况王珂的气势中缺少了气场，所以难以赢得老板的赞赏。

那么，当众讲话怎样才能算是讲得好呢？首先，是需要敢说的胆量，但是讲得再多归根结底还是要有气场，有说服力。否则，空话连篇即使再怎么有气势也是多余的，也不可能拥有良好的口才，充其量只是虚张声势而已！

所以，在当众讲话的时候，一定不要盲目地认为有气势就有了一切，就能让自己的语言在大家的心目中形成深刻的影响！因为敢说并不是最终的目的，事实上它只是当众讲话的最基础的一步，虽然重要但不能停留在那个阶段，而要把它当成一个阶梯，为自己更好地讲话奠定基础。

在一个会议上，刚刚荣升为集团总经理的乔治无比喜悦，不过他还要上台发表演讲，陈述自己的决心和规划。

乔治拿着自己事先准备好的稿子满脸微笑地走上了演讲台，大家都在期待着他会为集团的发展描绘什么样的蓝图，然而结果却令人大失所望。不是稿子的内容，而是乔治的个人表现。在读稿子的时候，乔治表现得很有气势，他对自己的表现还算满意，本以为自己的演讲会很吸引人。

然而，正当他气势十足的时候，下面的人开始在交头接耳，相互议论。原来，乔治在台上的时候眼神游离，举止动作唯唯诺诺，偶尔还有点"点头哈腰"的姿势，还不时的用一只手挠头……完全失去了风度，显得没有一点的气场，尽管他的稿子听起来非常振奋人心，但很少有人在心里佩服他，这就为他即将展开的工作埋下了隐患！

同样，和他一起还有一位同事晋升为部门主管，尽管这位同事的职位不高，可能在具体能力上也不如他，但是人家无论说话还是做事都显得大气，有风度。当乔治演讲结束之后，这位同事也开始演讲。然而，他站在台上还没有说话，只是拿着稿子坦然地向下看了看，用坚定有神的眼睛和大家示意打招呼，下面就响起了热烈的掌声，每一个人都认真地听他说的每一句话！这些话在语言上并没有什么特别的，但通过他的表达会让人感受到一种亲和力和感染力，散发着很强的气场。

同样都是站在台上讲话，为什么在演讲的过程中激情四射、气势恢弘的人没有得到大家的一致认可；而并不显得有气势，却赢得了欢呼和掌声呢？事实上，这就是气场的问题，光有其实而缺少气场的讲话是不可能打动人心的！很明显我们看到，有气势的人不一定有气场，但有气场的人一定能够让人信服，他们用自身的口才释放出的魅力赢得人心。所以说，对于那些正在练习当众讲话的人来说，不要把精力放在如何更有气势上面，而更应该关心如何让自己的讲话更具有气场！

事实上，在现实的生活中，很多人并不能准确地把握气势和气场的联系和区别，从而错误地认为气势就是气场，在当众讲话的时候气势上来了也就等于口才提升了。其实不然，没有气场的气势就像没有了灵魂的"行尸走肉"，尽管能说出来也毫无意义可言！因为一个合格的当众讲话者，不仅仅是做到不害怕、不胆怯，以及坦然地说出去，更重要的是还要做到有效地表达、有气场地表达！让自己说出去的语言有说服力和感染力，赢得别人的尊重和敬畏，才是最大的成功！

5. 一己之快，是伤害

俗话说生财有道，同样得到快乐也有自己的原则，不讲方式和手段而得到的快乐不仅伤了别人，同时也害了自己！然而，很多人尤其在说话的时候并不注意这些，他们总是考虑自己的快乐和痛快，却从来不顾及别人的感受，这样的话说出来是不会有魅力的！

追求快乐是每一个人的权利和自由，勇于表现自己也是再正常不过的事情，别人无可厚非。只不过，有些人太过于自私，往往只考虑自己的感受和快乐，甚至把自己的快乐建立在别人的痛苦之上。尤其在公众的场合，很多人为了表现自己，或者吸引大家的注意力，往往不讲究自己的说话分寸，只知道让自己痛快，却忽略了别人的感受！这样，他们自己说过去显得很得意、很自在，但是却会带给别人不快，甚至是痛苦！

比如爱拿别人开涮，或者总提别人忌讳或者不开心的事情，尽管有笑料，但并不一定会引来别人的笑声，更多的是尴尬和难为情！这时候，处在公共场合，可以想象别人是多么的讨厌和反感，不但不会得到尊重，反而会让别人在心底里憎恶，甚至有的时候还会引起彼此的冲突，带来不必要的麻烦！

所以，这样的话讲多了不但显示不出自己的口才，免不了还会得罪人，让自己的人脉和形象"一败涂地"，找不到气场和魅力！

李辉是一家金融机构的财务主管，论职位和薪水很少有人比得上他。有一次，有一位重要的客户前来洽谈业务，其中涉及到很多财务方面的问题，所以就把李辉一起带上了。由于专业知识上沟通得很顺利，在加上公司的信誉很高，所以没多久生意就谈成了。

为了庆祝一下，也为了表示一下公司的心意，老板把李辉一起叫上请客户一起去吃饭。在吃饭间，由于合作顺利，他们都很放得开，所以就聊得非常开心，你一言我一语谈笑风生。由于氛围的烘托，再加上李辉平时就觉得自己在公司"劳苦功高"，所以和老板说起话来也很随意！

于是，就拍着客户的肩膀说："你不知道，我给你讲一讲我们老板的趣事儿，保证你会乐得开怀。有一次，我和老板一起出差，到达后就在一个宾馆住下了，在去公共卫生间的时候，由于没有看清，他竟然一路小跑跑进了女厕所，结果被人家大骂了一顿……"李辉接着说："还有就是，在饭店吃饭的时候，服务员本来是一个二十岁左右的姑娘，可能是由于打扮的原因，结果老板叫了一声'大妈'，你猜结果怎样？被那位姑娘狠狠地瞪了一眼……"说完，李辉哈哈大笑起来。这时，大家你看看我，我看看你，多少显得有些尴尬！

接下来，再也没有人开玩笑了，氛围开始变得有些沉闷了，可想而知，他们这顿饭吃得不那么愉快！

做了一些"丢脸"的事，本身自己在心里就已经感到尴尬了，更不想别人再把这件事情提出来让大家都知道，因为这样会让自己很没有面子！然而，李辉只顾得自己嘴上痛快了，结果却把别人的感受给忽略了。他自己以为这样说话会让大家都感到高兴，尤其自己还能展现一下嘴上的功夫！但是他没有想到，这是人家的"痛处"，而且还有外人在场，别人肯定会不高兴！

尤其是在面对自己的上司的时候，如果凭着自己的痛快张口就说，当着大家的面让对方出丑，你想想他会高兴吗？当你说的别人不高兴的时候，自己的话还会有什么魅力吗？至少会让人不喜欢！轻则会引起上司对自己的不满和反感，重则将会失去自己的工作和机会，这对自己没有一点儿好处，只会让自己的处境变得不利！

明辉和俊伟是要好的同学，有一次大家准备组织去山里玩。大部分同学都积极参加，而只有明辉一个人不太愿意参加。于是，作为好朋友俊伟就问明辉是怎么回事儿。一问才知道，明辉的腿以前受过伤，留下了后遗症，虽然平时看不出来，但是却不适宜登山，所以他才不愿意参加进山的活动。

当俊伟得知是这种原因正准备离开的时候，很多同学也都来问明辉为什么不愿意参加集体活动。明辉只是说有点累不想去，不想大家知道自己的隐私。可是，俊伟却有一种不说出来不痛快的感觉，顺口就说："你们不知道，明辉的腿有毛病……"顿时，明辉显得有点紧张和不安，头也不回就匆匆地离去了。在他心里觉得俊伟太不尊重别人的感受。虽然他们依然是朋友，可是却失去了往日的亲密无间！

这就是说话不讲究分寸的结果，很多时候别人的隐私并不愿意让大家知道，而告诉你是对你极大的信任。然而，如果你不顾别人的感受，只图一时之快或者为了满足自己的虚荣心，那么必定会对对方造成伤害，同时也会引起别人对你的不满！那么，你所说的话注定不会

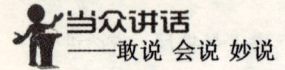
受到欢迎，反而成为影响人际关系的"罪魁祸首"，让你在公众场合失去形象和威望！

因此，说话的时候一定要讲究原则，哪些话该说，哪些话不该说，必须时刻注意。另外，尤其在公众的场合，说话的时候要考虑别人的感受，切不可只顾着自己的喜好和心情"尽情"地发挥，否则当你还在为自己的"精彩讲话"感到兴奋地时候，不知不觉中你就已经伤了别人！

尽管很多时候你的出发点没有什么恶意，但是你的"一己之快"已经给对方造成了"意外伤害"，不仅让彼此感到尴尬，还会影响到人脉，如果长时间这样，那么你肯定会得罪很多人，让自己的发展受阻！结果，不但显示不出自己的口才，还会让自己的气场急转直下，在大家面前没有威望和形象！

6. 猜忌的话"凉"人心

怀疑是人的天性，但怀疑到了一定的程度就成了猜忌，不自然的就会表现在说话当中。一个人在说话的时候如果总是疑心重重，言语间带着审问的口气，势必会让人失望和反感，本来一个火热的心瞬间就会冰凉透顶，那么你的话注定不会受人"待见"！

在现实生活中，谁都知道信任是沟通的基础，是合作的前提，人们之间一旦没有了信任就什么事业做不成了。尤其当别人真心真意地对待你，丝毫没有"歪"心眼，而你却满口的话中都充斥着猜忌和疑虑，至少是不信任！那么，别人会怎么想？换换位置想一想，如果是别人这样对待你，尽说一些尖酸刻薄的话，你又是什么样的心情？可想而知，无论多么高的热情都会被冲淡，直到冰凉透顶！

俗话说："用人不疑，疑人不用。"尤其在工作当中，猜忌的话更是要少说一些的好。或许你没有特别的意思，但就是这些语言表达上的细节，就足以引起别人的反感和厌恶。如果是对于一个正处于积极上进的人来说，立马就能让他们的信心和干劲儿降下来！

对于每个人来说都是一样，尤其是处在领导岗位上的人，用一个人就要相信一个人，就要给他充足的自由发挥的空间，减少自己的干涉和疑虑。这样，别人才会感觉到你的真心和诚意，才能踏踏实实地去工作！否则，当别人正在认真地完成一件事的时候，你整天左一个疑问右一个疑问，对别人满心的不信任，无形中就会引起对方的反感，不可能尽心尽力的去做事！

所以，在当众讲话的时候，一定要注意避免猜忌的话，一方面更易于让别人接受，另一方面也能让自己的讲话受到欢迎和赞赏！只有这样，我们的讲话水平和魅力才能有机会展现出来！

刘伟在一家酒店任经理，酒店的各种事有什么问题他都要负责，所以每天都很忙！这时候，又有顾客打电话预定包间，要举行婚礼，而且把整个楼层都给包了下来。这下他们揽了一个大活，比以前更加忙了，更重要的是一定要把各个环节组织和安排好，因为到时候会有很多人前来！

这个"大项目"由刘伟带头，组成一个应急小组，各个分工提前准备。而刘伟的任务除了负责整个场面的规划和部署之外，还有很多重要的事情要应对。所以，他一个人肯定是忙不过来的！于是他把其中的一个员工抽调了出来，负责联系超市进行采购。安排完之后，他又觉得不放心了，因为这次采购会花一大笔钱，生怕这位员工从中克扣！

所以，当这位员工把东西买回来之后，他一遍又一遍地问，在什么地方买的，结账的人叫什么名字，超市的电话是多少……而且又另外找了一张纸一一记录下来，像是在审犯人一样！总之，刘伟的话中充满了猜忌和不信任，只要是正常人都能感觉出刘伟的不信任。于是，这位员工就感觉自己是吃力不讨好，心里很生气，对刘伟产生了很大的抵触情绪！

慢慢地，大家都知道了这件事，而且都遇到与这位员工类似的经历。所以，大家都对刘伟没有了好感，甚至是讨厌，以致他的形象和地位严重地下滑，不受人尊重！

有些事情的确很令人反感，比如当你在帮助别人做完很多事情的时候，不但得不到半点的安慰和鼓励，对方反而用疑惑的眼神和猜疑的口气反复对你进行"盘问"，而且任凭你怎么解释都不能打消对方的心头疑云。那么，你的积极性立马就会降低，甚至产生怨恨的心理。毫无疑问，这样的话是没有人愿意接受的，同时说出这样的话更会显得对方心胸狭隘，缺乏语言的表达能力和技巧！因为在很大程度上或许对方只是想弄清楚事情的来龙去脉，由于"不会说话"而引发猜忌的"歧义"！

王飞自己开了一家电器公司，他自己不仅懂技术，在同行业又有很多资源可以利用，他的工作团队的个人素质也是一流的，但经过很多年他的公司依然没有什么大的发展！

为此，王飞也思索了很长时间，但终究没有感觉到什么问题。直到有一天，一位辞职的员工写给他的一封信才让他恍然大悟。

信中这样写道：尊敬的王飞先生，当你看到这封信的时候我已经辞职了，谢谢你这么多年来对我的关心和照顾。但是，唯一一点让我接受不了的，就是你这个人疑心太重，总是猜忌大家，让我没有勇气再在这里工作下去！不知你是否还记得，有一次你让我去采购一批原件，表面上说是派一个人帮我的忙，但事实上你是让他去监视我的。因为当他喝醉酒的时候告诉我，你对我不放心，认为我不够可靠。尤其我回来的时候，你一边又一遍地"盘问"，每一句话都充满了疑惑，大到订单的时间和地点，小到我和别人在一块吃饭、谈判都说了哪些话……请你自己想想，这么多年来我做过一件有私心的事情没有？当然没有，这一点你是最清楚的，可是你依然不放心，这让我无法接受。

还有一次，你让同事小伟和一位客户谈判，结果小伟把生意谈成了，然而当他把产品的价格告诉你的时候，你还是怀疑他从中串通客户收取回扣。于是你就通过各种方式去打探客户给我们公司产品开出的价格……最后再假装和他聊天的时候，故意套他的话，每个人都能感觉出来你话里的含义，那就是不信任！类似的事情都让人难以接受！

一个人在说话的时候，无论说得多么天衣无缝，他的猜忌都是无法遮掩的。一旦让对方感觉到他的话中潜藏着疑虑，对方就会感到无比的愤怒和恼火。因为看似仅仅是不信任，事实上这是对别人的不尊重，引起别人的反感再正常不过了。

就像故事中的王飞一样，别人勤勤恳恳地工作，不但没有得到奖励，反而收获的是他满腹的猜忌，满口的疑虑，说起话来像带刺的一样，让人觉得阵阵心痛！那么，这样的话怎么可能受到大家的欢迎呢？倘若以后再有什么疑问，即便是很正常的讲话，别人都会从心底里排斥和抵触，这就会让你讲不出什么有魅力的话，就算是能够讲出来也不会得到大家的认可！这样，最终的结果只能是让你的话语形同虚设，这还有什么意义呢？

如果处在一个集体中，充满猜忌的语言就会成为团结的最大克星，可以让整个集体的力量涣散，发挥不出应有的水平！因为很多人可以承受批评和打击，但是却不能容忍别人对自己的猜忌，甚至会认为这是对自己人格的"侮辱"，不顾一切要还自己的"清白"！这样一来，你在语言上的失误就会给自己引来大的麻烦！

所以，如果在生活和工作中有想不明白的地方，可以开诚布公、大大方方地说出来，大家真诚相待，"说出"彼此的顾虑岂不是要比猜忌好得多吗？何必要绕着弯子、费尽周折表达出来让人心凉的猜疑的话语！

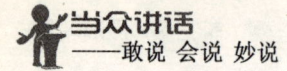
7. 否定别人，肯定不了自己

俗话说，尺有所短，寸有所长。的确，在现实生活中，暂时的"寸"说不定以后也会变成"尺"；而即便已经是"尺"也没有资格对别人说三道四，更不能随意就否定和贬低一个人！动不动就否定别人，事实上也肯定不了自己，甚至也是对自己间接地否定！

对于每个人来说，并没有高低贵贱之分，而且每个人都有自己的目标和方向，在奋斗的路上大家都是平等的，只不过是所处的位置和阶段不同而已。即便是一个人暂时没有什么成就，或者能力很微弱，那么通过努力一切都可能改变、一切都可能实现！所以，我们没有任何理由和资格对别人说三道四或者指手画脚，更不能轻易断定一个人的前途和将来！

然而，事实上并不是这样的。很多人依凭自己的地位和资历，往往有一种高高在上的感觉，随意地说这个人不行，或者那个人没有出息，甚至在公众场合也把别人说得一无是处，丝毫不给别人留下情面！

这样的人之所以会在大家面前对别人妄加评论，就是为了显示自己的地位和能力，以及靠这样自以为是的话显示自己的"口才"！然而，他们大错特错了，不仅不会让自己的讲话深入人心，还很容易就留给大家狭隘和自以为是的印象，得不到尊重和敬畏，况且别人一旦成功更会让他们感到尴尬，进一步降低他们在大家心目中的形象和威望！

老王是一位机械工程师，他所在的公司也是非常有名气的大型企业。在这里，老王担负着整个公司的技术监督以及新产品的研发，所以他的位置是举足轻重的，深得老板的重视。所以，为了他更好地工作，老板给了他一个特权，就是不论哪个部门，如有需要他都可以直接指挥。

这样，他接触的人就比较的多，而且好多刚来公司的年轻人都很热衷于向他学习，他也愿意教大家。只不过他喜欢在背后评判别人，甚至当着面否定别人，很多时候让别人难以接受。比如，当有的学生实践经验不足，动手能力稍微差了一点，他就当着人家的面说："你怎么这么笨呢？我看你也别学了，根本就不是这块料，再学也是浪费时间……"顿时，这位学生的脸色显得很难看，恨不得找个地缝钻进去，只是迫于老王的地位和能力而不敢和他辩解而已！

这还不算，他没事儿的时候，总喜欢和大家凑在一起，动不动就开始评论别人，不是这个没有潜力，就是那个没啥希望。当然，大家佩服他的能力，但是却不喜欢他的这种做人的风格，老显得高高在上，随意贬低别人。更重要的是，因为他爱否定别人，慢慢地他就失去了在大家心目中的地位和形象，很少有人真正地尊重他！

尽管老王在公司的职位和资历是一般人无法相比的，但是他的唯一致命缺点——爱贬低别人就会严重影响他在大家心目中的地位和形象！一个人无论地位有多高、能力有多强，以及多么的成功，只能说明你在奋斗的路上"小有成就"，但不代表你就拥有了评判别人前途和价值的权利！因为成功并不属于哪一个人，或许还在起点，或许还在路上，或许所要达到的目标也不一样，但有一点是相同的，那就是都值得尊重！

当众讲话，一方面要靠自己的语言表达能力，以一种大方的举止和气场十足的讲话来征服大家；另一方面，想要让自己讲出来的话受人尊重和赞赏，首先就要尊重别人，绝不能带着贬低的意味去断定别人，否则你的讲话是不可能有气场的，而且还会引起别人的反感和排斥！所以，任何人都没有权利去否定别人，或者贬低别人，那样做的结果只会证明你的狭隘和傲慢，以及思想的无知。然后你就会失去别人对你的尊重和信赖，甚至是排斥和讨厌，那么你还拿什么去赢得威望和气场呢？

因此，想要让自己的讲话得到肯定和认可，一定不能随意乱说，更不能因为自己的资历和地位而目空一切，对别人横加指责和否定，说一些不靠谱的事情，以致招来别人的厌恶！

————第五章————
职场讲话要用心

1. 欣赏别人，收获自己

　　有些人总喜欢把功劳和成绩都归功到自己的身上，充分肯定自己，凡事自己的长处和优点都能看得清清楚楚！然而，在人际交往中，尤其在公共的场合，我们更应该懂得去肯定和赞赏别人，然后才能获得尊重和敬畏，以及和睦和友善！

　　在职场当中，一个人不仅要懂得肯定自己，发现自己的长处从而找到信心，而且还要善于欣赏别人，有发现对方优点的能力！因为如果你只看到自己的优点，那么在各种场合你就会不由自主地去"渲染"自己，从而忽略了别人，轻者让别人有被冷落的感觉，重者会遭到别人的反感和抵触，完全不利于人际关系的发展！

　　的确，每个人都希望得到别人的肯定和赞赏，而且一旦得到别人的认可的时候自身就会有一种成就感！当然他会对赞赏自己的人充满好感和敬意，因为是你承认了他的价值和意义，同样他也会拿出尊重和友善去对待你，这样你们的关系就会得到进一步提升，不仅让对方高兴，你也因此获得巨大的收获！

小梁在一家媒体单位上班，虽然只是刚来不久，却非常受人欢迎。尤其在单位聚餐或者庆祝的时候，他就变得更加活跃，因为每个人都很喜欢他，都愿意接受他的言行！

原来，小梁这个人非常懂得人际交往，尤其在说话的时候总能抓住对方的优点和长处，善于发现别人优势的一面，并给予充分的肯定和赞赏。这样一来，对方就会觉得非常有成就感，并且因为他的夸赞而释放出友善，让彼此之间的关系更上一层楼！众所周知，没有人不希望得到别人的赞赏，而小梁恰恰能满足人们的这一正常心理需求，所以他非常受人欢迎！

不过，小梁在赞赏别人的时候并不是"无中生有"，或者刻意地奉承，而是带着诚意对对方存在的优势和成绩充分地肯定。所以，他的话不但没有人反感，而且还认为小梁这人比较聪明，会说话，还实诚！

一个人，无论是在生活还是在工作中，只有懂得欣赏别人，看得到别人身上的优点，才能受到别人的尊重和欢迎，也才能收获良好的人际关系！另外，一个懂得发现别人优点的人，更容易找到自己的不足，从而激励自己不断去克服和超越，无论从哪个角度来说都是一种收获！

然而，很多时候，人们只是仅仅停留在攀比的层面上，抱怨自己的处境不够好，自己得到的不够多，或者遭遇到了不公平，他们没有真正静下心来把彼此的优势做一下对比，看看自己究竟哪些方面不如别人，还需要在哪些方面更进一步。这样，只会让自己充满烦恼，停滞在原有的阶段，甚至还会倒退！

事实上，很多人之所以在不停地抱怨，就是他们自己认为别人不如自己，却得到的比自己提升得快！一旦拥有了这种心理，你就看不到别人身上的优点，在与别人相处的过程中还会把自己的这种情绪展现出来，毫无疑问会惹得对方不高兴，你的语言将成为你失败的根源！

1993 年，有一位 20 岁的小伙子在自己的家乡福建做银行职员，从事财务工作。由于自己想出去闯荡一番，就毫不犹豫的辞掉了这份工作！

后来他来到了厦门，看到麦当劳在招聘员工，他就决定去挑战一下见习经理的位置。但不幸的是，当他去参加面试的时候这个职位已经不缺人了！他很遗憾，不过麦当劳的考官告诉他如果愿意，可以从最底层的服务员做起。但是这中间要经过很多流程和等待，既来之则安之，小伙子毫不犹豫地答应了。

在之后的日子里，小伙子每天都认认真真工作，扫地、刷碗，清理厕所等等，但是他从来没有抱怨过，而且还不断学习，认真阅读工作手册，相信自己的勤劳一定能够带来收获！一转眼三个月就过去了，这时第一批升职的机会到了。小伙子满怀信心等待着自己被提拔，可是最终让他失望了，因为在他的四个室友中只有两个人在列，当然这两个人不包括他在内。这时他有点灰心了，真巧这时候有另外一家酒店需要财务，对方答应给 800 元的月薪，远比自己的 300 元多得多，小伙子有点心动了，于是就很坚决地写了辞职信。

麦当劳的经理听完他的一通抱怨之后，很委婉地说说："你已经告诉我，你比别人做得好的地方。那么，现在你换换位置，站在别人的立场上，说说他们比你做得好的地方。当然，你有一天时间去考虑这些事！"

经过一番激烈的思想斗争，想一想经理的话，小伙子猛然间醒悟了！是啊，别人现在确实比他做得好，与自己在一起的同事要么效率高，要么特别讨顾客喜欢，要么就是会为人处事……想到这些，自己决定留下来，继续干自己的底层工作！

在他的辛勤努力下，一年过去了他的付出也终于有了回报，终于得到了提拔，成为一名训练员。此后不久他又顺利升为见习组长。1994 年 9 月，他成功通过升级考试，升任见习经理。很快到了 1995 年，小伙子已经跃升为第一副经理，他创造了一个不到一年半连升 7

级的奇迹。

成功后他并没有骄傲，而是认真总结自己的经验教训，他在心里想：之所以自己能够取得成绩，不就是他因为自己能看到别人的优点吗？他告诉自己以后也要首先看到别人的长处，然后才能不断成功！

后来，小伙子又成了运营部经理，被调到外地开辟新市场。可是，在一个新的城市麦当劳店刚开起来就遇到了问题，顾客的新鲜感一过生意就不行了！于是他认真学习店员们的长处，不断开发出适合当地口味的新产品，后来一举成功！

在现实生活中，人们有一个通病，那就是善于发现别人身上的缺点或者毛病，尤其是自己不如别人的时候，更能把别人哪怕一个微不足道的过失都看得清清楚楚！然而，别人成功或者辉煌的一面他们却视而不见，甚至把别人的优点给忘在了脑后！这样的人总喜欢在大家面前"显摆"自己，极力地向大家宣传自己，却对别人的"好"半字不提！这样，别人就会认为你是一个自私的人，而且不懂得相互尊重，结果会怎么样呢？毫无疑问，没有人会喜欢这样的人，更不会愿意和他交往，关系势必会越来越远！

善于肯定别人，并不是让你去曲意逢迎，更不是让你去刻意奉承，否则将会适得其反，不但不能让别人高兴，还会遭到对方的鄙视和轻蔑！聪明的人在与别人交往的过程中，懂得实事求是地肯定别人的成绩，客观公正地对对方的优点和优势表达自己的敬慕和赞赏！其实，这也是对别人的一种尊重和认可，当然会得到别人的欢迎！这样一来，你对别人的肯定和赞赏就充满了恭敬和真诚，在很大程度上会拉近彼此之间的距离，变得更加亲近和融洽！

2. 说出轻松的环境

　　语言是智慧的表现，恰到好处地表达不仅能带来轻松愉悦的环境，而且还会为自己赢得气场和赞赏，让自己成为焦点和关注的中心！的确，语言就是有自己独特的魅力，如果你愿意，你就可以"说出"轻松的环境，让大家都喜欢你！

　　在工作中，由于种种原因，尤其是在各种公共的场合，有时是因为彼此不太熟悉而"沉默寡言"，有时是因为一时的尴尬而出现"冷场"等等。总之，无论是哪种情况，都会给整个环境带来负面影响，要么死气沉沉没有一个人说话，要么相视无言不知道该说什么才好！

　　那么，这时候正是发挥当众讲话的能力的机会，用自己语言来调动大家的积极性，烘托出融洽、和谐的氛围，让大家不再拘谨和沉默！所以，如果在关键的时候你能站出来恰当合理地为大家解围，不仅会让大家对你心存感激和赞赏，还不失时机地展示了自己语言的风度和魅力！

　　因此，无论是已经拥有了当众讲话的能力的人，还是正处于锻炼的阶段的学习者，都应该敢于尝试，敢于出手，不失时机地展现自己口才的魅力，才会显得有形象、有气场，也才能让自己的讲话水平越来越好！的确，当众讲话不仅仅要在演讲台上发挥好，还要善于在公众的场合调节环境和氛围，敢于去说，还要说得让大家放松、和谐融洽！

　　在一次元旦的时候，赵良作为公司的总经理带着大家一起在这里庆祝。一是为了放松心情、二是为了激励大家的工作热情。为了让晚会更加热闹，赵良事先通知大家可以带一些自己的朋友来玩，所以当晚会开始的时候，大家才发现这次晚会比以前多了很多新的面孔。

在晚会节目正式表演之前，按照事先的流程，大家需要互相熟悉一下，把场面搞得热闹一点，这样才能衬托出喜庆的氛围！虽然大家在私下都比较活跃，但是在这种场合下大家开始退缩了。另外，再加上有一部分是比较陌生的人，所以大家更加拘谨了，一时间现场沉静了下来，完全失去了晚会的热闹。

这时，赵良穿了一身休闲装站了起来，完全没有把自己当成一位总经理，而是作为现场的一份子和大家互动起来。先是找到两位平时比较活跃一点的男生和自己一起唱歌，然后又站在下面给台上的两位男生尽情地鼓掌，更多的是运用自己的幽默和风趣逗得大家哈哈大笑，不由得就放松了下来！这样一来就带动了其他人，大家开始尽情地玩，一起在下面跳了起来。

看着场面热闹了起来，赵良无比得高兴，大家也佩服赵良，看到他在关键的时候能够把场面活跃起来，让大家觉得他很有魅力！

很多时候，当环境变得沉闷的时候，事实上大家并不是真的想要这样的氛围，相反每个人都想尽快改变这种状况，因为很多人在一起"相觑无言"的时候是最让人感到压抑的！这就需要一个人及时地讲话来打破这种僵局，而且这也是大家所渴望的！

所以，无论在工作中还是在人际交往中，都千万不要忽略了语言的作用！因为会说才会有人气和人缘，相比笨拙的表达，往往巧妙的语言能够带来更多的快乐和轻松，也会得到更多人的尊重和喜欢！

韩俊是刚刚从大学毕业的学生，他是学行政管理的，应聘来到一家大型公司做行政前台。

由于他比较勤奋，在待人接物方面也很随和，各方面的事情处理的井井有条，得到公司领导的一致好评。所以，韩俊决心好好做下去，争取更大的进步。

有一次早上，他匆匆忙忙来到公司，准备开始工作。突然想起有一位员工的资料没有交上来，因为一会儿老板要用，所以刚把包放下就转身去另外一个部门！谁知，这时候王经理正好急匆匆地往外走，结果一下撞在了韩俊的身上。虽然没有撞疼，但是毕竟王经理是女的，遇到这种事情感到很尴尬，而其还把手里拿的东西掉在了地上。一时间王经理不知道该说什么好！

这时，所有的员工都在盯着他们俩，也都替他们感觉到尴尬，一下子整个屋子陷入了沉静。为了缓解尴尬，韩俊突然灵机一动，笑着说："看我们姐弟俩多么亲密，走路都能碰上，你们为啥碰不上，还用想？没有我们关系好呗！"因为平时韩俊一行人都称王经理为大姐，所以称姐弟也很合适，所以，听了这话，大家都哈哈大笑起来，王经理正好接着说："就是，这是我最亲最亲的弟弟，谁欺负他我给你们没完……"说着自己也不禁笑得前仰后合。

这样一来，大家的尴尬顿时消失得无影无踪，也显得韩俊比较会说话，从而赢得大家的赞赏！

在生活中，无论再怎么谨慎的人都难免会遇到一些窘迫和尴尬，在这种情形下，对于当事人来说是极其难为情的。而且，当他们一直找不到台阶下的时候会更加的紧张和不安。该出手时就出手，因为这时候他们最需要别人的解围，而你如果能恰到好处地为他们消除尴尬，或者真诚、或者幽默，或许一句话就会让整个环境融洽起来，令对方万分地感激，当然自己也显得有风范、有气场！

做出来的事情，说出来的道理，同样也能说出来轻松的环境！的确，当众讲话不仅要敢说，更重要的是，当处于公共场合遇到一时的氛围沉闷或者尴尬时，说出环境的愉悦和轻松才是最重要的。因为这样不仅能展示和锻炼自己的说话能力，还能让自己的口才显得有气场、受欢迎，从而整体形象和地位也会得到提升！

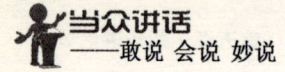
3. 敢说还要敢担当

古语有云："君子坦荡荡，小人常戚戚！"这就告诉我们，为人处世有一定的原则，不同的人有不同的处事方式。事实上，说话也是一样，既然敢说就不要害怕，就要为自己的话负责，做一个有担当和负责任的人，这样的人才会显得有魅力和气场！

在公司里，我们身边有很多人无论说话还是做事总是显得十分放不开，一直在考虑别人会怎么想，会不会让别人不高兴等等。所以，平日里他们表现得畏畏缩缩、扭扭捏捏，遇到事情不敢坦然面对！因为他们害怕自己的观点会引起别人的不满，甚至自己的正确决定都不敢理直气壮地坚持！

事实上，他们之所以会有如此表现，就是因为缺少担当，不敢为自己所说的话负责，虽然说了出来，但是注定会说得缺少气场！比如，在与同事或者朋友的交往过程中，经常能听到对方说"千万别告诉别人"之类的话。一方面他们非常想把自己的想法表达出来，另一方面说出来又害怕别人知道，在百般纠结和矛盾的心理下说了出来，但又战战兢兢的样子。很明显，这样的人没有胆识和魄力，更缺少成就大事者的风范和气度。这样的人在当众讲话的时候一样不会有什么力度！

所以，在当众讲话的时候一定要考虑清楚，不该说的不要说，而一旦确定说出的话就要勇于去"买单"，坦然面对自己的言行，彰显自己当众讲话的魅力和气场！

张炎是一家公司的老板，因为整个公司的机构庞大和人员冗杂，造成很多资源的浪费。所以，张炎决定精简机构，并且让一部分人员提前退休，以便给更多的年轻人腾出位置和发展空间！但这是一个很复杂的问题，因为涉及到很多人的利益，所以没有最终确定下来的方案暂时还不能让大家知道这个消息。

除了几位经理和一些重要的人员，张炎还没有把这个决定告诉其它人。不过，该怎么去执行成了一个头疼的问题，因为有很多差不多资质的员工，让谁退休都不好说，弄不好肯定会引起麻烦。所以，张炎整天眉头紧锁，在办公室也是一样。有一天他在公司的院子里散步，正好碰见一位部门主管，而且和自己关系非常好。于是他们就找了一个地方坐了下来，聊着聊着他就忍不住把自己的"心事"说了出来，他们越谈话越多、越谈越起劲，浑然不知有几位员工经过他们身边！其中有两位员工在和他们打招呼的时候就好奇地问："刚才听你们说什么让一部分老同志退休之类的……"

张炎眼看瞒不住了，索性就和盘托出，不过紧接着就说："今天的事儿你们千万不要和别人说，否则会出大事的……"张炎一边说还一脸请求的表情，最后又连续叮嘱了好几遍，依然战战兢兢十分担心的样子！大家都觉得很惊奇，平时没有见过他这样子，更重要的是完全没有了一位老板的风度，好像是犯了错的孩子在请求父母原谅似的！所以，大家背后都偷偷地嘲笑他，严重削弱了他的权威！

事实上，人们的敢说有两种情况：一是不该说的话说了出来；二是敢于说出一些该说的或者可以说出的话！而当你把一些不该说的话"毫不保留"地说了出来，那么你越是表现得担心和害怕，就会越有失风度，越让人看不起！因为在别人的眼里，你就是一个不敢承担、没有作为的人，不可能得到大家的认同和尊重！所以，做人做事一定要把握好原则，不能说的坚决不说，需要说的就勇敢地去面对和承担！

凯特是一家公司的董事长，由于市场的需要和公司内部的结构调整，凯特决定将一些部门进行整合，把其中一个部门的人员编入另一个部门。这样既节省空间和资源，又能提高工作效率！

　　然而，当这个消息出来之后，被编入的部门的几个"小领导"开始闹情绪，因为这样一来他们就要成为另外一个部门的副手，只能配合别人工作，与以前自己位置发生了变化！当他们来到凯特办公室还没有说起这件事的时候，凯特就猜到是因为这件事情。于是，为了缓和大家的情绪，凯特请他们坐下，并且热情地端茶倒水。其实这并无可厚非，为了给下属一些安慰，领导"屈尊下顾"有时是很正常的。

　　但是，当他们大声嚷嚷着为什么要把他们的部门给合并了之后，凯特没有直接回答他们，而是左顾右盼，眼神躲躲闪闪，一副难为情的样子，好像是欠了对方的钱一样。这样让凯特在下属面前找不到一丝威严，于是下属变本加厉地耍起了性子，让凯特一时收不了场！

　　同样作为另一家公司的经理，威廉对于自己的正确决策总是显示信心十足、理直气壮。尽管他在必要的时候也会给予下属适当的安慰，但绝不是显得毫无底气以及不好意思，相反他会落落大方地给对方讲道理，比如顾全大局、抛开自己的私利等等！理直气壮地和对方谈话，不仅能够消除下属的抵触情绪，还会获得对方的更多理解和支持，并且拉近彼此的关系！

　　当众讲话就是要敢说，尤其是当自己有理有据的时候，就不要显得扭扭捏捏，要理直气壮地说出自己的想法和决定，不害怕对方的抵触和不理解！是作为领导，面对下属，领导方式很重要，如何调动下属的积极性，如何从内心征服大家，关键要看领导有没有强大的气场，能不能赢得大家的尊重和信任！

　　所以，在关乎大局的时候，绝不能因为哪一个人的利益而退缩和妥协。在说话的时候拿出自己的魄力和胆识，说过去就要担起这份风险和责任，以及带来的相关后果！所以，适当的安慰和劝说是必要的，但绝不能唯唯诺诺。只要是自己的方向正确，坚持的是"公利"，就应该理直气壮地去面对，在大家面前坦坦荡荡，这样更能显示出自己的正气和大气。

　　事实上，一个人敢说和敢担当是相辅相成的，一样也不能缺少，少了哪一样都不能体现出自己的口才和风格，就会让当众讲话变得枯燥无味，甚至让人生厌！因为倘若说完之后就后悔，生怕别人知道，那么他就会显得"虎头蛇尾"，是一种极不负责任的行为！那么，表现在大家面前的只有紧张和担心，完全没有了"侃侃而谈"时的坦然自若和自信洒脱，这样的行为不但会显得小气、没出息，更会遭到大家的嘲笑和不齿，哪里还有当众讲话说的气场和风度！

4. 小心谨慎，步步为营

大家都知道，在生意场上只有运用头脑和聪明才智才能为自己赢得主动和优势，才能超越对手把握每一个细节和关键点！因为只有注意细节的人才能在大的方向上拥有更多更准确的信息和方向，赢得每一步！

俗话说细节决定成败，很多时候只有那些重视细节，善于在细节中发现问题和秘诀的人，才能为自己在关键的时候赢得关键分！尤其是在生意场上和别人谈判的时候，一定要了解和熟悉说话的策略和方法，千万不可忽视细节的作用，以及细节带来的巨大影响！

比如在和对方进行谈判的时候，绝不要因为你们在大的方向上已经达成了共识，或者决定了某种合作，从而随口答应对方的看起来"微不足道"的要求。因为正是看起来不起眼，对方才会钻这个空子，让你放松警惕，结果却会因为这一点点"让步"而给全局带来不可估量的影响！

在日常生活中，想必大家都知道有一种小动物叫蚕，它在吃桑叶的时候，一口一口，嘴巴很小，在大家的印象当中它们吃得很慢，一片桑叶会吃很长时间！然而，正当你不注意的时候，一转眼的功夫你就会发现整片桑叶就没了，这正是"蚕食"的效果。那么在谈判中也是一样，很多谈判高手并不会在明显的地方让你让步，而是通过巧妙的语言运用配合"蚕食"的手法以达到自己的目的！

　　小红是一家文化公司的文员，她经常要做一些美容美发等等的修饰和保养。前几天头发长了，小红又去理发店剪头发，她本想花几十元钱简单的修一下，可是结果却在不知不觉中已经消费了一百多元钱。

　　原来，当理发师给小红洗头发的时候说："姑娘，您的头发摸起来有些干涩，估计是以前经常染头发或者烫头发伤到了吧？""嗯，是啊！没有办法啦！"这时理发师找到了话题和说服的理由说："其实也不是没有办法的，我们店最近新进了一种新的洗发水，非常好用，它里面带修复液，保养头发的，洗一次也不贵，才 50 元钱，你的头发就可以很好了。""嗯，是吗？那好吧，就用那个洗啊！"

　　过一会理发师边洗边给小红说："你最近是不是经常偏头痛啊？总感觉头晕不舒服？"小红答道："嗯，偶尔。"理发师接着说："其实可以通过头部按摩来缓解头痛的，""哦，是吗？""头部按摩一次才 20 元钱，你看这么便宜，我给您按按吧""嗯，好吧！"剪完头发后，理发师又说："那个洗发水洗一次效果不一定能最好，再说再好的洗发水也不能一次就治理好你的头发啊！您在我们这里弄头发，我们店给您打个折，原价200 一瓶，您如果要就给个本钱 140 元就成"。本来小红走进来只需要几十元钱，可是后来当她离开这的时候，却花了几百元才走出这家理发店。

　　细心的人很容易就会发现，在小红的理发过程中，理发师并没有从她一进门就开始一股脑的"兜售"自己的生意，他采用聊天的方式一步步向着目标前进，一点点的说服小红陷入了对方的圈套！因为理发师总是从很小的地方入手，避开人们最敏感最关心的价格和金钱，从而在人们心理上造成一种"微不足道"的感觉，索性也就答应了，但是这些"一点点"累加到一起就成了一个大数字，已经远远超出自己的预期，但是也只能接受！

所以，对于这种情况只能"防患于未然"，在一开始的时候就提高警惕，留心每一步，不让对方"蚕食"的手法得以实现！

很多时候谈判其实就是一种"心理战"，只是看哪一方更具有智慧，更懂得说话的技巧和谋略，更能在语言上找准时机攻陷对方！然而，有一种很容易"迷惑"人的手法能够轻松让别人钻进自己的"圈套"。

又到了十一长假，好长时间没有回家的小军收拾行李准备回去看看自己的父母。但是不能空着手回家啊，总要带点什么礼物，毕竟自己现在能挣钱了，也该回报一下父母了。

于是，他打算给妈妈买一部手机，正好赶上十一期间，很多家手机店都打折。当小军走进店里看上了一款功能很全，价格又很便宜的手机时，这个时候售货员说："小伙子，你买的这款手机目前正在搞活动，原价是590元，只要您在添100元就送你一款同一牌子的手机！"小军听了当时心里想，100块买一个手机很合适啊！于是小军就在那里左挑右选，确定自己最终选上哪一款。

不过，当小军还没看完时，服务员又开始说话了："小伙子，今天小红门和中国移动还有电信联通都有沟通，今天买手机送话费，只要你再多买一块电池……"以此下去，服务员一件接着一件向小军推销自己的各种看起来相关的产品。当小军最终走出这家店的时候，发现自己手里拿了一堆东西，他本来要花590元买个手机就够了，这个时候小军发现自己已经花了2000多元，买了手机也买了电池，同时还有一些鼠标垫、充电器，手机充值卡等等一些用不上的东西。

当我们在和别人进行谈判的时候，首先要防备对方在"蚕食"上下功夫，因为一旦忽略了那些就会让自己陷入困境！同样，既然别人能够运用这样的"技巧"赢得谈判，那么我们也可以在适当的时候"为我所用"，把它变成我们自己的"有利工具"。

其实很容易理解，对于你的谈判对手，你千万不要一开始提出大的要求，而是应该先提出小要求，在对方看起来很不起眼的地方"下手"，因为一连串的小要求就会变成大要求了。优秀的谈判员通常在谈条件的时候，会乘机再要求一下。就比如你们的成交已经结束了，这个时候对方说这个外观不太好，可不可以换一下，本来之前要换外观是要加钱的，但是这个时候你就会想，都已经成交了，算了，答应你吧！所以从你的角度讲，永远要试着再多要求一次，当你试着再多要求一次的时候，有可能真的让你要求到本来要求不到的东西。也许之前这个东西对他来说很大，可是当你们把其他的问题都解决了的时候，他就会觉得没关系，似乎可以送给你了。

在谈判的过程中，一旦发现对方正在一步步向你紧逼，在不经意间一点点将你攻陷的时候，一定要小心和谨慎！也许对方提出的要求在你看来根本不会影响你整体的利益方向，但是你要知道正是因为这样才容易让你迷失方向，毫不顾忌，当你很随意就答应了对方的一点点要求时，事实上已经预示着你失败的开始！因为所有的蚕食都从一点点的不经意开始的，也许你会发现对方仅仅是提出了那么一点点小的要求，你也不是非得拒绝的时候，要保持清晰的头脑，你要知道人的欲望是永远无法被满足的！

所以，在和对方进行谈判的时候，一定不要忽视掉其中的各个小的环节，更不要认为有些事情或者要求是微不足道的，即便答应了对方也不会对整体利益造成什么大的影响！否则你就是真的错了，真的会因小失大！

5. 高雅的话题才大气

就像游泳必须得有水一样，人们的交往是不可能离开语言的。而日常的语言交往往往反映在谈话上面，在很大程度上反映着自己的内心世界，以及所关注的东西！所以，讲话的话题很重要，是大气还是俗气，一张口就能彻底地展示出来！

工作中，由于每个人的生活和成长环境的不同，他们各自的修养和品味也存在着差异，这些都会以不同的形式展现出来。比如，在说话时，有的人张口就是家长里短，甚至低俗无聊；而有的人则是更具有眼光和思想，要么谈论文化和历史，要么着眼于长远目标和发展。

很明显，别人只要一听就知道每个人的品味和修养，谁大气谁俗气不言而喻。话题很重要，代表着一个人的思想境界！因为一个人喜欢谈论什么，就说明他的心里在想什么，对什么感兴趣。经常谈论高雅的话题的人往往内心也是高雅的、有品位的，显得大气有内涵；而那些更喜欢谈论一些很俗很无聊的话题的人，则反映出他们的内心同样枯燥乏味，没有水准！那么他们所说出的话怎么可能会显得大气有魅力呢？

所以，在当众讲话的时候，一定不要忽视"话题"的重要性。即使你说的再怎么津津有味，如果话题不够高雅，那么就很难得到别人的赞赏和认同，当然就显示不出自己的讲话水平！

在一次面试的过程中，同时来了两个应聘销售经理一职的中年人。第一个出场面试的叫杰克。在做完自我介绍之后，面试官让他随意说一些话题，目的就是考察一个人的语言表达能力，尤其是更喜欢谈论哪些话题。

杰克听了面试官的陈述后，就开始说起自己的性格，以及与别人在生活中产生过的矛盾，并且把错误都归结到别人身上。最后他谈到了自己上大学时候的事情，可是他一点儿也没有说到学习和读书方面的心得，而是讲述自己在大学期间如何出去玩，以及本该获得哪些奖励，最后却被老师颁发给了别人……当杰克还在津津有味地说着，面试官就已经打断了他的话，并提醒他时间已经到了。

接下来参加面试的是汤姆，他做完自我介绍后，也进入了自由发挥的环节。不过，汤姆并没有把鸡毛蒜皮的小事儿作为自己的话题，即使有也不是专门定在那些细枝末节上，而是从更深层次挖掘事情的本质和内涵。另外，汤姆所谈到的话题总能给人耳目一新的感觉，而且不落俗套，比如，他谈了很多关于一个人的理想、责任、胸怀……让面试官一听就能感觉到谈话的水准，在心里暗暗表示赞赏！

所以，当汤姆离开面试室的时候，面试官心里就已经确定了招聘人员的人选。后来，面试官在谈到关于没有选择杰克的原因时，他说："一个人感兴趣的话题就是他在生活和工作中最爱关注的，也是最喜欢较真的。恰恰杰克所谈论的都是一些俗里俗气的东西，尽是生活中的琐事；汤姆相反，总能把自己的目光落在大处，让人看到不一样的品味和气度……"

很多时候，人们面对的事情是一样的，但是不同的人看到的东西就不一样，品味到的道理更是不同。就像同样陷入困境的人们，有的看到了磨练和希望，有的只看到了苦难和不幸。所以，当他们向别人谈到这些事的时候，积极的人则更侧重学到了什么，磨练了什么；而消极的人则只是在那里抱怨，一味向别人倾倒心中的"苦水"。

所以，他们会有不同的感受和获得，有不同的眼光和关注，表现在讲话上就有了天壤之别的话题之分。话题是无聊俗气，还是高雅大气，在这里就能分辨的清清楚楚。

俗话说："语言是智慧的表现。"事实上，语言只是一种表达形式，它需要有能量来支撑，是一个人内在的展现！就像是奔流不息的长江大河，后面必定有永不停息的源泉。语言巧妙代表着一个人的内心，而一个人的话题总是离不开低俗和无聊，那么反映出来的则是他内在的低级和无味。可想而知，在当众讲话的时候，别人很容易就能感受到他这个人缺少品味和胸怀，必然会招致大家的轻蔑和厌恶，因为在他那里别人得不到积极而有意义的东西。

因此，职场交谈中很关键的一部分就是话题的选择，想要得到大家的支持和赞赏，想要让自己的讲话更加出彩，一个不可回避的问题就是话题，一定要让自己的话题内容高雅、大气，至少要避免低俗、无聊，以及微不足道的琐事！当然，一个不落俗套的话题从根本上来说要靠自己的品味和修养的提升，慢慢积淀才有深厚的内涵，在当众讲话的时候才会流露出大气和魅力。

6. 生活可以随心，说话不能随意

俗话说："病从口入，祸从口出！"的确，很多人的烦恼和困惑往往就来自于自己的嘴巴。因为有时候他们说话就是不注意，要么不考虑结果，要么抓不住主题信口开河。结果，自己嘴上的随意就会让自己陷入"不如意"！

无论在工作还是生活中，很多人就是控制不住自己的嘴巴，不管大事小事总是显得很随意，往往表现出一副"想怎么说就怎么说"的样子！结果，不该说的说出来了，该说的偏离了主题，闲谈乱扯。那么，这样的人一方面不懂得给自己留余地，一旦自己没有说中就等于"搬砖头砸自己的脚"；另一方面因为信马由缰而说不到别人的心坎里，或者说不出别人想要的，即使说得再怎么精彩也不会让别人满意，而更多的是讨厌和排斥！

那么，这样的人在当众讲话的时候，就会失信于人让大家感受不到他的力度和信誉，更会让自己的威信和形象瞬间扫地，当一个人的话说不到"点子上"的时候，哪里还有口才可言？

王峰是一家文化公司的老总，不过最近一年生意一直不好，而且人员管理不到位，很多部门显得臃肿，得不到合理地利用。于是，他决定进行一次人员整编以及部门的整合。但这只是他的一个初步的想法，具体还需要大家研究决定那些部门留下，那些部门被合并。然而，在一次和员工的沟通交流中，他有意无意的把自己的计划说了出来，其中包括哪些部门要合并，哪些人员职位要调整。

王峰说的时候并没有特别在意，因为他认为这是一件还没有确定的事情，大家就算知道了也不会有什么想法！事实上不是这样，言者无心，听者有意。很多利益受损的部门和人员开始抱怨和闹情绪，而得到好处或者被提拔的人则暗暗高兴！然而，当结果真的公布出来的时候，恰好与他当初说的相反。这样，一些认为会被提拔的人落空后满肚子的怨气和愤恨，认为老板说话不算数；而另外一些刚开始认为被合并的部门或利益受损的人，并没有出现那种情况，不过惊喜之余也不会感激老板，认为他出尔反尔，反而冠冕堂皇地说王峰没有信誉、信口开河！

结果，王峰弄得左右不是人。所以，这件事让他失去了大家的信任和支持，更没有了威望和影响力。

一些不确定的事情，往往自己都没有太大的把握，最好就不要说出来，即使有几分把握，也不要轻易地就当成已经实现的结果，先放在心里静待事情的发展比什么都好！因为如果成功了还能给大家一个惊喜，倘若不成功自己依然有足够的退路。

的确，一个人想要培养信誉不是那么容易的事情，但是如果想毁掉信誉那是轻而易举的事情，往往苦心经营的信誉却经不起一次的失信。所以，在当众讲话的时候，一定不要信口开河，有些事情大家是会信以为真的，不确定的事情千万不要给出肯定的答案！否则，要么大家会认为你没有信誉，要么就会觉得你不尊重别人，随便敷衍。这样，整个人的威望和形象也会"消失殆尽"！

王磊是一家工厂的厂长，由于建厂时间比较短，规模也比较小，所以王磊经常待在厂区以便解决人手不足的问题。由于工厂的制度和管理还不是十分健全，所以在工作的过程中经常出现错误和混乱，比如该这个人干的活却安排给了另外一个人，久而久之就会在员工之间产生矛盾！

有一次，又是因为工作分配问题致使两名员工吵了起来。结果他们相互推诿，互不承认是自己的活，于是越争吵越急眼，任凭别人怎么劝解都没有用。因为他们相互觉得劝解的人都在偏袒对方，所以他们宁愿谁的也不信，就这样僵持着。最后没办法，只好把厂长请了过来，他们只愿意接受厂长的调节和裁决，因为他们认为领导对每一个人都是一样看待的，这样自己才不会吃亏。

刚开始，厂长对他们俩说："其实啊，你们俩都没有错，错就错在当初厂里没有把工作给你们明确区分，才造成了现在的结果……"但是说着说着，他却把话题扯向了两个人的家庭和生活，以及平时喜欢做什么事情等等。然而，那两位员工正在等着他主持公道呢？他却对这些只字不提，好像就是过来闲聊的。王磊以为这样就能转移他们的注意力，慢慢地气消了就好了。事实上并不是这样的，他们认为王磊在闲扯，只是过来和稀泥的，根本没有给出他们想要的结果！所以，尽管他们表面上不再争吵和纠缠，但是却把自己心中的不快转向到了王磊的身上，认为他作为领导不能给大家主持公道。这样，王磊在大家心目中就失去了地位和应有的尊重！

工作本来就充满细节，人与人之间出现一些小摩擦和小纠纷是在所难免的。有些人经常会为一些鸡毛蒜皮的小事而争吵或者闹矛盾，双方又都不相让，一时间就会陷入僵局。这样一直持续下去得不到解决就会或多或少地影响彼此的心情，还会感染其他人的情绪，慢慢地在周围蔓延，如果是在工作中，就会严重影响到工作和整个团队的氛围，造成不良的影响。

这时候就需要有人出面调停和劝解，而且是必要的和及时的。然而，在双方情绪激动、僵持不下的时候，一般人的劝解是无济于事的。只有那些德高望重而且有影响力的人出面才能让他们信服。但是，信服归信服，无论谁是谁非，在调停的时候一定不要远离"主旨"，偏离了轨道。

因为他们彼此坚持的往往并不是事情的本身，只是彼此互不服气而已，让你来解决事情就是想找一个公道，以及心理的平衡，把你的话作为一种公正的原则。如果这时候你不把事情当回事儿，进而信马由缰想到哪说到哪，那么大家就会严重地失望，你的威望和形象就会失去信服力，说的再多再大声又有什么用呢？

所以，人可以活得随心，但是说话的时候一定不能太过于随意，因为在你当众讲话的时候不负责任地随意乱说，降低自己的讲话魅力和信誉。这样，一方面是对别人的不尊重，另一方面更是对自己的威望和形象的践踏！

———第六章———
商场谈判要用智

1. 生意场上，不要把话"说死"

　　无论在任何场合，想要说好话是需要很多技巧的。怎样说，什么时候说，说到什么程度，这些关乎到你能不能从语言上把对方"征服"！比如，有时候面对一个人需要做多手准备，说话的时候不把目标"死盯在"他身上，也就是不把话"说死"，留有选择的余地！

　　俗话说，商场是看不见硝烟的战场。在商场角逐的个过程中，谁能成为赢家，谁能成功胜出，取决于多方面的筹划和配合，而和别人谈生意就是其中重要的一环！

　　那么，怎样才能在和对方的谈判中占据优势呢？首先如何说话就是最关键的。在谈判中，谁有更多的选择谁就占有更多的优势。当你有更多的选择，你就有更多的议价的权利，对方在心里就没有太大的把握，所以这会给他造成很大的压力，这样你就占据了主动权。所以，这就要求我们在和对方的谈判中一定不要把话"说死"，而是直接或者间接地让对方感受到你的话语的"言外之意"，那就是自己有

95

很多方面可以选择，而且"说出"与对方的合作只是一种可能性，用不确定的语言吊一吊对方的胃口。只有这样，我们才能在与对方的语言"较量"中占据主动和优势！

如果我们在谈判的时候巧妙地表达出自己还有很多的对象可以合作，拥有更多的选择，势必会让对方意识到自己必须让步。

小李是一家建材公司的业务经理，平时工作和业绩都不错，因此受到老板的多次夸奖和赞赏，甚至有时候老板接待的客户也让小李去接待。

有一次，公司有一家非常重要的客户前来洽谈业务，但由于老板正好有事不在，但又不能让客户在这里等着，于是老板就打电话告诉小李，让他代替自己和客户谈判，有些事情看着差不多就可以自己做主，足见老板对小李是多么的信赖和信任。当然，小李也一心一意地为老板着想，为公司争取更多的利益。

所以，在谈判开始之后，他们彼此双方先进行了一些最基本的业务和产品介绍，让对方了解自己的情况。然后，真正的谈判才正式拉开序幕。刚开始的时候，对方想要购买小李公司的大批建材，但又不想出太高的价格，甚至让小李公司得到微薄的收益，当然小李不会同意了，因为这样会给公司造成很大的损失，在感情上也对不起老板。

于是，听了对方的想法之后，小李微微一笑，沉稳大方的说："真不好意思啊，我觉得您是在和我开玩笑吗？这么低的价格连工人的工资都不够啊，这不明显让我们赔本吗？这样吧，做生意嘛，需要寻求双赢，我也不想让你为难，你要是觉得我们的价格贵你可以再考虑一下，或者选择其他的地方看看，当然我们也有好几个客户在等着要这批货呢！回头我再和他们几家谈谈，不过我可不敢保证最后您能拿到货，因为之前人家出的价格就比你高……"

事实上，小李这样说是故意让对方感到紧张的。因为小李清楚地知道对方急切需要得到这批货，别看表面上说价格高，实际上对方只不过是想尽量少出一点儿钱而已！所以，小李故意无所谓的样子，不把话说死，而且让对方感受到自己有很大的把握，很多的选择余地。这下，对方立马感到了压力，与其什么的也变得有些请求的味道，连忙说："别呀，价格咱们好商量，但是你千万不要把这批货卖给别人，给我一点儿时间让我和公司的人商量一下！"事实上，小李的价格对方已经接受了，只是不好意思当面就答应，说要商量一下只是给自己找一个台阶下而已！

其实，生意场上的谈判就是一种说话的技巧和策略，只要你能在语言上站了上风，那么你就不仅仅拥有了主动权，而且还能促成彼此间的合作和成功！这样，就能给自己带来更多的机会和利润，可见说话对于做人做事是多么的重要啊！就像故事中的小李一样，本来客户还在讨价还价，拿着已经很合适的价格却依然"得寸进尺"想要更低的价格。这时，小李充分发挥自己的说话技巧，故意不把话说死，让对方知道自己还有很多的选择余地，这桩生意成不成不太重要，立刻起到了作用，让自己占据了有利地位，为公司争取到了应得的利益！

十八岁的张欣今年刚考上大学，全家人都非常高兴。由于张欣学的是平面设计专业，学习的过程中肯定离不开电脑，而且张欣一直都非常渴望拥有一台属于自己的电脑！所以，尽管家里并不富裕，但在开学之前家人决意要给他买一台电脑，对于他的学习非常的支持。但是家里人对电脑这东西都不太熟悉，而张欣却对电脑非常的熟悉，因为他的朋友是一位电脑高手，在这么多年当中他已经学会很多电脑知识和技能，于是买电脑的事情就由自己来做主了！

可是市面上的电脑都很贵，这些钱都是父母辛辛苦苦积攒下来的，他不舍得买那么贵的电脑，可是又不能买一个便宜功能又不多的。所以他首先来到了电脑城，一进门就看得眼花缭乱，各种各样的牌子，应有尽有，一时间他也不知道选择哪种牌子的比较好了，不过首先价钱要适中，不能超过自己的承受范围！最后，他自己非常喜欢的一款电脑，可是商家要价5999元，小张和商家谈论好久始终僵持不下，商家最后只是勉强同意，可以给小张带上免费送的礼品，鼠标

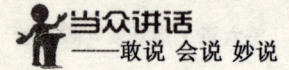
垫和电脑清理器。然而张欣还是没有答应，他决定再去其他地方看看。

于是，张欣又在这家电脑城的旁边一家店看到了同款的电脑，于是打听价格，这家同样卖5999元，这个时候张欣就想到了一个办法，让商家自己退步。他说："隔壁那家店才卖4999元，而且还赠送礼品，算了，我还是回那家店买吧"这个时候这家店的老板着急了，"我家店的电脑也可以优惠，也可以卖4999元，而且赠送的礼品是比他们多的"最后张欣在第二家店买了电脑，而且还赠送了他一个价值499元的电脑散热架。

事实上无论是在谈判桌前，还是在讨价还价的过程中，谁拥有的选项多谁就能控制整个局面的进程，让事情的发展按照自己的意愿进行！即便有时候局面陷入了僵局，如果我们能够在话里流露出更多的选择机会，那么就可以"逼迫"对方做出更多的让步。

就像张欣一样，面对第二家老板同样的要价，他依然毫不慌张，而是在"说"字上狠下功夫。为了让老板主动让步，他故意放出话来让这家老板知道：如果你不卖给我，我依然有其他的地方可以卖到，而且比你这价格低很多，这样你的生意就做不成了，而我却同样可以得到一台低价的电脑！这样，老板当然会着急，因为生意做不成他就赚不到钱，所以他就只好选择降价，按照张欣的要求出售。因此，张欣就把握住了整个场面的节奏，让事情的发展更有利于自己！

从这里我们就可以知道，关键的时候说话一定要讲究策略，尤其在生意场上，只有自己掌控住说话的节奏，让对方感觉到与他的合作可有可无，而且除了他可以有更多的选择。即便是自己心里非常想和对方合作，且对方提出的条件自己也可以接受，也尽量不要把话"说死"，营造出自己可以有更好的选择的氛围，这样才能占据主动，让事情朝着更有利于自己的方向发展！

2. "会说"的人，更会听别人说

会说不是夸夸其谈，更不是在那里埋头自顾自的搞"一言堂"，这样的人不懂得给别人留空间，甚至是自私，当然不会受到大家的欢迎，从某个层面上讲，只能证明他们不会运用说话的策略。因为懂得听别人说话的人，才能算得上会说！

在很多人的印象当中，会说话的人往往"伶牙俐齿"，无论在什么地方都能看到他们成为说话的"中心"，甚至一堆人中只有他在那里"口若悬河"。或许，大家不得不承认他的"口才"和"雄辩"能力，但是会不会从心里佩服他的口才，就又另当别论了！

事实上，"会说"就是说的让别人高兴，说出来让别人接受，而不是把大家都"压住"，只听自己的讲话，即便是你讲的很精彩，但也不能算的上会说。因为你只顾自己在那里讲，却从来不顾及别人的感受，不给别人发言的空间，本以为是自己的口才征服了大家，实则是你的"强势"而导致别人的"屈服"。他们并不是真心地对你的讲话感到满意和接受，在心底里并不佩服，这样的讲话怎么能够算得上会说呢？

尤其是在商场中，不管你是普通人，还是小有成就者，只有先学会听别人说话，才能更好地向别人说，才能成为"会说"的人！特别是在公众的场合，或者别人不同意自己的见解，或者故意给自己出难题的时候，更要注意说话的策略，不妨先让他们说！

有一家私营公司刚组建运营不久，各种制度和规章还不算完备。所以，在征集大家的意见后，老板决定在加一条定期提拔领导干部的决定。这样做的目的，一方面可以调动大家的积极性，另一方面也能让那些有能力的人得到及时的发现，为公司的发展储存人才资源！

当大家得知这个消息后都积极努力，争取最好的表现，为的就是能够更快地升职加薪。很快半年时间就过去了，又到了提拔员工的时候，很多感觉自己非常有希望的人都跃跃欲试，期待自己好运！王强也是他们当中的一员，而且是小组骨干人员，平时表现也不错；而另一名小组骨干小刘相比王强稍微差了一点，但总体上来说也算是优秀的员工！所以，老板决定在他们俩中间选择一个作为部门经理，到时候竞选演讲也是必不可少的，而且在很大程度上也决定了他们的上升空间！

于是，他们俩都提前积极准备演讲稿，争取把对方给打败。然而，这时候小刘意识到自己无论在能力上，还是声誉上都没有王强占优势，就算演讲准备的好也没有取胜的把握。这下可让他感到了万分的焦急，一时间他不知该如何是好。有一天他突然想到了一个歪主意，就是在王强演讲的时候，故意向他提一些问题"抹黑"，在当时的场景里谁也不知道是真是假，老板一定会考虑他竞选的资格，这样自己就有了机会！

这样想着，他也是这样做的。当王强在上面演讲，正讲到自己如何爱护公司的财物，如何努力地工作的时候，小刘打断了他的讲话，说："你可别瞎吹了，前天我还看见你很生气的用脚踢公司的电脑主机，而且还偷偷地把公司的椅子带走，这些我可都清楚得很。就你这样的人，还有什么资格竞选经理啊！"事实上，他知道公司里有一台电脑被人踢坏了，至今找不到是谁干的，而且他还故意把一把椅子藏了起来，故此来栽赃王强！

在小刘说话的时候，王强并没有辩解，而是静静地听他讲完。当他说完之后，王强不慌不忙的问道："还有其他问题吗？要是有的话尽管说出来！"当他知道小刘再也没有其他的理由了的时候，开始回击道："你不觉得自己可笑吗？第一，公司的电脑并不是被踢坏的，昨天保卫科的人员已经通过视频监控看到是一位员工不小心碰掉地上的，已经找人维修好了，就没有再声张出去，这点他们可以证明；第二，公司丢的椅子已经找到，现在就放在保卫科，是一个员工在储藏室找到的，这件事还在调查……"顿时，小刘满脸通红，羞愧难当！

当面对别人的故意栽赃时，王强并没有阻止对方，而是给足对方时间，等到说完了再进行有力的反击！事实上，王强这样做是很有策略的。一方面，倘若立即发怒和对方针锋相对，说不定别人会认为自己心虚，至少会弄得场面混乱搅了自己的演讲；另一方面，在他抹黑自己的过程中，能够给自己留出时间，通过分析和判断找出其中的破绽，然后见招拆招，把对方出的"难题"一一化解！

这才是真正的聪明，真正的会说！相比那些遇到问题不能冷静下来，抢着和对方争辩而让自己有口难辩的人来说，这样的人更懂得说话的"策略"！

在参加一次商业博览会的前夕，赵海作为公司的老板决定开一次研讨会，商讨怎样才能更好地制定出方案，以便让自己的产品在激烈的竞争中脱颖而出！

事实上，赵海在开会之前在心中就已经有了一份方案的雏形。然而，会议开始他并没有说出自己的想法，而是让大家自由发言、献计献策！不过时间过去了一段大家依然在下面小声议论，并没有人站起来单独发言。这时候，赵海决定把自己的方案拿出来让大家一起讨论，他相信大家会对他的方案感到满意的！不过，事实恰恰相反，当大家听了他的陈述之后，很多人都持反对意见，有些"耿直"的人站起来直接把赵海的观点给否定了！

不过赵海表现的很平静，认真听着大家的分析。因为很多人认为他的方案缺少创新意识，不会吸引大家的注意力，所以在博览会上胜出的几率就会变小。当大家说完之后，赵海仔细一想确实是这样。尽管赵海平时也是一个善于听取别人意见的人，但今天有的人的反应太激烈了，把他的方案一下子给"毙了"。所以，大家怀疑赵海会不会因此而生气。这时候，赵海却出乎人们的意料哈哈大笑起来说："听了大家对我的反对，我真的很高兴。这说明大家是真心的在关心公司的发展，否则绝不会冒着顶撞上司的风险发表自己的见解。最后，我决定放弃自己的方案，根据大家的建议重新制定方案……"

这个结果不但是反对他的人没有想到，所有在场的人都没有想到会是这样的结果，大家开始想大不了就是在赵海方案的基础上修改！没想到赵海这样开明，果断接受了大家的建议，进而集中大家的智慧重新制定方案。至此，赵海的宽广的胸怀让大家很是感动。从此大家更加敬佩和支持他！

在谈判中，即便是领导也有决策失误的时候，被别人反驳和否定是很正常的事儿。正当自己信心十足的时候却被别人否定了，心里有点失望是很正常的，但如何对待这一问题，如何说话才是更加关键的。因为大家是在一块儿谈论和发表意见，是对事不对人，仅仅是自己的一种看法和别人不同，并不涉及个人之间的"私心"。特别是对于处在领导岗位上的人来说，允不允许别人说，让不让别人说出自己的缺点，很大程度上决定了别人对你的看法，以及对你这个人说话水平的评价！

倘若你不接受别人的指正，在众人面前搞一言堂，依然在那里自圆其说，就等于把自己逼近了"死胡同"。这样的人是不受人欢迎的，更会让人感到是一种"霸权"的思想存在，当然不会被人接受！说出来的话没有人接受，也没有人欢迎，这就是说话策略上的失败，不懂得让自己在不利的情况下说出有利的一面，这样的人在职场上注定是要失败的！

相反，有智慧的领导绝不会搞"一言堂"，他们更懂得集思广益和听取别人的意见！尤其当自己处在不利的境地时，更懂得暂时"沉默"，把机会让给别人去说，认真听取大家的意见和建议，并且对别人的正确指出给予肯定。这样你所表达的一字一句就会得到大家的认同和赞赏，同时也表现出了豁达的胸怀！这才是真正的"会说"。

3. 寻找合作的"契合点"

　　无论是一个人还是一个集体，想要发展"合作"是避免不了的。那么如何才能进行顺利的合作，这就需要彼此之间在语言上更好地沟通，找到一个让大家都能接受的"平衡点"，说出的话不仅利于自己，还要利于对方，让对方感觉到彼此是双赢的！

　　没有合作就没有更大的发展，这句话对于商务谈判来说尤其适用。因为一个人的能力是有限的，只有彼此之间充分地合作，才能最大程度的发挥彼此的优势，达到互利共赢！就像人们在走路时需要双腿一样，如果单靠哪一条腿都是不可能完成的事情，至少不会那么顺利！

　　而生意场上合作的前提就是"共同的利益"。只有让大家都感到有所收获，找到彼此之间都能接受的"契合点"才能走到一起共同合作。很多时候，既然是合作，双方都想最大限度地得到更多，这就形成了矛盾。这就要求彼此双方在沟通协商的时候抓住"契合点"这一关键的部分，在照顾到自己的利益的前提下，一定要充分地"说出"对方所能得到的好处。因为对方一直在盯着你所能得到的东西，而这时候你也"帮"他分析出他的"收益"，那么你们之间就会在心理上和实质上达到平衡，也即是拥有了合作的契合点。

　　柏磊是一位汽车爱好者，而且他本人也是一名出色的画家，在国内曾展出很多画作，在没事儿的时候他总是喜欢画一些汽车模型，很多都是他自己想象出来的，看起来很有特色。张洋是一家儿童玩具店的老板，他发现柏磊画的汽车模型很受车迷们的欢迎，于是商机一动，想到了用柏磊设计的汽车模型做玩具，那么商品一定大卖。

于是他找到了柏磊来谈论这个问题。张洋希望能够取得柏磊设计的汽车模型的使用权，然后根据他的画来生产这些模型。而对于柏磊来说，他拥有的这些汽车模型正是张洋所想要的，而张洋给予他的金钱上的回报也是他所期待的，这样他们有了合作的基础！于是，他们就坐下来商量具体的合作模式。然而，刚开始他们谈的就不顺利，柏磊想要更多的授权回报，而张洋则在使用权的价格上降了百分之二十，这在他们之间产生了分歧！所以，柏磊就说："这样吧，张老板，既然你不 愿意出这么高的价位，那我只好和别的商家合作了！"等到柏磊把话说完，张洋接着说："别着急嘛，你看啊，既然我们想要真心的合作，就要耐下心来，找到咱们之间能够接受的一个平衡点。价格虽然低了点，但是我们带给你的后续回报会很多。因为我们要把这些模型销售到海外，可以为你的作品带来很好的宣传，你看怎么样？"

柏磊觉得还有合作的机会，于是就说："这样吧，咱们各让一步，你在原来的基础上提高百分之五，然后就按你说的办，怎么样？"张洋一听也觉得差不多，这样柏磊也能接受，他们之间找到了"契合点"，不仅是说话的契合点，也是合作的契合点！最后他们痛痛快快地签约了！

无论任何时候，合作都应该是双赢的，如果你一直不顾虑对方的感受，一心只想着自己，在与对方的沟通交流中流露出的都是自己的私利和占有欲，那么别人当然不会接受你的这种"安排"，彼此之间的协商就无法进行下去。正如你不让对方知道他在你这里能获得什么利益，也不让对方在你这里取得任何的利益，谈判就不能开始。

因此，你只有在和对方沟通的时候兼顾双方的利益，让对方在你的话语中感受到"有利可图"，有合作的基础和平衡点，那么他们才会真心实意地和你交谈，踏踏实实地和你合作！任何的谈判都是双向的，所以不能只考虑单方面的问题。我们在维护自己利益的同时，也要兼顾对方的利益。

2004 年 12 月 8 日，联想集团宣布以 12．5 亿美元收购 IBM 个人电脑事业部，收购的业务为 IBM 全球的台式电脑和笔记本电脑的全部业务，包括研发、制造、采购。这一为世人所瞩目的联想与 IBM 长达 13 个月的并购谈判终于画上了句号。"中国电脑第一品牌吃下 PC 产业缔造者的传统业务"的消息迅速传遍了世界各地。

实际上，在这场收购中，联想收购 IBM 个人电脑部门的支出总计达到了 17.5 亿美元，其中包括 6.5 亿美元现金、价值 6 亿美元的联想股票以及承担 IBM 个人电脑部门的 5 亿美元的债务。

对于联想来说，它通过对 IBM 全球个人电脑业务的并购，使自己的发展历程缩短了整整一代人，年收入从 30 亿美元升至 100 亿美元，一跃成为世界第三大 PC 机制造商，每年创造 120 亿美元的营业额，成为我国率先进入世界 500 强行列的高科技制造企业。

收购完 IBM 全球个人电脑业务后的联想将拥有 IBM 的 "Think" 品牌及相关专利、IBM 深圳合资公司、位于日本和美国北卡罗来纳州的研发中心以及遍布全球 160 个国家和地区的庞大分销系统和销售网络。

在联想的并购谈判宣布结束之后，IBM 股价上升了 2%。对于 IBM 来说，与联想的长达 13 个月的谈判历程进行得也相当艰苦。在此之前的 2000 年，刚刚成为 IBM 公司董事局主席兼首席运营官的帕尔米萨诺就有了剥离公司 PC 业务的意向；2001 年，IBM 当时的副总裁，个人系统部总经理史蒂芬·沃德拜访联想并指出 "IBM—联想" 的设想；在这期间，IBM 还曾就此事向中国政府表达了自己的诚意。由此可见，IBM 为争取这项交易的成功做了长期的准备工作——他们在与联想进行正式谈判前就开始了对中国市场的调查，同时他们也全面地考虑了与联想合作过程中的种种矛盾与利益。

2004 年 12 月 8 日，联想与 IBM 的谈判终于尘埃落定。由于种种原因，在后来的谈判桌上，IBM 把最初计划的 30—40 亿美元出售 PC 业务的价格调整到了最终的 17.5 亿美元，当然 IBM 还在新联想中谋取了 18.9% 的股份，成为仅次于联想控股的第二大股东。与此同时，IBM当时的副总裁兼个人系统部总经理史蒂芬·沃德还登上了新联想CEO的宝座，而联想的CEO杨元庆则登上了新联想董事长的席位。

至此，联想和IBM在谈判过程当中的针锋相对和彼此妥协终于告一段落。在规模扩张和影响力增强以及拥有更多的参与国际知名品牌竞争机会的背后，新联想还要面对更多的困难与风险，还有许多问题有待磨合，只有顺利走好磨合期，稳步地步入新的发展期，新联想才能真正实现其创造世界级品牌的远大目标。

生意场上的每一个人都想着获得利益，和别人合作也是为了更好地获得发展。那么，如果在这个过程中你让对方觉得没有收益的空间，或者你们谈判的双方都不顾对方的利益，费尽心机的谋求己方的利益，最终可能谁也没有收获。因为找不到"契合点"就等于失去了合作的基础，而在谈判中只追求自己的利益最大化，丝毫不顾及别人的感受，这也是自私的一种表现！

尽管有时候彼此双方的合作谈判很艰难，契合点也不容易被发现，但只要本着互惠互利实现共赢的思想，在"磨合"的过程中尽量释放出让对方接受的观点，找出双方合作的"契合点"，必然会让对方接受。就像联想和IBM的合作一样，其中的谈判可谓历尽了艰辛和坎坷，但他们在数次的沟通协调中双方相互让步，相互找出对方能够接受的条件，最终他们找到了一条对大家都有好处的新路子。

毋庸置疑，只有找到"对你对我"都有好处的方案，大家才会满意，然后才能合作下去。很多时候，彼此双方合作的"契合点"确确实实地存在着，但并不一定被及时的发现，尤其是作为谈判对手，更要及时帮他指出来，只有说出来让对方明白和接受，才能算得上是成功。

4. 未雨绸缪，才能"对症下药"

在说话的时候想要说的恰到好处，首先你必须了解你所要面对的对象，他的爱好、习惯，以及说话的方式都很重要！只有你知道了这些之后，才能根据具体情况选择不同的语言和方式去应对对方的谈判，做到心中有数，胸有成竹！

俗话说："知彼知己，才能百战百胜！"在战场上想要胜过对手，首先就要做周密的部署，尤其是对对方的了解！同样，运用在谈判上面也是适用的。在双方的谈判中你如何才能占据主动地位，如何把握住对方的心理，如何控制住谈判的节奏和事情的发展朝向，最重要的就是了解和熟悉对方，包括他的语言风格、说话方式、做事原则等等！只有提前把这些都弄清楚了，在和对方谈判的时候才能得心应手，才能知道对方的底线，以及想要得到什么，然后恰到好处地说出自己的想法，更容易让对方接受！

小李是刚刚大学毕业的学生，为了找到一份称心如意的工作，他可是费了九牛二虎之力，但一个月过去了依然没有任何眉目。后来经朋友介绍一家房地产公司愿意接受他，并且给他三个月的实习时间，通过了就可以在这里正式上班了！

所以，为了抓住这次机会，小李很勤奋，不懂的地方虚心向别人请教。慢慢地他已经适应了这份工作，所以在三个月之后他被留在了这家房地产公司做业务员！公司一方面看他干得还不错，甚至比一些老员工还能干，另一方面也想抓紧时间对他进行锻炼，于是经理决定让他出面谈一笔生意。有一位买房的客户，以前来过这里说是房价太高，现在又过来想要商量一下！经理认为这位客户算是一位"回头客"，按照往常的经验对方是确定要买房，而且也基本接受了原来的价位，现在再来谈判就是想尽可能的把房价往下压！

经理把这些情况告诉了小李，让他有个心理准备，毕竟这还是小李的"第一桩生意"。但是小李还是心里没有把握，因为他对对方一点儿也不了解。他心想，想要拿下这位客户，就必须首先把他这个人了解清楚，包括什么性格，说话办事的方式，以及他平时的思维方式等等，知道了这些就等于摸透了对方的底细，那么谈判起来就能运筹帷幄，把主动权把握在自己的手中！于是，通过各种关系了解到这位客户说话一般不会绕弯子，城府也不深，而且要是他喜欢的东西一般贵一点儿他也不在乎！知道了这些，小李心中就有了底了！

谈判开始了，首先小李把房子的基本信息和位置介绍了一下，其实这也是走程序，因为之前客户已经看过了房子，对这些已经了解清楚了！然后就进入了正题，于是小李问道："先生，房子您也已经看过了，你对这房子还算满意吗？"客户答道："房子没问题，就是我觉得你们这个价格有点儿贵了，能不能再降一点儿！"小李说："先生，这房子真的不能再降了，否则就亏本了！"客户说："真的有点儿贵了，我在另外一家问过了，人家比你们整整少了20万，实在不行我还是去其他地方在看看吧！"小李知道他是什么意思，知道他不可能再去别家，因为他对这房子非常满意，而且他是一个为了心爱的东西不太计较价格的人。于是，小李微微一笑说："先生开玩笑了，别家也绝不可能降这么多。这样吧，你要真的想买的话，我可以做主给您便宜10万元，再少一分都不行了，就这说不定回去老板还要怪罪呢！另外，还有几家客户等着我去谈判呢，实在不行我们也不勉强，要不您再和家人商量一下……"

客户听了这句话，立马答应了。因为他太喜欢这套房子了，生怕别人抢走，而且已经便宜10万了，事实上他心里的价位就是房地产公司标的价格，所以他还是挺满意的！这样，小李和他把相关的手续办完，高高兴兴地回去交差了！第一次的谈生意就成功罢了，甭提他有多高兴了，坐下来想想这次成功就得益于对对方的了解，然后在谈判的时候"对症下药"，一举获得成功！

做任何事都要心中有数，然后才能把握住其中的每个细节。尤其在和别人进行谈判的时候，一定要事先了解清楚对方，才能进行针对性的协调和沟通，才能知道对方心里在想什么，在他说出的每一句话中找到"破绽"，"乘虚而入"把对方拿下，让自己处在有利的地位！

所以，我们应该具备自己独到的思维方式以及讲话技巧，做到对对方更多的了解，才能有更大的取胜把握。绝不能认为有什么万能的方式，因为掌握一种方法并不能适用于所有人，而是要选择"因地制宜，因人而异"的分析和对待，在谈判的时候做到收放自如！

张伟和小刘是好朋友，有一次张伟想要到郊外去游玩，开车不方便，自己又没有自行车，而小刘刚好买了一辆崭新的自行车，骑起来非常舒服。于是他就向小刘说明自己的意思，结果小刘答应他了，只是千叮咛万嘱咐，要张伟一定要小心，千万不要撞着了！

所以，张伟在郊外骑得过程中非常小心，生怕把哪弄出毛病来，到时候就不好交代了！然而，越害怕的事情就越容易发生，正好对面来了一辆自行车，躲闪不及撞在了一起，这下可把张伟急坏了，不知道该如何交差了！虽然只是蹭了一点儿，但是这毕竟是一辆新车。不过他知道小刘是一位非常讲义气的朋友，很重朋友感情！

于是，张伟就请朋友小刘喝酒吃饭，在酒席间几次的谈到两个人之间的感情如何深厚，张伟还声称自己最好的朋友就是小刘了。小刘感动的几杯酒下肚，随后张伟说出了自行车被自己弄坏的事，并说明自己是不小心弄坏的，小刘立即说没事，并且不怪罪张伟。

正是因为张伟知道自己的朋友是一位重感情的人，在自己做错了事的情况下才会从"感情"出发，达到"以情动人"的效果，从而获得对方的谅解！相反，倘若张伟不知道对方是这样的人，或者直截了当的说出这件事，势必会让朋友感到不满。

所以，讲究说话的策略还是非常重要的。对于谈判来说更需要有步骤，有策略，说话有针对性和目的性，说出别人的真实想法，说到

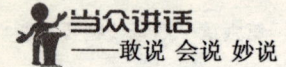
对方的心坎上，才能让自己的话显得有效力而且有效率。只有把对方了解清楚，在言语间琢磨透对方的想法，并且根据对方的每一句话做出相应的回复，恰到好处地表达出自己的想法和观点，以达到让对方让步的目的，或者直达对方的底线，可以减少彼此间"拐弯抹角"的语言"纠缠"，做到轻松取胜！

5. 让步也要让出"技巧"

让步也是说话的一种策略，也是以退为进的一种方式。但是，让步也是需要技巧的，并不是简简单单的向对方"屈服"或者接受他的想法和观点。真正的让步要让出水平，让出精彩，让出自己的智慧，让对方摸不清你的底细！

很多时候大家之所以坐在一起谈判，就是因为彼此之间的意见不一，想法有差别，但又不想因此而失去合作的机会，所以才会寻求相互沟通和协调，只要有一方稍微退让一步这件事就能成功。的确，适当的让步可以缓解谈判的僵局，但是即使是让步也是有技巧的让步，不能让你的让步成为了你谈判中的败笔。否则，一不留神就会让对方看出你的让步模式，探出你的底细。这样一来，你心中的任何想法都被对方看的清清楚楚，从而优势丧尽。

小杨是一家公司的采购员，有一次，老板吩咐他为公司采购一批桌椅，而且尽可能的把价钱压低一些。平时老板对小杨很器重他，所以他决定尽最大努力为公司节俭，以博得老板更多的满意！

小杨来到了家具城，因为他要的是大宗的家具，所以这里的经理过来招呼他。在得知小杨要购买一大批的桌椅之后，经理主动给他优惠打折，以低于零售价很多的价格卖给小杨，目的就是为了拉住这个客户！然而，小杨听了他的报价之后依然觉得有点高，于是开始和经理讨价还价，争取让对方把价钱往下降。最后经理答应每件再降五十，这下经理以为小杨应该满意了，谁知并不是这样的。小杨认为他还能在继续往下降，因为每件五十，这一大批就多了，他既然能降一个五十肯定还能再讲一个五十，果然在经过小杨的"软磨硬破"之后，经理很无奈再次降低五十……

谁知，小杨并没有罢手，他心想这批货他们肯定能赚很多，要不然本来就600元一套的桌椅，他们竟然每次都能降下来50元，他决定还要继续把价格往下压！但是，这次经理再也不肯往下降价了，说这是最低价了，再降就赔本了！但是，小杨并不相信，认为是老板故意的，所以他也不肯让步，结果生意以失败告终！

事实上，小杨觉得600元一套还是很合适的，往下压价只是试试行不行，没想到经理第一次就果断降下五十。而小杨在第二次要求降价的时候，已经不抱希望，至少没有想到经理还会再降五十，只要降下一点他就接受了！可是，经理依然又降下五十，这才让小杨看到有更大的降价空间，以致"得寸进尺"，想要减掉更多的"五十"。然而，当经理已经把价格放到最低的时候，小杨依然认为还有回旋的余地，结果对方再也不肯让步，而他也不肯摆手，才形成最后的不应该是僵局的"僵局"。

让步绝不能一次比一次多，否则，对方就会抱着试试看的态度与你"纠缠不清"，或者"死缠烂打"也要磨掉你的耐心！

假如你去买车，对方第一次给你让出了1000元，经过你的反复纠缠，对方第二次给你让出了2000元，这个时候你是不是心里就想，如果我再讲一下，是不是可以再让出3000元呢？这和你自己卖东西也是一样的，你第一次给你的顾客让出了200元，可是对方依旧再和你纠缠，你逼不得已又让了400元，然后你说这已经是你的底线了，你不可能再让一分钱了。

可问题是你第二次的400元让步太高了，比第一次还要高200元来，那么对方一定觉得其实你第三次有可能让出600元来，而你忽然

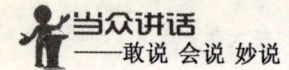
告诉对方你不能再让一分钱了，他一定会觉得你刚刚 400 元那么多都愿意让出来，现在居然就差这么一点点，很可能就不愿意和你再继续谈了。如果相反你第一次让出来的是 400 元，而第二次让出来的是 200 元，对方也许会觉得其实你也许还会让出 100 元来。你也许会和对方更好地谈一下，他也许会觉得你真的不能再让利了，你的范围已经小的不能再小了。

此外，千万不要在谈判的开始就让步，那样会留给对方一种印象，就是你的意志很不坚定，只要稍微一说你就能让步，这就更容易引起对方在谈判的时候向你发起"语言攻势"的兴趣！那么，对方肯定会绞尽脑汁和你"兜圈子"，并且一直对你抱有幻想，只要你不让步他们就绝不撒手，这样就会增加你的谈判难度，让对方找不到一个合理的定位，尽管有时候你已经给他们让步很多了，他们依然会认为有让步的空间！甚至你会觉得对方"得寸进尺"，对方也会觉得你没有诚意而不欢而散！

在一次与对方公司的合作过程中，姜飞作为公司的代表参加对方的谈判。事实上，对方和公司别的领导已经谈过，就是因为价格谈不拢而不欢而散。可是，对方并没有放弃这次合作，而是要求再换一个代表来谈，总幻想着能在花费上降下来！

在谈判一开始，对方又老调重弹让姜飞让步。然而，由于姜飞是第一次作为公司的代表和别人谈判，为了显示自己的能力，争取要把别人谈不下来的生意拿下来。他认为，我就让一点步，给他们一个台阶下，说不定他们就不再在价格上纠缠了！于是，姜飞同意了他们的要求，一件商品降价 100 元，然后说："你们也知道，这已经是我们的最低价了，能卖我们以前就卖了，何必还要等到现在呢？"

这一降价不要紧，让对方看到了"希望"，他们心想，以前就说是最低价了，这不是有降了吗？这说明还有降价的可能。而且刚开始谈判就能把价钱降下来，说明他并不坚定，还要继续往下压价！就这样，对方客户又提出降价，姜飞再也不答应了，因为的确已经是最低价了！最终他们的生意又以失败而告终！

事实上，经过第一次的谈判，双方就因为价钱谈不拢，对方认为肯定是价格已经到了底线了，再也压不下去了！而这次又和姜飞谈判，心中已经不抱希望了，只是象征性的要求一下，只要姜飞依然坚持不降价，那么他们就接受！结果姜飞的降价有让他们重新在心中燃起了降价"热情"，从而导致最后的失败！

所以，刚开始谈判的时候一定不要轻易就让步，"嘴一松"就会给对方一个错觉和信号，那就是继续争取降价，因为在你这里他们很容易就能把价钱搞下来！这样势必会增加谈判的难度，甚至因为双方的僵持不下而失败！很多时候，有些人只是抱着试试的态度，你的一直坚持很可能就会让对方死心，但只要你一动摇就会让对方看到希望，他们讨价还价的决心就会按捺不住，认为之所以你不降价就是因为你没有诚意，太贪婪！这样就很容易造成谈判的失败。

在谈判中，适当的时候一定要学会让步，但是这种让步需要技巧和策略，不是随随便便的一种退让，否则就会弄巧成拙，成为谈判中的败笔！

6. 不轻信，让对方占"便宜"

说话要谨慎，还要有智慧！一方面，在与别人的交谈中，或许别人只是在"套"你的话，而你在回答的时候就要慎之又慎，以免落入对方的"陷阱"；另一方面，在与别人的谈判中，要懂得添加"无关紧要"的筹码，然后再去掉，让对方占到"便宜"！

无论在买卖双方之间，还是在谈判对手之间，经常会听到有些人要求别人"痛快点"，或者自己不喜欢"绕圈子"。表面上大家会认为

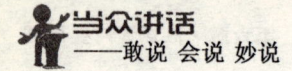
这样的人性格直爽，喜欢直来直去，索性就把自己的底线告诉了对方，结果这并不能让对方满意，反而会变本加厉地要求你进一步满足他的要求。

事实上，这种人是聪明的，也是有很强的谈判能力的，而且他们往往就是最喜欢讨价还价的人。知道了这一点之后，即使是对方一脸严肃的问你，你也一定不要真的把你的底线一下子就全都告诉对方。因为即使你说出的是真话他们也不会相信，只会往下"一压再压"！

因此，我们在说话的时候也应该聪明一些，你不妨稍微改变一点，或者把价格往下放一点，一脸很无奈的样子告诉对方这就是自己的底线了，超越了这个底线就不可能了！这个时候你再看他的反应，试试再说。这样一来，如果对方不能接受还有谈判的余地，否则你一开始就把底线告诉对方，一是不能确定他们就否答应，而一旦不答应就等于失去了合作的基础；二是你再也没有回旋的余地了，对方就会认为你做生意"死板"，不肯让利，以致拒绝和你继续谈下去！

郭鑫是一家建筑公司的业务经理，很多对外合作上的事情都是由他来完成的，而且完成的还不错。但是他也有失利的时候，犯了很严重的错误，以致让谈判陷入僵局，结果错过一家非常有实力的客户的大订单，老板非常的生气！

原来，有一所学校要盖校舍，而且是整个校园的工程。对方很看好郭鑫所在的公司，于是就来和公司协商谈判。一方面郭鑫就是负责这方面的，另一方面他有经验，领导认为是再合适不过的人选了，于是就派郭鑫作为公司的代表和学校谈判！

事实上，郭鑫以前也接过类似的单子，在谈判的时候也发挥的很好，为自己的公司带来很大的利润空间！因此，尽管老板也把这次的任务交给了他，但是他认为并没有什么好准备的，充分相信自己的能力，甚至毫不把这件事放在心上，认为这是顺理成章的事情，毫无疑问会成为他们公司的生意！结果，在谈判的时候，学校派了一个很有经验的人作为代表沟通这些事情。然而，他太没把这件事当回事儿了，在与对方的谈判过程中显得漫不经心，好像没有把对方放在眼里！当谈到价钱的时候，对方不同意郭鑫给出的价位，认为太高了，已经超出了他们承受能力，于是对方代表就说："我是一个直性子人，不喜欢兜圈子，你就别绕弯子了，说个实价，最低多少！这样大家都省心，也不用这样再浪费时间了！"

郭鑫对于拿下这次谈判很有把握，而且感觉对方并没有什么高深的谈判技巧，自己就随便应付起来，结果随口说出自己的底线，而且告诉对方再也没有回旋的余地了！殊不知他已经犯了大忌，最不该把真实的底线告诉对方，他还以为对方会欣然接受！谁知，对方不但没有接受，而且还要求郭鑫再往下压价。因为对方不相信这就是最低价，怎么可能会说出真实的最低价！事实上，对方就是在"套"郭鑫的话，想让郭鑫交出实底，就算不说出实底也会把价格往下压，他们就能再往下压低价格！

最后，郭鑫再也不肯往下压低价格，而对方认为郭鑫还有很大的压缩空间，结果让这场本该很顺利的谈判陷入僵局，直至大家不欢而散！

谈判当中很多人都是在玩心理战术，即便是你说的是真的，也没有人会相信，更多的时候他们会认为你是在故意的抬高价格！所以，在刚开始的谈判中，不能把自己的底线告诉对方。因为没有人会相信这就是你的最低标准，而且他们之所以问你最低标准，就是想要知道你还能再降低多少，他们知道让你交出实底多多少少肯定会把价格往下压，无论得到的是真还是假都对他们有利！

因此，在谈判中一定不要轻易把自己的底线告诉对方，而可以适当的把自己的稍微压低的"假底线"告诉对方，以便让自己占据有利的地位！另外，除了这些，为了让对方觉得占了便宜，可以为自己额外"拼凑"出两个高要求的"砝码"，然后在对方不接受的情况下再放下来，对方就会有一种成就感和胜利感，而事实上对我们却没有任何损失！

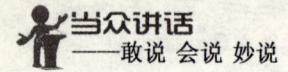

张宏所在的公司主要是生产电器以及零配件的，最近另外一家也是搞电子产品的公司想要与张宏所在的公司合作，生产一种电子产品，正好两家既有技术又有原料，在一起合作与同类的公司相比会有很大的优势！

但是怎样合作又成了他们之间的一大难题，于是，两家公司就派出各自的代表举行谈判，争取达成一个大家都能接受的方案。张宏对于谈判有很多经验，因此公司的代表非他莫属了！

果然不出大家的所料，谈判中张宏发挥了自己的优势，占据了上风。比如在谈到双方的合作中关于投资的问题，张宏说："你们要拿出70％的资金，剩下的30％有我们来出。因为我们的技术比较先进，原材料也丰富，而且质量上又有保证！""另外，产品的商标上要把我们公司的名字写在前面！"

听了这些要求，对方很直接的拒绝了，表示完全不能接受！事实上，这些条件都是张宏临时附加上去的，就没有想着对方会答应，而是他故意抬高的要求，在经过"讨价还价"之后，张宏"放弃"了这些条件，作为交换对方也做出一些让步和妥协，而且还觉得自己占了大便宜！实质上，他们不知道张宏才是真正的赢家！

他们万万没有想到，张宏在谈判的时候是运用了技巧和策略的，让对方觉得占了便宜。他故意提出两个很高的要求。当然他知道对方断然不会同意，而且他提出要求的目的也不是为了他们同意和接受，即使让步也没损失，但是却可以使对方有一种成就感，觉得自己占便宜了。这时候，当他把自己的"高要求"收回的时候，对方正处于一种"得意"的状态和心理，这时张宏的一些其他相对"较低"的要求就很容易被接受。

不过，任何事情都有一定的限度和前提，当你超越了这个限度的时候，就会让自己的要求显得太离谱、过分，这样对方可能觉得你对于这场谈判完全没有诚意，甚至激怒对方终止谈判。因此，我们只有恰到好处地提出要求，增加自己在谈判中的"砝码"，"强迫"对手妥协，接受自己的其他要求。

7. 不要被对方的话"迷住"

谈判很多时候就是一种智慧的比拼，一种策略的巧妙运用。一个人想要在说话的时候运用好策略和技巧，就必须具有辨识对方说话的"套路"的"火眼金睛"，钻出谈判对手设下的"迷魂阵"，然后才能轻轻松松地把对方拿下！

很多时候，聪明的谈判者往往会借助说话的技巧来和你进行语言的"周旋"，想方设法让你进入他的"思维模式"和"节奏"，从而让你找不到自己的方向，在"迷迷糊糊"中就上了对方的当，站在了"下风"。

比如，对方一方面为了让你高兴，另一方面为了让你接受他的观点和要求，于是就故意把你定位在一个领导的位置，以抬高你的身份，目的就是让你在谈判的过程中敢于下决心，敢于答应他的要求。因此，在和对方谈判的时候一定不要被对方的这种"吹捧"所迷惑，而应该清醒的认识到自己的位置和立场，以及今天来的目的和作用！

正确的做法就是，不要让对方觉得你可以决定一切，学会给自己找一个上级。或许是明确的，或许是含糊的，而且最好是含糊的，让对方觉得你还有一个上级需要请示。你无法决定对方提出的要求，你只能作一种转达的工作。这样你才不会成为众矢之的，也才不会被对方当成"攻击"的目标。

有一家轮胎公司需要购买一批橡胶作为生产的原料，由于是大宗的买卖，所以价格和合作的方式就不能像零售那样简单，这就需要彼此间的沟通和协调！于是双方的公司分别派出代表进行谈判。而小张是轮胎公司的首席谈判代表，这次谈判的任务就交给了小张。

　　谈判一开始对方就试着套关系，以此来拉近彼此的之间的距离。这还不算，对方口口声声地把小张称作领导说："张领导啊，跟您在一起谈判就是好啊，您能当家作主，有些事儿不用请示别人，只要您的一句话就会让我们感到非常的高兴！"不过，小张并没有被他的这些话所迷惑，心里非常清楚对方的目的，就是想让自己心里高兴而放松警惕，从而轻易答应他们的要求！

　　事实上他们错了，小张理智地告诉他们说："不好意思，首先我不是领导，充其量只是一个职员，很多事情我并不能自作主张，必须要经过领导的同意才能生效！"不过对方并没有放弃，而是笑着说："领导开玩笑了，你做不了主谁还做得了主啊？你看咱们以后要经常合作的，你就把价格在往上提提吧！"小张答道："你们真的误会了，我真的不是什么领导，即便是也决定不了这些事情，你们的这些要求啊我还得向领导请示……"

　　最终，对方怕错过了这桩生意，不得已就答应了小张给出的价钱，以小张的"胜利"而告终！

　　在谈判的时候，可能对方每一句好听的话都是有目的性的，而且有明显的针对性，那就是让你放松警惕和冷静，认为对方是真心的感情表达，从而迷惑了自己的思想！那么，在你来我往的交涉中你就会很容易"松口"，真的上了对方的当，达到了对方的目的！事实上，你要知道，当你答应了对方的要求，把口头上的承诺变成文字合同的时候，对方就不会再"处心积虑"地让你高兴，至少不再重视你了，因为这时候你已经没有用了，他们迷惑你的目的已经达到了！

　　所以，关键的时候一定不要被对方的"花言巧语"或者具有目的性的"抬高"所迷惑，而是要认清自己的处境和所要做的事情，理智而且理性地应对对方的"阴谋"，让自己处在有利的地位，赢得谈判的最后胜利！

　　李扬是公司的业务代表，而且在这个工作岗位上已经有多年的经验，所以无论遇到什么样的谈判对手他都能轻松应对，巧用说话的策略不仅让对方乖乖收回自己的那些"套路",而且不得不接受自己的意见和要求!

有一次,李扬代表公司和一家回收公司谈判。其他的问题都谈好了,关键的就是价钱的问题双方互不让步。对方一直嚷嚷着要求价格便宜一些,而李扬不但没有同意,而且还很果断地回绝了对方,可想而知对方的老板显得非常的不高兴!

不过李扬并没有因为这些而做出丝毫的让步,他说:"先生,您肯定误会了,我来谈判仅仅是代替公司传达一下意思,其实我本身并没有那么大的权力。我们公司给你的价格已经是最便宜的了,不可能再便宜了。况且我们老总是很喜欢同你们合作的,所以来的时候就压了一个最低价,希望你别生气,我们这个价格绝对是最低的"。

"我知道你们和我们之间的公司关系不错,我的意思也是很喜欢和你们合作,哪怕你们再降下来一点也好吧!这也算是一个人情吧!""老板,您这话说的,这已经是最低价了,已经没法再降啦!如果你还是觉得贵,那么我也没有办法了,我只能把东西再带回去了……""算啦,那好吧!既然左右都不给我便宜,我也只好这样。"

事实上,无论是对方的生气还是"死缠烂磨",唯一的一个目的就是想让你让步,接受他的要求!所以,来谈判的人一般都不会真的生气,他们只是做做样子而已,让你看到他的难过和伤心,以及失望,很明显这也是他们的一种策略!倘若看不出来的人,真的以为对方是真的没有信心了,于是就再也坚持不住,这样做的结果只能是让对方在心里万分的高兴!

因此,就像故事中说的那样,在谈判的最后,在没有下决定之前,给自己争取更大的空间,一定要说明请示上级。即便是在对方提出你就是上级,不需要请示的时候,你也不要妥协,完全可以说这么大的事需要某些部门认可才能定,不要成为大家围攻的那个人。作为谈判者,想要成功,想要在彼此的"交锋"中占据优势,就必须认清对方所说的话,不被迷住才能清醒!

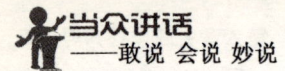

8. 不可不知的"软硬兼施"

谈判中有很多种技巧和策略，有些是常见的，有些则是不经常出现的，无论哪一种都有他的独特性和重要性！比如，靠在人数上取胜的软硬兼施，你可以不用，但是你却不可以不知道！因为这是一张嘴应付多张嘴，只有"知"然后才能具有目的性和针对性！

在谈判的过程中，有时候我们会碰到这样的场景：你只是孤身一人，或者一两个人，而对方则会派出一个强大的阵容团队，看似是为了显示对你的重视而撑场面，实则是为了"以众敌寡"来占尽便宜。因为这样他们可以轮流作战，仍保持旺盛精力，而你则会筋疲力尽，在"精神恍惚"和慌乱之间很容易就做出错误的判断。

比如，在谈判中使用软硬兼施，他们通常是扮作强硬派的人激烈地指责你的不是，对你的缺点表示不满，强烈要求你做出让步和承诺。

恰恰在这相互僵持不下的时候，理智冷静的"温和派"开始出面和解和调停，一方面假装对"强硬派"做出责备和批评，另一方面则希望你做出一些让步，并表示对你的理解，使谈判气氛有所好转。事实上，他们可能正在得意自己的相互配合呢，为的就是让你疲于应对，搅乱你的思维，影响你的判断！

有一家化妆品专营店，是某个品牌的唯一指定经销商。两年前双方就缔结了一份为期六年的垄断销售协议。但是奇怪的是前不久市场上出现了一家新的化妆品店，也卖同款式的化妆品。然而这个时候正是"专营店"刚刚在销售上出现了大幅增长，销售额猛增的时候，就这样被另外一家店一搅合导致销售额大幅度下降，经过调查人员验证，他们知道是这个品牌的生产商违反了双方的协议。

所以"专营店"派小李和小王去和厂商谈判，无论小李在谈判中如何，对方都一再坚持曾向自己的公司打过招呼并获得同意，对方死缠烂打，死不认账。这个时候小李就说："你们就这样抵赖吧，分明是在狡辩，如果我们收到你们的申请文件还会有今天的谈判吗？等着起诉吧！法院会告诉你们赔偿多少违约金的，我们拒绝和解，坚决不退缩。"

被小李这几句话一说，对方显然被小李的态度镇住了，谈判陷入僵局。这个时候，小王对小李说："不要太冲动，解决问题就是双方共同商量的，这里交给我吧，你先冷静一下，万事总有解决的方法。"于是小李离开了谈判会场。这时小王心平气和的对厂商的谈判代表说："其实小李说的一点都不错，我们完全可以借助法律来解决问题，不过，我相信双方没有必要浪费时间，对簿公堂。所以，我希望今天既然大家来到这里，就诚心的解决问题"

没过一小时，双方签署了赔偿协议，事情被顺利解决了。

关键的时候，如果只有一味地强硬，对方会认为你这是在找茬和生事儿，即便他们知道是自己错了，也会因为自尊和冲动而"死不认账"，以致让局面陷入僵持！这个时候，如果有"温和派"的人前来和解，帮助双方沟通和协调，不仅给了自己台阶下，也让对方感到有面子。所以，恰到好处的软硬兼施能起到非一般的效果。

海虹开了一家文化传播公司，打算和一些出版社和书店谈判。海虹先生想要将自己公司里面的一些研究古诗的资料出版，并进驻书店。这件事不需要多少人谈，但是担心谈判会出现寡不敌众的现象，于是他和两名很不错的编辑前往出版社。等到他进入谈判会场的时候，才发现对方派出了九个人来参加这场谈判。海虹立即感觉自己这一方有可能寡不敌众，担心自己会被对方的车轮战术耗费精力，最后导致签订一些没有必要的合同。

为了弥补人员不足，摆脱劣势，可以在谈判时向对方要求不同意对方的分组讨论。这样，对方以九人之众与海虹方三人一起对每个问题加以讨论，就可以化解掉他们轮番作战的优势，浪费他们的谈判成本，使他们急于结束谈判，缩短时间。

但是，出版社方也有另外的办法来应付这种情况。那就是，派的是下层人员与海虹谈判，因为海虹早对出版社这些谈判人员有了解，并在谈判前做好了充足的准备，于是他说自己临时身体不适，派下属人员参加谈判，待草签协议之后，出版社方忽然说他们的领导不同意他们谈判的内容，需要在经费方面让海虹再加一些，这时候没想到海虹方也说海虹不在，要不直接与对方掌权之人谈判，看看对方能不能同意重新考虑一下。

谈判一开始，对方就是想运用人多的优势来挤压谈判对手，让你在谈判的过程中应接不暇！但是任何难题都有破解的办法，面对"软硬兼施"的手段当然也能找到应对的方法！在这个故事中，面对对手的招数，海虹并没有惧怕和妥协，而是"见招拆招"，让自己获得较大的转换空间，不至于被谈判对手牵着鼻子走。

软硬兼施在谈判中的运用比比皆是，而这种套路并没有什么复杂的地方，甚至很简单：通常强硬的一方坚持自己的立场，为了集体的利益毫不退让，他们始终不让谈判脱离原来自己预想的目标。相反，看起来比较温和的一方，完全在场上充当着"老好人"的角色，他们时刻以合作为前提，关键时刻缓解紧张的谈判氛围，在双方之间相互协调，事实上还是想让对方做出让步。

因此，一个会说话的人不仅要说出水平，还要说出策略。尤其身在商场，不仅需要你适时地运用"软硬兼施"的策略，还要能在关键的时候找出方法把对方的"演双簧"各个击破，这样才能掌控谈判的话语权和主动权，赢得最终的胜利！

9. "吃透"谈判的类型

众所周知，讲话分类型，不同的场合需要不同的讲话。同样道理，谈判也是讲话的一种，当然也是分门别类的。一个人想要在谈判中占尽先机、时刻处于有利地位，首先就必须要知道谈判有哪几种类型，然后才有针对性地去化解！

事情有大有小，解决起来就有快慢之分。同样，谈判也有时间的长短，短时间的谈判有时候只需要三言两语，彼此都没有充分的时间和空间；而长时间的谈判有时会像马拉松一样，经过一次又一次，一场又一场的协商和洽谈，这种方式会给谈判双方都留有足够的时间和发挥的机会。所以，在谈判场上一定要"吃透"类型，不能总是想着用什么技巧和手段，有些谈判就要开门见山、直奔主题！

在一次回家的途中，徐飞乘坐的是一辆豪华的客车，按照规定他中途不能停车，直到开往目的地，可是徐飞的目的地并不是市里，而是途中的一个小县城。这辆客运车是按照规定行驶的，有时间限制，当时已经是傍晚7点了，天已经黑了。司机在上车的时候就强调中途一律不停车，听到这句话的好多人都紧张起来，看来想要中途下车没戏。

这个时候，徐飞先跑过去和司机说："师傅，一会在下一站能停一下吗？"司机师傅摇摇头"不行，上车的时候是怎么说的？听不懂吗？""是这样的，我家就在下一站，现在天黑了，我一个女孩子，去了市里没有认识人，到市里还要三个小时，大半夜的也找不到住的地方，您看能不能通融一下"师傅听徐飞说了这样，有点为难的样子，"这都全程监控的，让你下去我就得挨罚了啊！"

徐飞一看对方有点松口了，立即接着说："师傅，这样吧！我觉得你也很为难，不想让你因为我而挨罚，一会前面有一个收费站，您不是得停车交费吗？我就下去好不好""那好吧，你一会看到收费站，就拿着东西就立即下车，千万别多事。""好的，谢谢你啊！"其他的乘客看到了徐飞的谈判成功美慕不已，最后在紧急时刻也效仿徐飞，请司机在收费站停车。

在很多时候，时间往往具有决定性的作用。比如在短暂的谈判时间里，即使你拥有丰富的技巧和策略，或者早已做好了整个谈判的谋篇布局，但是时间很短，甚至是几分钟，根本不给你发挥的空间！这个时候我们就需要不惜得罪对方，也要完成我们的谈判，因为你跟对方可能只有这一次机会谈判，一次过招的可能。所以你只需要再坚持一下，显得再"强硬"一点，说不定事情就会出现转机。

因为时间短，所以你要迅速地切入正题。在快速和单纯的谈判里面，我们可以把策略暂时放到一边，直接提出要求。在时间有限的情况下，你没有那么多的时间去铺垫，去策略。我们要永远挑战权威，不要因为对方态度坚决，政策严格，就认为他的条件完全不能改变，规矩是死的，但是人是活的。很多东西都可以变通的，你需要找有权利的人进行调整。

小李在上班的时候经常会迟到。一次，他害怕自己再次迟到，就让自己的同事小王每天叫他一起上班。然而，当小王去叫他上班的时候，小李还在蒙头大睡呢。为了不迟到，两个人决定打车去公司。

因为市里出租的起步价格都是 4 元，所以他们也没问价格，直接跳上了车。等到达目的的时候，小李掏出 5 块钱给司机，司机却不答应，说是要十五块钱，顿时两个人傻眼了。因为按照正常的情况，这一段距离也就是 5 块钱，可是由于他们和司机之前没有谈好价格，司机一口咬定就是十五块钱，任凭怎么说都不行。最后两个人哑巴吃黄连，有苦说不出，只能付钱走人了。

这就是事先没有说清楚的后果，在短暂的交谈中没有问清楚是非曲直就稀里糊涂地"上了贼船"，想下来也容易，但是所有的条件你都得无条件接受！所以，事前正确的做法就是直奔主题，先谈好价格，把价钱说死了才能免除后顾之忧！否则，就像小李和小王，在谈判场上只能陷入极其被动的境地，任人"宰割"！

对于短期的谈判也许你只用一招就可以应付，你或许可以直奔主题，或许可以把策略放到一边，直接提出要求，那仅仅是因为时间很短，但是我们下面要讲的是时间足够的谈判，你很难用一招制胜。

所以，在长时间的谈判中，你不仅仅要准备多种策略，还要改变自己的风格。不然，等对方充分地摸清你的底细，掌握了你的思考方式，而你还固执的使用，用原来的老招式，被对方战败只是时间问题。因此，你只有不断地改变你的策略，改变你的风格，最后才有赢的希望。

李强所在的公司是经营物流的，而一个大的网购商城想要与他们合作，建立起长久的关系对双方的发展都是有好处的！所以对于这项合作双方都显得非常重视，也希望早一点实现。但是，说着容易，真要合作起来还需要各方面的协调和配合，很多细节性的东西还需要协商，因此谈判就成了不可避免的事情！

而李强则成了自己公司这次谈判的首席代表，负责在谈判场上掌握大的方向和具体的协商事宜！为了避免让自己陷入被动，在谈判的时候尽量多的争取主动和优势，他事先进行了充足的准备，不仅把自己的以往的谈判经验重新梳理了一遍，而且还不断向别人请教，请大家为这次谈判多多支招！

在得到大家的有力支持之后，李强已经显得胸有成竹，在谈判的时候也是胜券在握。于是，每一场谈判他都要换一种技巧和策略，让对方抓不住门道，不知道李强的葫芦里到底卖的什么药！所以，对方只能跟着李强的节奏走，而李强则显得非常主动，成为整个谈判场上的"掌舵者"。

谈判不仅要考虑自己，还要考虑到对方的感受。你要向对方表明你们之间的谈判是长期的，是有效的。如果双方刻意注重彼此的长期利益的话，就会创造一个更高的价值，对方也才能够跟你长期合作。生意归生意，人情归人情，无论你们在谈判中争论的多么激烈，对方的说辞多么的严厉，你都不能把自己的情绪带到谈判桌上面。在谈判中，你的态度一定要友善，同时立场一定要坚定。

事实上，大家在谈判的时候都是各为其主，不仅为公司争取利益，也是为自己争取利益。在工作上的激烈交锋是在所难免的，但它并不是你们个人的"恩怨"或者"仇恨"。优秀的谈判者往往能够做到谈判的时候丝毫不让步，而工作结束后又能像朋友一样和睦相处。所以，在谈判中不仅要区分清楚工作与个人感情，还要分清谈判的长短时间，这样才能正确处理彼此之间的关系，才能因地制宜在谈判中把握分寸。

10. 明辨是非，知彼知己

无论做任何事，保持清醒的头脑都是必不可少的，不被假象迷惑，认清事实和真相，弄清楚对方的底细才能知根知底，也才能做到有的放矢！而如果自己失去了一个理性而清醒的头脑，也就缺乏了明辨是非的能力，势必会乱了阵脚和方向！

无论在讲话还是在谈判中，最能够让别人信服和让步的就是有理有据，分析的清楚到位，一针见血地点中要害！能够做到这一点，不仅需要技巧和谋略，更重要的还是消息的准确性，因为这是你做出判断和说服对方的重要依据，倘若这一点保证不了，那么你在谈判中就会找不准方向，更会让对方把你的思路和谋略搅乱，即使是别人不做声，你自己也会自乱阵脚！

然而，有些时候对方为了迷惑你的判断力和分析力，还会故意散布出一些谣言，造成你谈判中的失误和失算，从而赢得优势和胜利！所以，谈判中的你不可偏听偏信，一定要区分真假消息。

2011 年，日本因发生地震导致核电站泄漏，相关海域受到污染。与此相关的谣言也是传得沸沸扬扬。

比如市场上出现了海水被污染，盐要涨价，盐供应紧张，盐能防辐射等传言。这样一来，全国各地许多不知情的人纷纷去市场上抢购加碘盐，买到者如获至宝一样高兴！事实上，食盐的抢购最早是从江浙地区开始，逐渐蔓延到各个地区。

梅先生家住城南，晚上七点多去超市购物时，发现很多人在买盐，觉得莫名其妙，上前询问买盐的人，有人说看见别人买自己也买，有人说担心日本核辐射有影响。有的老太太竟然一次买了十五包，大多数人也买了五包，直到中国盐业总公司发表声明称中国完全有能力保障食盐供应，希望消费者不要信谣传，不要盲目的购盐。

由此可见，一些没有得到证实的消息是不能够轻信的，尤其注意要避免一些小众信息的传播，防止造成严重的后果。在谈判的时候也是一样，如果你轻易地就听信了别人的传言，很容易就会造成自己的误判，让自己处于不利的地位！

事实上，生意场上的谈判就是一场心理"攻坚战"，想要取得胜利首先在信心上就不能输，更不要被对方所谓的头衔和阵势给吓住！相反，你要脚踏实地地摸清对方的底细，弄清楚对方到底想要什么！这样，你才能有针对性地向对方发起"总攻"，赢得最后的胜利！

有些时候，开诚布公地告诉对方自己的缺点要比被对方识破要好得多。很多人在谈判的时候，往往会一直努力地掩饰自己的缺点，想方设法给对方留下一个好的印象，只不过这样做只会给对方一种虚伪的感觉，与其这样倒不如你自己勇敢的讲出来，哪些东西是你的弱项，哪些你做的不够好，这样会让对方觉得你很诚实，反而更加的尊重你。比如你可以和对方说："的确，我们生产的东西在外观上可能无法与同类产品相比，但是质量绝对是一等一的，而且性能可靠稳定。"当你很诚实的和对方讲出这些的时候，会让对方觉得你很诚实，反而会争取到一个更好的谈判结果。

比如，有一家电脑公司和一位客户谈判，电脑公司的人知道自己的电脑在市场上缺少竞争力，害怕对方知道了之后会选择离去。于是，在和对方进行谈判的时候，他们极力宣称自己的电脑多么的有市场竞争力，质量是多么的好！其实，这家电脑公司的电脑之所以在市场上缺乏竞争力，不是因为质量不行，也不是因为售后不好，最主要的是没有跟上市场的需求。

然而，他们这么一吹，反而让对方感到他们不诚实。因为客户心知肚明，之所以采购他们的电脑就是因为看准了他们的电脑的质量和性能稳定。这样一来，客户对他们的态度显得很不满，认为他们没有足够的诚意，因为这都是知根知底的事情，竟然还在谈判桌上"瞎忽悠"！

很多时候，在谈判之前往往大家都对彼此有个大概的了解，有些很明显的问题既然是大家众所周知的，就没有必要再在那儿遮遮掩掩，这样做反而会让对方觉得你缺少必要的诚意。相反，如果你实事求是，实实在在地把自己的问题和缺点说出来，反而会赢得对方的尊重和信任，让事情变得更加有利于自己这一方！

因此，在谈判中，一定要做到明辨是非，看清楚方向，不被对方所迷惑，更不去遮遮掩掩来隐瞒真相，与其这样引起别人的反感，还不如开诚布公赢得别人的尊重。另外，谈判就是一个双赢的过程，不能光想着自己的私利而置对方的利益于不顾。正确的做法是认准自己的立场和方向，看清自己所处的位置，做到知彼知己，然后才能在谈判中占据主动和优势，赢得最后的成功！

————第七章————
日常言谈要用情

1."善意的谎言"很美丽

　　自古以来，人们对说谎话都是嗤之以鼻的，并且对这种行为极其的反感和厌恶。但是，有些时候谎言并不一定都充满恶意，甚至还会带着善良和温暖。这样的谎言非但不会让对方受到任何伤害，而且还会最大限度的帮助他获得快乐，走出困境！

　　在日常生活中，就连儿童都知道说谎话害处大。的确，说谎话可以骗过别人一时，但是却无法获得别人的第二次信任，接踵而来的就是自己的声誉扫地，带来无法挽回的损失。然而，说谎话都是有目的性的，有些人的谎话是为了满足自己的私利而不惜牺牲名声和信誉；而有些人的谎话则是为了减少对方的痛苦和困惑，是为了对方的着想的！那么这样的谎话尽管也充满了"欺骗"，却是善意的，不仅不会给对方带来伤害，还会避免对方的失误和痛苦，至少在最大程度上减少对方心里的困惑和折磨！

　　因此，适当的时候还是需要说一些谎话的，但一定要是善意的，是为对方着想的。这样的话会让对方更加感激你，感觉到你的真诚和关爱。这样的话说出来不仅语言受人欢迎，而且本人也会更加具有亲和力，加深彼此之间的感情和联系，让自己的信誉更加牢靠和深入人心。

位于纽约一角的一所公寓里，住着一个名叫珍妮的女孩和她的母亲。

可怜的是，珍妮现在病倒了。她得了肺炎，已经有好几天不能起床，高烧，喘咳得厉害，珍妮的身心极度衰竭。"珍妮，你感觉怎么样？"母亲问。珍妮无力地回答道："我太累了，我想早一点去天国。连医生都说我没救了……""不要乱说，医生说你会好起来的。来，喝口汤吧……"珍妮把脸扭了过去，说："不想喝……"母亲亲切地摸了摸珍妮的头，慢慢地离开床边。她想起今天早上医生说的话："如果按现在的状况 持续下去的话，珍妮大概是没救了。热度不退，身体衰竭到了极点。更可怕的是，她自己也认为没救了。现在，她需要的是一颗想活下去的心。"

怎样才能把一颗想活下去的心给珍妮呢？这肺炎可是个致命的疾病啊。"珍妮，你可不能撇下妈妈自己走啊！"母亲一个劲儿地悄悄流泪。同住在这所公寓里的贝尔曼先生走了进来说："珍妮的情况怎么样？"妈妈走到贝尔曼先生身边，将脸埋在他的怀里。贝尔曼先生拍拍母亲的肩膀。"那么严重吗……"贝尔曼先生是一个上了年纪的画家，虽说是画家，可他却很少绘画。只是在为了买面包的时候才画些小插图而已。"我将要画一幅杰作给大家瞧瞧。"虽说这已经成了贝尔曼先生的口头语，但他对自己的才能已经完全丧失了信心。

面对画布，贝尔曼先生就焦躁不安，责怪自己不能顺利地画出一幅杰作。于是，他每天都以酒消愁……是珍妮抚慰了贝尔曼先生的那颗心。爱绘画的珍妮常到贝尔曼先生的房间 去玩。"又在喝酒吗？这可不行。"珍妮把酒杯从贝尔曼先生的手里夺过来。"把欢乐还给我。"贝尔曼先生虽然嘴上那样说，却高兴地把珍妮抱在怀里。两人就像亲密的祖孙一样高兴地互相开着玩笑。只要与珍妮在一起，贝尔曼先生就会感到世界一下子光明起来。可是，现在珍妮却在重病中受着苦。听了珍妮母亲的话，贝尔曼先生才知道唯有生活下去的愿望才是拯救珍妮的良药。这时，他们听到了珍妮的声音："十一片……十片……九片。落得越来越快了。"珍妮盯着窗外看。母亲和贝尔曼先生跑到珍妮的床边。"你在数什么呢？珍妮。什么'九片'？"珍妮凝视着窗外回答道："是叶子。常春藤的叶子。"珍妮望着伸向邻居家围墙的常春藤。紧紧缠绕在枯藤上的几片叶子正在摇晃。"我得病的时候叶子还有很多呢……那叶子就是我的生命。瞧，又落了一片。当叶子全部落光的时候，我也要去天国啦。"

"别说了！珍妮！"母亲喊道，"那叶子怎么会是你的生命呢！别说傻话了！"母亲哭着拉上了窗帘。这可怎么办呢？珍妮哪里是想活下去，她把所有的希望都抛弃了。"怎么办呢，怎么办才好呢……"贝尔曼先生望着珍妮苍白的脸，低声嘟囔着。那天夜里，天气恶劣，大雨滂沱，风雪交加，电闪雷鸣。珍妮盯着天花板，听着外面的声音。不久，天亮了。"妈妈，拉开窗帘。"母亲听到这话心情十分沉重。母亲想，昨夜的大风暴大概把常春藤的叶子都刮掉了，如果珍妮看见的话……但是，窗帘总是要拉开的。母亲用颤抖的手拉开了窗帘。"珍妮，常春藤上还有叶子呢！"母亲惊喜地叫起来。真的，常春藤上还残留着叶子，但只有一片。珍妮的眼睛放出了光，但那只是一瞬间的事。珍妮马上又叹息地说道："那片藤叶很快也会飘落下来的。瞧，风又刮起来了。"

雨下了一整天，直到晚上也没停。可是无论怎样风吹雨打，最后的那片藤叶就是没有落下来。珍妮目不转睛地凝望着那最后的一片叶子。那叶子像是在对珍妮说：鼓起勇气活下去，要活下去啊。珍妮的眼里不知不觉地盈满了泪水。"妈妈，我真糊涂，我不应该想到死。一定是神留下了那片叶子。神告诉我，想到死的孩子是糊涂孩子。我想喝点儿汤。""珍妮！"泪水也沾湿了母亲的脸。母亲不住地点头。

就这样，重新获得了生活希望的珍妮，很快就振作起精神来了。

几天后，珍妮终于能起床了，她从母亲那里听到了一个意想不到的消息：贝尔曼先生在那暴风雨之夜得了肺炎，去世了。"什么……"珍妮不相信那消息，她去了贝尔曼先生的房间。在那里，当珍妮看到粘在调色板上的红与绿的绘画颜料时，她全明白了。怪不得那最后的一片叶子无论风怎么刮，它也纹丝不动呢。珍妮奔跑到外面。墙上画着一片藤叶。原来是贝尔曼先生在那场暴雨中画上去的。为了让珍妮获得生的希望，他自己献出了生命。"贝尔曼大叔，贝尔曼大叔！"珍妮泪流不止。对于穷画家贝尔曼先生来说，唯有这片常春藤的叶子才是他穷其一生的杰作。无论是哪一位伟大画家的作品，也比不上倾注在这片叶子里的一片赤诚。

的确是这样，贝尔曼先生在墙上画了一片假的藤叶，小女孩也确确实实上当了。但是，就像贝尔曼说了谎话一样，小女孩没有因为他的谎话而痛苦和损失，相反因为这片"藤叶"而坚定了生活下去的信心和勇气，获得了更多的快乐和惊喜，这是其他任何东西都无法替代的。可想而知，这样的谎言是受人欢迎的，是令人感激的，这样的谎言是值得大家称赞和鼓励吧的！

事实上，善意的谎言在某种程度上也是对别人的一种帮助，让人暂时把注意力转移到别的地方去，不至于因为眼前的苦难或者困境而困惑和失落。当他们过了一段时间即使知道了事情的真相，也不会有什么大的影响，而是学会了心平气和地接受！毫无疑问，这样会避免当事人一时的冲动和困惑，对于缓解他的痛苦是非常有帮助的！

2. 在关怀中批评和教育

做任何事都要讲求方式和技巧，否则尽管你的出发点是好的，但却不一定收到好的效果，甚至会引起别人的误解和反感！尤其在批评和教育一个人的时候，更需要有步骤和策略，绝不能直来直去，因为有些人对这种"硬"方式往往采取抵制的情绪！

很多时候，对一个人的批评和教育其实是在帮助他，就像医生给他医治身上的疾病一样。但是，有些人总看不到自己身上的那些问题，不愿意承认自己的错误，或者明明知道是自己错了，就是不肯认错，采取抵制的情绪！这就需要我们因地制宜，选择恰当的方式既能让对方接受，又不会有什么抵触！

因此，在批评和教育的时候适当的关怀是必不可少的。首先态度要温和，不是上来就一顿迎头痛批，而是要营造一种关爱的氛围，让人知道你是在帮助他，而不是来专门挑他的毛病！这样的方式就会易于让别人接受，说出的话即便很严厉对方也不会有什么反感，因为他从心里已经接受了这种真心实意，当然不会有什么抵触了！

小雷在一家大型的理发店做学徒，由于他刚来，什么也不会，所以他干活的时候他总是出错。于是师傅就开始指点他，批评他的错误和不正确的地方。但是，这些理发师傅总是一副盛气凌人的样子，小雷心里一点儿也不接受这些师傅们的"教育"，每次都觉得很反感，丝毫听不进去他们的批评，这也让他们之间的关系更加矛盾和紧张！

后来，老板发现了问题。于是就开始想办法去改变这一现状，不然不仅不利于大家的团结和和睦，而且还会影响顾客的心情，长此以往势必影响到理发店的生意！所以，在后来的日子里，小雷再出现什么错误他依然会指正和批评，但是却不像师傅们以前那样，而是带着关怀和真诚和小雷交谈，认认真真地指出他在工作的过程中哪里不正确，哪里还需要进一步改正！小雷看到老板对自己那么用心，而且完全是真心实意，令小雷很感动。接下来，小雷按照老板的指点和教导一点点改正，非常用心的做每一件事情，慢慢地取得了很大的进步！

这些改变令大家都没有想到。他们原本以为老板去指正他的缺点同样会遭到抵触和反抗，没想到小雷踏踏实实地接受了！事实上，这完全是因为老板懂得批评和教育的方式，把批评和教育融入到关怀当中，让他感受到自己是被重视的，不是大家的一种随意批评和发泄的工具！

的确，在现实生活中，每个人都知道什么是批评和教育，但并不是所有人都"会"批评和教育。事实上，很多人的批评和教育都是直来直去的，而且大多数情况下都充满着"怒斥"和"责怪"，尽管有时候你是好心好意，或者是恨铁不成钢，但是对方完全感受不到这些，能感受到的或许全都是兢兢战战以及满腹的抵触和抱怨！这样，你的好心好意就会遭到对方的误解，即便不是误解也会因反感而"誓不妥协"，完全达不到自己想要的结果，最后还会弄成彼此的关系更加僵化！

从上面的例子中也很容易就能看得出来，会批评和不会批评有着根本性的区别，造成的结果也完全不同！因此，在当众讲话的过程中，不仅仅是敢讲，更重要的是会讲，讲的要人接受和尊重，更重要的是让人信服！这样才达到了当众讲话的目的，才起到了批评教育的作用！否则，任凭你有多少善意和诚恳，不仅别人不接受，而且还会反感，这又有什么用呢？唯一的作用也是负面的，用自己的"好心"换来别人的不满和怨恨！

所以，会说的人往往能说得让彼此的关系更加亲密和融洽，即使是带着严厉和鞭策，也能让对方感受到真诚的指点和帮助，因而会恭敬地倾听和接受，从而让彼此的关系更加密切！

3. "原谅"是最有效的表达

　　每个人都会犯下错误，但是如何面对别人的错误，这是一个很关键而且具有技巧的问题。如果严厉惩罚，在言语间带有责备和怨恨，或许会让对方感受到压力，但并不一定能够让他彻底地醒悟和改正。相反，倘若以宽广的胸怀"原谅"，表达出宽容和谅解，那么对方就会从心底里感动和感激，感情将会更加紧密！

　　在现实生活中，说话有很多种方式，但为什么有的人说出的话很容易让人接受，而有的人则说出一些令人厌恶或者反感的话呢？同样的事情不同的人去说，效果完全不一样。有些话说出来让人心服口服，而有些话说出来则让别人满腔怒火，事实上这就是会说和不会说的区别！

　　比如有时候我们面对别人的错误，该怎么办呢？一般人往往会不分青红皂白又是责骂又是抱怨，结果不但不能让对方认识到自己的问题，只会加剧他逆反的心理，甚至会让对方自己的心里更加的烦躁和失望！然而，如果我们换一种方式，采取原谅和宽容的态度，这样就会让对方感到"意外"和"感动"，在很大程度上会从中认识到自己的问题，决心彻底改正，更重要的是不仅不会让大家伤和气，还会增进大家之间的团结！

　　北宋时期有一位三朝宰相，名叫韩琦。这个人在为人处世的过程中往往表现出宽厚大量，性情深厚纯朴，人们尊称他为"韩公"。

　　曾经韩琦还担任过元帅一职。当时由于需要处理大量的事务，所以他经常工作到深夜。一天夜里，当他正在写信的时候，在一旁帮他端蜡烛的士兵由于犯困，不小心蜡烛烧到韩琦的胡子。然而，韩琦并没有在意，而是将火扑灭继续写信。

不一会儿，当他抬起头的时候，发现身边的那位士兵已经被换了下去。他担心这位士兵因为这件事情受到牵连和责骂，就急忙叫道："不要换掉他，他现在已经学会了端蜡烛！"这件事一度成为人们传颂的佳话！

有一次，韩琦家里来了一位客人，想见一见他收藏的两只堪称"稀世珍宝"的玉杯。于是他就让下人取出来放到桌子上好好欣赏，客人看着玉杯赞赏不已。

就在这时，下人不小心碰了一下桌子，两只玉杯滚落在地顿时成为一堆碎片，在场的所有的人都不知如何收场才好！

下人扑通一声跪倒在地，捧着玉杯的碎片，泪如雨下。可是，韩琦却出奇的平静，非但没有责备下人，而且还笑着说："凡是物品都有毁坏的时候，只是大家以后再也看不到了！"

说罢，他又起身把下人扶了起来，说："你又不是故意的，不怪你！"

看到这一幕，所有的人都对韩琦这种宽厚大度佩服得五体投地，客人更是评价韩琦说："韩公真是一个心胸宽广的人啊！"

刻薄的人会说出刻薄的话，面对别人的过失倘若你死死揪住不放，或者不肯原谅，不仅让对方没有台阶下，而且还会加剧彼此之间的矛盾！与其会造成这样的结果，还不如早点拿出诚意和胸怀包容对方，而且用语言去安慰对方，在对方走出尴尬的同时定会心怀感激！

生活中的很多事情，既然发生了就不可能再回去，埋怨和责备不但挽回不了局面，还会伤害到别人，同时也让自己满腔的"怒气"！所以，无论遇到什么事情，都要冷静下来，用自己的宽容大度原谅别人的错误、消除别人的"尴尬"，这样我们的内心会感到更多的欣慰和宁静，也会赢得别人的敬佩和赞誉！

拿破仑在长期的军旅生涯中养成了宽容他人的美德。作为全军统帅，批评士兵的事经常发生，但每次他都不是盛气凌人的，他能很好地照顾士兵的情绪。士兵往往对他的批评欣然接受，而且充满了对他的热爱与感激之情，这大大增强了军队的战斗力和凝聚力，成为欧洲大陆一支劲旅。

在征服意大利的一次战斗中，士兵们都很辛苦。拿破仑夜间巡岗查哨。在巡岗过程中，他发现一名站岗士兵倚着大树睡着了。他没有喊醒士兵，而是拿起枪替他站起了岗，大约过了半小时，哨兵从沉睡中醒来，他认出了自己的最高统帅，十分惶恐。

拿破仑却不恼怒，他和蔼地对他说："朋友，这是你的枪，你们艰苦作战，又走了那么长的路，你打瞌睡是可以谅解和宽容的，但是目前，一时的疏忽就可能断送全军。我正好不困，就替你站了一会儿，下次一定小心。"

拿破仑没有破口大骂，没有大声训斥，没有摆出元帅的架子，而是语重心长、和风细雨地批评士兵的错误。有这样大度的元帅，士兵怎能不英勇作战呢？如果拿破仑不宽容士兵，那只能增加士兵的反抗意识，丧失了他本人在士兵中的威信，势必会削弱了军队的战斗力。

宽容不仅是一种艺术，更是一股强大的吸引力，让别人感受到你的善意和宽广，给别人　次重新再来的机会。但是，这绝不是懦弱，更不是无奈的举措。就像拿破仑一样，难道他会拿一个"打瞌睡"的士兵没有办法吗？答案是否定的。他没有这样做，而是以一位好朋友的身份去关心和理解他们，让自己的士兵感受到他的宽广胸怀，说出来的话温暖人心，拉近了彼此之间的距离，更加赢得了人心！

事实上，谁也不想出现这样或者那样的失误和过错，既然已经出现了对方也会感到无奈，他们在内心里也想得到一次改过的机会，尤其是一个可下的台阶，对他们来说或许就是一个奢望！这时候，一旦有人不但不计较，反而说出的话全是贴心的、暖人的，理解和宽容会给对方带来长远的积极影响！

正是因为这样，我们才要学会原谅别人，学会在说话的时候充满理解和宽容，让别人听起来更加开心，也让自己变得更加具有亲和力，真正展现出当众讲话的"言尽而意无穷"的效果！

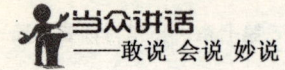
4. 说话不求华丽，做事最讲真心

大多数人在日常生活中总喜欢侃侃而谈，说出一些听起来很有水准或者很煽情的话，目的就是为了表达自己的诚意或者真心！其实大家都知道这是人们惯用的套话，怎么说都关无关紧要！然而，在最关键的时候还是"朴实"却真诚的话让人感动，沁人心脾！

现实中的人们总是喜欢说一些华丽的辞藻，或者听起来很有诚意也很让人感动的语言，为了让别人相信自己的话是真心的、真实的，他们竭尽全力地用尽一切表达方式来展示自己对别人是多么的关心和热情！或许，在一般的情况下，别人会为这种"真心"所感动，至少觉得自己在对方的眼中还是有分量的，所以才会得到别人的如此"厚遇"！

然而，这种感动并不是真心的，也不可能长久，或许自己感觉不到，但时间会证明一切，这种华丽的语言所带来的感动只是稍纵即逝的，不可能深深地留在心中！俗话说："路遥知马力，日久见人心！"在平平常常的日子里一切都不算什么，真心或是假意很难分清楚，也没有人会关注这些。而一旦到了危机的关头，最需要帮助的时候，一切都会自见分晓。这种时候，最让人温暖的不是华丽的辞藻，也不是听起来很丰满的表达，只需要最纯真质朴且充满诚意和关爱的言行，有时候哪怕只是简单的一两句话，都能让人感动得热泪盈眶！

海伦是一名中学生，她从小就生活在山区，家里也没有什么过多的收入，除了维持家庭生活就没有什么结余了！但是，她的父母都显得很开明，无论多么艰难也从来没有耽误过海伦上学，而且还想方设法打理支持海伦在学习上获得更多的资源和进步！让他们感到可喜的是，海伦并没有让他们失望，在学校一直都是名列前茅，得到老师和同学的一致认同。

大家都知道海伦的家里生活困难，所以就想办法多多帮助她，尤其是老师更是对她无微不至地关心，有时还会把自己的零用钱拿出来给海伦读书用，这确实令海伦很是感激！暂时海伦没有能力回报大家，而努力学习取得好成绩也算是对大家，尤其是老师最好的慰藉！确实，在平时的学习上海伦是最用功的，而且她的付出也没有白费，几乎包揽了所有科目的第一！

不过，这种平静而且充满希望的日子并没有长久，一场自然灾害打破了海伦正常的生活。有一次，她的家乡发生了多年不遇的大洪水，几乎淹没了整个村庄。得到这个消息之后海伦焦急万分，再也顾不上学习，飞奔着向家里的方向跑去。但是，当她来到离村子还有很远的地方就不得不停下了，因为前面已经连成一片"汪洋大海"，村庄和道路早已分不清楚哪里是哪里，村上的人也已经流离失所，不知去向！这下海伦傻眼了，自己的父母这回还不知道怎么样了，就连自己也成了流离失所的孩子！

该怎么办呢？海伦在焦虑中思前想后，最后不得不先回到学校。事实上，这时候大家都已经知道了海伦的处境，很多人都上前安慰道："海伦，不要着急，即使什么都没有了，但你还有我们，我们会帮你想办法的！"不一会儿老师来了，说："孩子，别怕，一切都会过去的，吃的不要怕，住的也不要怕，你就把我当成是自己的亲人，我会管你的……"说着老师还拿出一个饭盒，然后递到海伦的手里，打开一看里面都是海伦爱吃的热腾腾的饭菜！顿时，海伦的双眼模糊了。尽管老师的话很平实，没有什么过多的煽情的话，但是却胜过那些华丽的辞藻，让海伦感受到了真情和温暖！

是啊，在顺顺利利的日子里，很难显现出一个人的真心实意，也很难辨别出哪些是真话，哪些是虚情假意！在危难的时候，越是朴实真诚的话越能让一个人感动，相反那些让人听了华丽却不切合实际，或者只是说的漂亮却不作为的话更会让人反感！老师的话，虽然没有什么豪言壮语，但是每一句质朴的话都饱含着一份父亲般的关爱和呵护，把自己的最真实的温暖释放了出来！

真诚的人不喜欢用华丽的辞藻，往往用最质朴的话却流露出最震撼人心的感动！另外还有一类人，整天看起来像是死对头，一见面就喜欢相互捉弄，或者"死掐"，但是却是最真诚的朋友！他们之间说话不讲求规矩和分寸，但说过去之后却把自己的真诚变成实实在在的行动！这样的人是心灵想通的，每一句话 不管平实或是"死磕"彼此都能感觉到诚意和真心！

话说路遥和马力是好朋友，路遥父亲是富商，马力的父亲是路遥家的仆人。虽然是主仆关系，两人的关系很好。他们一起读书，一起玩耍。

到了该谈婚论嫁的年龄了，路遥有钱有势，不愁没老婆。而马力贫困潦倒，一直没人提亲。

有一天有媒人给马力提亲，马力大喜，但却拿不出昂贵的彩礼。马力只好请同学路遥帮助，路遥说：借钱可以，但是结婚入洞房我来替你前三天。马力怒火冲头，但是又没有办法，总不能光棍一辈子，只好答应。于是选择好日子结婚。

马力煎熬过痛苦的三天，第四天该他进洞房了，心里懊恼呀！

天一黑就一头栽进洞房拉被蒙头就睡觉。新娘子就问：夫君，为何前三夜都是通宵读书，今天却蒙头大睡？马力这才知道路遥给他开了个大玩笑，真是又喜又恼。被有钱的朋友给耍了。马力发誓好好读书，考取功名。后来还真考上了并在京城做了大官。

路遥性情豪放，侠肝义胆，最后却坐吃山空。看到自己一家实在无法度日，想起曾经资助的朋友马力，于是就和老婆商量自己进京找他帮助。

马力见到路遥很是高兴，热情款待，路遥说明来意，马力却说：喝酒！喝酒！根本没有帮助他的意思，路遥很恼。

过了几天，马力说：路兄，你回家吧，免得嫂夫人牵挂！路遥只得气愤沮丧的回家。

还没进家就听见家里哭成一片，急忙进来。看到妻儿守着一口棺材痛哭，一见路遥进来家人又惊又喜。原来是马力派人送来棺材说：路遥到京城后，生了重病，医治无效而死！路遥更加恼怒，打开棺材一看里面是金银财物，还有一纸条上写：你让我妻守三天空房，我让你妻痛哭一场。

的确，真正的朋友不需要花言巧语，更不用刻意追求某种语言效果，而最重要的是在朴实的语言中做到心灵相通，用事实证明一切即便有时故意说得"尖酸刻薄"，也不会影响彼此之间的关系！否则，即便是你说得再怎么华丽，再怎么富有感染力，都不可能得到别人的认可和赞赏，最终只能让自己失去更多的朋友，让大家慢慢疏远自己！

因此，除了一些不可避免的场面话之外，尤其在别人遇到困难的时候，选择说一些朴实但很坦诚的话更显得是真心实意，更能打动别人的内心！尽管很多时候这样的话听起来没有那么的动听和感人，但会让身处困境中的人们感到贴心的温暖，感到是真心的"动听"！这样一来，朴实真诚的话却带来了长远的积极影响，让彼此之间的关系更加融洽！

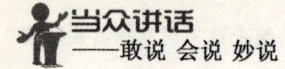

5. "循循善诱""话"出色

每个人都有不顺心或者迷惑的时候，要么大发脾气，要么如进迷雾百思不得其解！如果没有别人的及时引导和指点，他们就会越发的困惑和不顺心！这时候，如果有人能够"循循善诱"，帮他们拨开眼前的迷雾，就如同雪中送炭让对方感受到万分的惬意和温暖！

古诗有云："山重水复疑无路，柳暗花明又一村。"当一个人陷入迷惑和困境而理不出思路的时候，突然峰回路转拨云见日，那是一个什么样的心情，可想而知必定是豁然开朗、喜出望外！

同样，在日常生活中，我们身边的人或许正在为一些事苦闷，或许在某个问题上百思不得其解！在这个时候，倘若我们直来直去地向他们打听或者询问，甚至在责备中指指点点，势必会让他们感到烦躁和反感，不但无助于他们解决困惑，反而会激怒他们的情绪，让整个氛围变得更加尴尬和凝重，更重要的是让自己的"好心好意"换来吃力不讨好！

这个时候，如果我们能够"循循善诱"，用恰到好处的语言对对方进行疏导和指引，必定会让他们倍加感激，像是在黑夜里看到了光明一样兴奋无比，至少他们会对你的及时帮助表达出友好和善意，最重要的是加深彼此的感情，让关系越来越密切！

夜晚，当大家都已经睡下的时候，小虎的爸爸还在床上没有入睡，因为小虎还在哪里加班写作业。正在这时候，小虎的爸爸听到小虎在嘴里不停地唠叨着："什么破老师啊，真烦人！"

听到这些，小虎的爸爸轻声地问道："儿子，还有多少没写呀？"一句话不当紧，小虎这下更加抱怨的厉害了！他苦闷的说："都怪我们的老师，每天都布置那么多的作业，心里可烦呢，真想打人啊！"

这时小虎的爸爸说说："儿子啊，打人能解决作业的问题吗?，如果能，我愿意让你打！"小虎毫不犹豫地说："您是我爸爸，我怎么能打您呢?"小虎的爸爸心想：看来儿子还没有糊涂啊！于是就接着说："儿子，你知不知道，你烦了打别人，你自己解恨了，可是别人是无辜的啊，别人会开心吗？反过来，如果别人不开心打你，你会什么感受呢?"

小虎又开始发作了说："我们的老师现在可烦人了，总是很偏心，他对所有的男生都不好，对男生的错就狠狠罚，而女生同样的错误却罚得很轻！尤其是体育课，老师就让女生走两圈，而男生要跑五圈。"小虎说着还满脸的怨气！

于是他的爸爸为了化解他心中的烦恼，就安慰他说："这样挺好的啊，可以锻炼身体嘛！"小虎依然不满地说："锻炼什么身体啊，累得要死！"爸爸接着说："不过你说的也有道理，要适当的锻炼才有益于健康！"

这时，熊阿虎的奶奶在隔壁发出了一连串的咳嗽声，好像还在说着什么。小虎由于心情糟糕就又抱怨道："奶奶，一天到晚都不消停！烦死了！"。小虎的爸爸听到他的话有些过头了，就厉声说道："说什么呢？怎么那么没有礼貌啊！奶奶天天给你做饭伺候你，真没有良心啊！快去看看奶奶是不是哪里不舒服！"小虎听到爸爸的责怪，也感到自己确实有点不像话了，就乖乖地去看奶奶了！

一会儿小虎就回来了，坐在那继续写作业，但再也没有抱怨了！不一会儿就写完了，高兴地跑过来对爸爸说："现在心情好多了，也没有抱怨了，爸爸，您说得还是有道理的！"

有时候，当一个人走不出自己心灵的困局，是因为"只缘身在此山中"的缘故。这时候，如果有人及时的帮助疏导和安慰，哪怕是讲出对方已经知道的道理，也会计对方收到如梦初醒的效果，就会感到自己原来的困惑是那么不值得！

很多时候，在人生的道路上每个人都难免会遇到各种困惑和烦恼，也就会产生很多的抱怨和不满的坏情绪。因此，我们不仅要学会去疏导别人，同时也要学会接受别人的疏导，这样才能获得人生的快乐和美好，才能让阳光洒满我们的生活和心灵，然后拥有快乐的心境！

小王的儿子在读一年级。有一次语文考试后，小王发现儿子试卷上有道看图写话题被扣了分。这道题的画面上，有一个男孩正在给小树苗浇水。儿子写的话是"哥哥在种树"，结果被老师判为错，题下订正为"哥哥在浇水"。其实，根据画面显示的内容，这道题不能算错。于是，小王把孩子叫到身边，问道："哥哥在种树是正确的，为什么没有得分？"儿子吞吞吐吐地说："老师说，她说的答案是标准答案。"

小王没有再和儿子说下去，因为在孩子眼里，老师是绝对正确的。小王不在乎儿子的分数，但心里想：老师的一个标准答案，使儿子原本该算正确的思维方式是到了否定，儿子就没有勇气再展开思维了。思维，可是孩子的一个重要素质哟。

于是，小王思考如何让儿子认为自己的答案也是正确的。小王和儿子一道研究那幅栽树图，温和地告诉小王："画面可以说'哥哥在浇水'，也可以说'哥哥在种树'；还可以说'弟弟在浇水'"，儿子跟着说："也可以说'弟弟在种树'"。小王连忙点点头，并告诉儿子一道题可能在多个正确答案，叫儿子再想想。儿子想了一会儿，说："小树长高了"，接着又说："我和小树一起长大。""真不错！"小王看看儿子冥思苦想、跃跃欲试的神情，感到十分欣慰，因为儿子渐渐摆脱了教师标准答案的束缚，生出一种求异思维的勇气。

这时，儿子疑惑地问小王："老师会不会批评我想了多种答案？"小王摸着孩子的头说："老师说的是标准答案，你想的是参考答案，都是正确的，老师一定会表扬你的。"儿子听后满意地笑了。

每个人都不是万能的，有时候对一些事情陷入迷惑是再正常不过的，但这毕竟会让自己感到不舒服，因为如果一个人整天在迷茫中，肯定会觉得心里堵得慌，而且渴望得到别人的指点和帮助！此时，正是发挥自己"循循善诱"的能力的时候，通过语言的慢慢引导和梳理，对方逐渐走出迷惑的困境，那种喜悦和兴奋瞬间就会转化为对你的感激！

说话分为主动和被动，我们不能总是被动地去回答别人，或者在别人的邀请下才去说话。相反我们要发挥自己的主观能动作用，面对别人的困惑和困境及时适当地去引导和指点，帮助对方重新走上正确的"轨道"。这样，一方面帮助了别人，另一方面也加强了彼此之间的关系，"说出"更多的和谐和融洽！

6. 和为贵，说话做事的准则

中国有句古话叫"和气生财"，没有和气什么事也不可能顺利完成！比如大家都喜欢看到对方的笑脸，然后就知道对方很和气和善意，紧跟着也会施展出自己的和气！这样，你和，我和，大家就会一片和气、和睦，一切事情都好商量、好解决！

一个人只有内心充满了和气，在说话做事的时候才会让人感觉到温馨、和睦，别人才愿意与其交往！另外，说话和气的人就像是一片温暖的阳光，总能给人无限的舒服和惬意。可想而知，谁会不喜欢这样的人呢？谁不愿意与这样的人接近呢？当然，拥有良好的人脉关系是必然的，也是毫无疑问的！那么，他在人们的心目中的形象就会得到大幅提升，得到更多的人的拥护！

的确，比如同样是去购物，一家超市的服务员一边热情地向你微笑，一边主动给你指引和介绍，并且不厌其烦地回答你的疑问；而另一家从你进门开始就是板着个脸，好像谁欠他的钱一样，甚至对你的态度是冷冰的。比较一下，你会选择哪一家的呢？毫无疑问，大家都会选择温馨舒适的地方！因为你是去买东西的，不是去受谁的气，更不是为了添堵！所以，换做谁都会选择"甜甜的微笑"、"和气的语言"！

在一个路口有一家理发店，店面不大，装修亦不精美，老板既不年轻也不算漂亮，可我每次从那儿过都会看见店里有好多人在排队等着，从早到晚店里从没断过客人，明显比其他几个店生意火爆，很多人对此十分不解，是不是这位老板的手艺更加高明呢？

俊明的儿子名叫凯凯，有一次也到这家理发店来理发，可推子一响，他就不配合，屁股在大人怀里扭来扭去，嘴里尖声抗议着，老板不慌不忙的说："好凯凯别动，阿姨给凯凯捉虫虫。"说着一推子下去，然后拿到凯凯的眼前："你看，好多的虫虫呀，阿姨捉了虫虫就不痒了，你在镜子里看着阿姨怎么捉。"凯凯听了果然老实了许多，想到凯凯在别的地方都没办法理发，俊明真是感到庆幸！但从此以后凯凯就喜欢上了这家理发店，喜欢上了这里的老板。

有一次，俊明又抱凯凯去理发，老板笑着说："他爷爷刚理完。"凯凯的爷爷也是这里的定点客户。凯凯的奶奶也时不时跑去剪个头发，染个发。

俊明把这件事说给朋友听，朋友觉得很奇怪，他们都去理，看看到底是不是理得很好呢？于是朋友也去理发，理完朋友照着镜子喃喃道："这有点儿没理好……理得也一般。"朋友决定再试一次，这次理得还可以，但因为朋友理完没在店里洗头，老板坚持要退回 2 元钱。于是俊明的朋友也成了这里的常客！

有时候，俊明一家人抱凯凯出去散步，偶尔碰见这位理发店的老板，她总要逗逗凯凯开心，他们没带凯凯的时候老板见着也总要问："凯凯最近好吗"。于是她成了俊明全家的朋友！

在中国有句古话叫"和气生财"，一个人无论做什么缺少和气是不行的，是不会被人接受和喜欢的，势必会影响到自己的人脉关系，造成自己的孤立或者无助！相反，一个说话非常和气的人，在与别人的交往过程中会释放出无尽的友善，让人一接触就感到温暖，瞬间就会留给对方美好的印象，也将会成为别人优先交往的对象！

然而，在现实生活中，很多人根本做不到这一点，不懂得生活，不懂得和气，处处喜欢较劲，处处争强好胜、甚至斗狠，完全丧失了人与人之间的和气！

事实上，人生的意义就在于实现自己的价值和得到真正的快乐。所以在漫漫征途中我们没必要太计较一得一失，没必要为一些无关紧要的事情争个面红耳赤，甚至拼个你死我活！你对别人和气，别人同样也会对你和气；你对别人说话不友好，就会引起对方的反感和抵触，从而形成矛盾和纠纷，至少会渐渐疏远！我们需要做的就是一份豁达和爽朗，不为一些小事争强好胜，不为一时意气伤了彼此的和气。

在一个休闲体育中心，里面有许多的体育设施供人们各取所需。尤其乒乓球场区，可能是这里的乒乓球爱好者特别多，这里总是人山人海。

王兵上学的时候就非常喜欢打乒乓球。经过这么多年的练习，他从一个初学者逐渐成为有经验的乒乓球爱好者。后来工作繁忙，王兵就很少再去打球了。不过每次从体育中心经过时，看到别人挥拍的英姿，心中免不了几分跃跃欲试，真想上去一显身手。

后来王兵的儿子上了初中，也喜欢上了打乒乓球。由于技术不过关总是缠着自己的父亲教他打球。王兵只好利用星期天陪儿子到体育中心练球。

由于很多年没摸拍了，站在场地上拿着拍子真有点找不找感觉，还生怕在儿子面前丢脸。刚开始任凭他怎么使劲，这球就是不听他的指挥。通过一段时间的练球，渐渐地找回了从前那种挥洒自如的感觉。后来他越打越顺手，也找回了当年的自信。

由于这里是公共场合，所以来这里打球的人非常之多，各色各样的人都有，不过也挺热闹。这里大部分球台都被一些学生占据，成人的活动区只是在靠边的两个球台，那里也是很多人关注的地方，因为打球的高手大部分都聚集在这里。

在这热闹的场面中看上去大家彼此都很熟悉，气氛也异常活跃。有一个叫李广的年轻人吸引了王兵的注意。

李广刚二十出头，年轻气盛，打球很是彪悍，他的风格就是猛攻猛打，不给别人还手的机会。另外他这个人争强好胜的心理太强，总要和别人比个输赢，有时为一个球争得面红耳赤。等到他赢球后则开怀大笑，一副自高自大的样子。

由于李广的球技确实不错，在那里能够赢他的人还真不多。在所有人中，除了张大爷没有输给他，其他的人都不是对手。说实话不是打不赢，是张大爷压根就不给他机会，张大爷不光不给他机会，也不给所有人机会。因为张大爷坚持一点：玩玩可以，但不打比赛，他认为没有那个必要。

张大爷虽然今年已经年过六旬了，可是看起来身体很硬朗。他的球技大家有目共睹，各种技巧都很熟练，而且姿势优美，动作规范。私下里听说张大爷曾经接受过正规训练。但是大家都知道张大爷从来不打比赛，所以每次和他打球的人只是随意而为，从不数局。

天长日久，王兵一直不明白张大爷为什么不肯打比赛，想找个机会问问。有一次，王兵私下地问张大爷："您为何不比赛争输赢呢？"他和善地笑了笑说："有啥用啊，来这里只是为了锻炼娱乐的，又不是竞技的场所。休闲就是休闲，玩玩不挺好的吗？何必非要分出个胜负呢？那样弄得大家心里都不高兴。人生哪有那么多的输赢呀！"

俗话说："家和万事兴。"无论在一个家庭里，还是在一个集体里，只有大家一团和气，才能越来越团结，形成一股强大的力量，面对任何困难和阻碍都能共同去迎接和挑战！人与人之间最重要的就是和气，同样的一个场合，不同的说话方式就会带来大家不同的心情和氛围！比如，一个处处喜欢争强好胜，而且爱表现自己的人，在说话的时候总想着压在别人上面，动不动就满口"带刺"的话，立马就会引起别人的不满，或者挑起对立和争端，本来一个好好的环境，马上就变得"乌烟瘴气"！

无论集体还是个人，想要发展就必须拥有一个良好的环境和氛围，这样才能集中精力发挥自己的能量，创造出辉煌和成就！对于个人来说更是这样，想要与对方的关系更加紧密，想要得到对方的好感和信任，没有和气的语言是万万不行的！因为如果你拿自己的粗暴和冷漠去对待别人的时候，别人是不可能对你留下美好的印象的，更不会愿意与你交往，那么你们的关系就会疏远，最终你将成为一个"孤家人"！

什么是会说话呢？实质上就是你的话说出来不仅能让对方接受，而且还要让对方感受到诚意和和气，这样他们才会真心地去对待你，你的语言表达才能成为自己的成功阶梯！

7. "口下留情"，说出的话更宽广

人生在世，谁能保证自己永远不会犯错误呢？没有，在这个世界上从来就没有十全十美的人，出现错误和纰漏是在所难免的。所以，面对别人的种种过失，一定不能揪住不放，适当的时候"口下留情"，给别人一个机会，会让自己的话更服人，更有魅力！

在日常生活中，每个人都会或多或少地犯下这样那样的错误，有些时候的确令人生气和愤怒。但是，我们绝不能揪住不放，而应该在适当的时候选择宽容，尤其在语言上，更不能咄咄逼人，不给别人留下一点儿情面！事实上，有时候别人的一些小错误都是无心的，当他

们酿成苦果之后其实自己也很后悔和害怕，非常希望别人能够给予一次"改过自新"的机会。

这时候，如果没有什么大的影响，聪明的人会选择以大局为重，在说话的时候巧妙地替对方转移或者解围，让此事悄无声息地就过去了！这样，对方就会在内心万分感激，真心地表达出敬畏和尊重，并且以后不会在发生这样的事情，这样比逮住对方大加批评和指责要好过千倍万倍，收到更加有利的效果，还显得自己的心胸无比的宽广！

吉姆是一位服务生，在一家大酒店工作。他的任务就是在各个房间里为前来消费的顾客端茶倒水，随时准备为客人服务！

有一年，正值酒店经营十周年之际，一方面为了庆祝，另一方面为了热闹，酒店老板决定邀请自己当年的同学一起聚餐，搞一个小型的联谊会！当然，在这个小型的活动当中服务生也是必不可少的，而吉姆由于在这里干了很多年，对各种流程都非常熟悉，所以老板让吉姆呆在自己的身边，为老板所在的房间的客人服务。因为老板直接宴请的那一桌肯定是重量级的，所以老板一再叮嘱吉姆一定要认真细心，千万不要出现什么失误！事实上，吉姆在这里工作这么多年，也基本上没有出现什么明显的过失，大部分客人对他的评价是很高的！

然而，到了联谊会开始的时候，可能是太紧张的缘故，吉姆在倒酒的时候一不小心就把酒洒到了老板的裤子上，顿时湿了一大片！立马吉姆有些紧张不安了，等待着老板的批评，可是老板只是略微的瞄了一眼就端起酒杯和大家痛饮起来，就好像什么事也没有发生一样！随后就让吉姆先出去一下，微笑着说："这里没有什么事了，你先出去休息一下，一会有事儿我再叫你！"事实上，吉姆非常清楚，这种场合大家玩的都比较尽兴，越是这样越需要服务生，而老板是想让自己出去缓解一下紧张不安的情绪！这让吉姆既感到惊喜，又打心眼里感激！

遇到这种情况，如果换做一般的人肯定是大呼小叫，劈头就是一顿责骂，至少也要严厉地批评，说出一些不太好听的话！然而，这位老板并没有这样做，而是悄无声息地把这件事遮掩了过去，并且说起话来显得很和善，越是这样越容易让人感动，越能得到别人的真心！

《菜根谭》中说："径路窄处，留一步与人行；滋味浓的，减三分让人尝。"无论做任何事，切不可太过于强势，我们应该尽最大努力去包容别人，适时地原谅别人的过错，并且用温和的话语缓解对方的尴尬，这样不仅能减少纠纷，方便他人也快乐自己，更重要的是能赢得更多的尊重和信赖！

有一次，楚庄王为了凝聚人心，酬谢功臣将领，特地在晚上摆了酒宴。

在宴会的过程中，觥筹交错，美酒佳肴，山珍海味，应有尽有，大家在一起有说有笑。这时，楚庄王为了表达对大家的敬重，也为了给大家助兴，命令两位他最宠爱的妃子许姬和麦姬轮流向各位功臣们敬酒。

说来事情也巧，忽然一阵狂风刮来，所有的蜡烛都灭了，顿时整个宴会陷入了一片漆黑。就在这时候，不知是哪位胆大的将领趁机摸了许姬的玉手。许姬一甩手扯断了他的帽带，匆匆回到楚庄王身边。她对楚庄王说："大王，刚才有人乘机调戏我，我一怒之下扯断了他的帽带，真是太无礼了。你赶快叫人点亮蜡烛，一看就知道谁的帽带没有了。"

听完许姬的话，楚庄王没有急着让人把蜡烛点着，而是大声说："今天晚上大家一定要玩尽兴，我要和各位一醉方休，请大家都把帽子脱了，痛快饮酒吧。"就这样，等到点亮蜡烛时，大家都已经把帽子摘掉了，根本分不出谁的帽带断了。

数年之后，楚军与晋军交战，楚军处于不利地位。突然，一位将领勇猛地向前冲去，拼死杀敌，顿时带动了士兵的勇气，使楚军转败为胜。

楚庄王又一次举办庆功宴，当他举杯奖励这位将领时，这位将领却惭愧地跪地说道："大王，不知您是否还记得当年的那次酒宴，我一不小心就拉到了许姬的手，感谢大王不杀之恩，我当以死相报。"

楚庄王是谁，那是首领级的人物，他的爱妻在众人的眼里是至高无上的，就连他本人也要恭恭敬敬，岂能容得下别人，尤其是部下对她的调戏呢！换句话说，如果部下真的这样做也是对楚庄王的不尊重，这还得了！按照正常的逻辑思维，楚庄王应该立马停止宴会，揪出当事人，严惩不贷，以维护自己的尊严！

然而，楚庄王并没有这样做，他为了大局，反而装作什么也没有发生，还故意让大家脱帽以避免对方的尴尬。以自己的宽广包容了这一件本该让他恼怒的事情，后来才知道这是一场误会！不仅体现了王者的宽厚仁爱和令人敬佩的以国家大事为重的国王之胸怀，也让他得到了下属的尊重和死心塌地，才成就了大业！

无论在任何时候，给别人机会也是给自己机会，不要因为别人的一时疏忽而"大发雷霆"，呈口舌之快，甚至把别人说得一无是处，抓住一点大做文章！这样做的结果，不仅会让对方感到无比的难堪和尴尬，更会让自己显得小气和斤斤计较，也让别人感受不到一点儿大度的风范！因此，对别人"口下留情"是一个双赢的过程，一方面给了别人台阶，让对方更加踏实肯干；另一方面也让自己留下好口碑，彰显大胸怀、大形象，拉近彼此之间的距离！

8. 得理也要学会"饶人"

说话有理有据才会得到大家的理解和支持，但是凡事都有一个度，过了就会产生"过犹不及"的作用！有些时候别人错了，你就"得理"了，然而却不能"得理不饶人"，把话说尽、事做尽，否则你的"得理"反而成了"没理"，遭到大家的诟病！

在生活中，学会与人为善才会得到别人的"善"。即使有时候无意中遭到别人的"冒犯"，道理全在我们这一边，也不要咄咄逼人，尤其不要用语言去"打压"别人！相反，我们要懂得"得理饶人"，无论遇到什么事情都不要冲动，都不要失去理智！

俗话说，得饶人处且饶人，每个人都有可能出现过失，这是在所难免的，更何况有的时候没有造成任何损失，何必去斤斤计较呢？我们要以一颗宽广博大的心去接受和包容，没有解决不了的事情！然而，现实生活中并不是这样的，很多人因为自己有理，就抓住对方不放，一直用语言去贬损别人，好像不把对方说得无地自容就不罢休的样子！

与其这样让双方弄得都不开心，还不如原谅别人，送一个人情，自己心里既感到很宽慰，别人也是打心眼里感激！

有一天早晨，小王带着自己的儿子出来散步。他和儿子边走边玩，不一会儿就来到了广场的水泥道上。这里的环境真是让人觉得舒心啊，周围绿树成荫，小鸟在婉转地唱着美妙的歌儿，再加上清爽的晨风和灿烂的阳光，俨然一副温馨和谐的画面！

在这美丽的景色中，好多老年人都来这里做晨练。有的在广场练着太极，有的在水泥跑道上练习跑步，还有的踩着单车悠闲地走，总之让人感觉非常的有生机！

在这种宁静优雅的环境中，小王和儿子也在不停地嬉闹。突然一个骑单车的老人和一个踩溜冰鞋的小男孩碰在了一起。这个可爱的小男孩看起来有六七岁的样子，老人大概有七十多岁了。小男孩在地上哭了起来，其实身体并没有受到任何伤害，只是受了一点惊吓，老人也完好无损，平稳地站在那里。大家都觉得这不算什么事。

但是，随后所发生一切却打破了清晨的宁静。小男孩的爸爸一看到自己的孩子倒在地上，便不分青红皂白怒骂起来，老人看到这情形不停地道歉。可是这根本不管用，男孩的爸爸不依不饶。

在这位老人百般的解释下，孩子的爸爸依然没有见好就收的迹象，后来老人知道说对不起实在是没用了。于是，老人开始为自己辩解说："我明明已经刹住车了，是这孩子向我冲撞过来的，这也不能完全怪我吧！"

听到这些，孩子的爸爸更加强硬地说："你还有道理了，你这么大的年纪不好好走路，在这里骑什么车啊？万一我的孩子有个三长两短怎么办，你承担得起吗？"孩子的爸爸恶狠狠地说完这些话，大家本该以为他已经解气了，谁知他丝毫没有放过老人的意思，在场的人都纷纷指责孩子的爸爸有点过分。

老人又说了一次对不起，骑着车走了。本来没有什么事，事情该结束了，谁知孩子的爸爸追了十几米硬是把老人从车上拽了下来，而且嘴里说着："想溜啊，没这么便宜的事，回来给我说清楚。"

孩子的爸爸一边说一边用手拉着老人的单车后座，强拉着向后移。很无奈，老人只好又推着车回到了广场！小王实在看不下去了，而且聚集的人越来越多，有人报了警，小王心想让警察来处理这件事情吧，即使警察来了也不会赞成孩子的爸爸的做法的。

事实上，别人也没有给你造成什么损失，而且也已经表示了歉意，何必这样得理不饶人呢？这样做又能得到什么好处呢？本来是很好的天气，大家各自怀着愉悦的心情出来呼吸新鲜的空气，却不料被这样一件本该一笑而过的事情扰乱了心绪，当事人更是心情坏到了极点！其实，本来就没有什么大不了的事情，何必要在嘴上"斗狠"呢？结果自己除了生气什么也没有捞着！

在唐朝的时候，有一次，李贞在汝南发动了叛乱，于是武则天就派宰相张光辅到那里去讨伐。很快就把李贞给镇压下去了，李贞的全家也自杀身亡。随后，他的许多党羽也被牵连判了死刑！

那时候狄仁杰还在豫洲做刺史，他听说了这件事情，感到这很不公平，便连忙向武则天写了一封奏章。在奏章中，狄仁杰认为那两千多个李贞的党羽不过是被李贞威胁，根本就不是存心造反，如果就这样把他们杀死，实在有点冤枉，也太残忍了！看到他的请求，武则天听了狄仁杰的劝告，便把这两千多人免去死罪，改罚到边境去服役。

然而由于评判有功，张光辅消灭了李贞后自恃功高，士兵管理松散，纵容手下士兵到处抢劫，把社会搅得不得安宁。

耿直的狄仁杰怎么能看着他这样胡作非为呢，他直接向张光辅提出了自己的抗议，认为这样太无视王法了。

因为这些事情，张光辅心里很恨狄仁杰，一直想找机会报复他。于是，张光辅一到京城就马上向武则天进谗言，说狄仁杰的坏话。武则天被他的话给糊弄了，结果信以为真把狄仁杰贬到复洲去做刺史。

但是，是金子总会发光，由于狄仁杰才华过人，没有过多长时间，武则天就明白自己错怪了他，很快又让狄仁杰回到京城来做了大官。

有一天，武则天对狄仁杰说："其实，你在外面官做得非常好，取得了很多成绩。但是由于有人进谗言，说你的坏话，当时我一时没有发觉，才把你贬到复洲去，你要知道讲你坏话的那个人吗？"

狄仁杰答到："假如我有什么做得不对的地方，就应该把它改掉；要是没有过失，我的心已经很安乐了，何必要知道说我坏话的人呢？"

做人讲求的就是一种风范和气度，古往今来凡是成大事者不仅不拘小节，而且有宽广的胸襟！很多时候，不要说得理不饶人了，就是别人故意栽赃陷害给自己造成巨大的损失，他们也能不挂于心，选择宽容和大度，即使有机会也不会对别人有任何的"报复"！事后，他们能轻轻松松地把这些事儿说出来，不带有怨恨和仇视，反而会让对方感到惭愧和无地自容，最后就变成了钦佩和敬畏！

其实，别人错了就已经错了，再怎么追究和抱怨又有什么用呢？即便是对方接受你的"恶言相加"而毫不做声，事实上你不但得不到什么回报，反而让彼此之间的关系更加恶化，让彼此更加仇视！与其这样还不如选择宽厚的胸怀，说出谅解的话，从而"化敌为友"、"化干戈为玉帛"，岂不是更好？

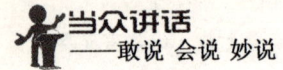
9. 别把自己说得太"高"

俗话说："人贵有自知之明！"就是说，一个人一定要对自己有一个完整而清晰的认识，即便是取得些许成就，也不要过高地去估量自己，形成一种"俯视"的心理！尤其是在说话的时候，更不要让别人觉得你是在炫耀和自满，只有放低了才能"吸纳"别人！

巴甫洛夫："决不要陷于骄傲。因为一骄傲，你们就会拒绝别人的忠告和友谊的帮助；因为一骄傲，你们就会丧失客观方面的准绳！"的确，无论一个人身居多高的位置，或者取得多么大的成就，抑或是很普普通通，都要学会自谦；而要想不自满，就要有海纳百川的精神！而那些总是把自己看得很"高"的人，在言谈举止中就会不由自主地"压低"别人来显示自己，这样的话说多了自然不会受到大家的欢迎！

其实，在人生的道路上，每个人都很重要，我们可以拥有自己的信心，但是一定不要把自己说得"太重"，尤其在与别人的交谈中要放低自己的"姿态"。当然，或许有时候自己会取得一点点成绩，但是切记不要到处宣扬以显示自己有所不同，这样只会让别人把你看得更轻，同时也失去了自己应有的谦和和进取的风格！

事实上，一个真正有内涵和实力的人，不用着急处心积虑地"宣传"，更不用到处显示，自会在人们心目中留下深刻的印象！

萧伯纳是英国著名的文学家，有一天在外面闲逛的时候，同一个陌生的小女孩攀谈了起来。黄昏来临时，萧伯纳对小女孩说："孩子，你回家的时候告诉妈妈，今天下午萧伯纳在和自己玩。"没想到小女孩子马上就回敬了一句："请你回去也告诉自己的妈妈，就说你和一个叫玛丽的女孩玩了一下午。"后来，当萧伯纳对别人提起这件事的时候说，一个人切不可把自己看得过重。

作为一位世界级的大文豪，在大家看来他是有资本向别人"炫耀"自己的，凭着他的威望和才华别人或许无可厚非。然而，正是这样一位天真无邪的孩子让他明白了，在生活中一定不能把自己看得太重，也不要把自己说得太"高"，因为这样只会降低自己的"高度"，甚至会引起大家的反感！

因此，在说话的时候一定不要太把自己"当回事儿"，因为别人可以敬重你、仰慕你，但是你自己却不能把心态放得太高，或者自以为是！

从前，有一位年轻人生活过得不如意，整天心烦意乱，于是千里迢迢来到一座寺院，对这里的主持说："我一直都很想学习画画，但是就是遇不到一个真正让我满意的老师。"

主持笑笑问："不可能吧？这么多年了，你走南闯北难道就没有遇到一个自己的老师吗？"

年轻人深深叹了口气说："唉，不是没有碰到，而是很多人只是徒有虚名啊，我见过他们的画作，很多人还都不如我呢？"

主持听了，哈哈大笑说："我长居寺院，虽然对画画不是太了解，但是也颇爱收集一些名家精品。既然施主的画技这么了得，那就烦请施主为我留下一幅墨宝吧。"说完就让小和尚取来笔墨纸砚。

主持说："这一生品茗饮茶是我的最大爱好，尤其喜爱那些造型流畅的古朴茶具。你为我画一个茶杯和一个茶壶怎么样？"

年轻人听了，说："这个岂不是很简单？"于是铺开宣纸，寥寥数笔，就画出一个倾斜的水壶和一个造型典雅的茶杯。而他画的那水壶的壶嘴正徐徐吐出一脉茶水来，注入到了那茶杯中去。年轻人问主持："我这幅画您还满意吗？"

主持看完什么也没有说，只是微微一笑，摇了摇头。

主持说："年轻人啊，你画得确实不错，只是我发觉茶壶和茶杯的位置颠倒了，应该是茶杯在上，茶壶在下呀。"

年轻人听了，笑道："大师不会这样糊涂吧，既然要往茶杯里倒水，哪有茶杯在上茶壶在下的呢？"

主持听了，又微微一笑说："看来你也知道这个道理啊！既然你一直想要将自己人生的杯子注入那些丹青高手的香茗，然而你却把自己的杯子放的比别人的茶壶还要高，这又怎么可能得到香茗呢？涧谷之所以得到一脉溪水，就是因为它把自己放得够低；同样，大海之所以成为大海，就是因为它是世界上最低的陆地。凡事只有把自己放低，才能得到别人的智慧！"

在通往成功的道路上，每个人都想更好更快地达到终点，每个人都想得到渊博的知识和高深的智慧！然而，就像故事中说得一样，想要接到茶壶里的水，你只有把自己的杯子放得更低。否则，你总是把自己放在了高高在上的位置上，把别人自以为是地"踩"在脚下，怎么会看到壮美的瀑布，怎么会品味到泉水的甘甜？而你所需要的正是你所看不到的！

说话反映着一个人的心理，有什么样的风格就说明你存在着什么样的心理状态。一个人在与别人交往的过程中，如果一张口就口气很大，觉得自己现在站得位置已经非常高了，那么他心里肯定也是这么想的，索性就不把别人放在眼里！这样势必会引起大家的反感和厌恶，即使是你有这样的能力，别人也会因为你的"说话"而打心眼里无法敬重你！因为你把自己看的太高，有向别人炫耀的嫌疑！

想要让自己说出的话受人欢迎和尊重，就不要把自己说得太"高"，不要站在一个俯视的位置去看别人！因为那不仅是对别人的不尊重，也是自己盲目自大的表现！不管我们是否拥有很大的能力和成就，如果想要进步，如果想要更成功，就只有放低自己才能吸纳别人。也只有这样，我们说出的话才能谦和、深得人心！

10. "糊涂话"里有智慧

人们经常说"难得糊涂",在为人处世的过程中的确不能太较真。同样,有时候在说话中更要学会"糊涂",我们一时的"糊涂"能给人一个改过自新的机会,也能让自己赢得更多的尊重和敬畏,反之不仅收不到应有的效果,反而会引起别人的"反弹"!

无论做人做事,很多时候我们需要坚守自己的底线和原则,尤其是在对待一些大是大非的问题上!这样才能展现出我们的正直和魄力,赢得别人的尊重!但是,并不是所有的时候都不放过一丝一毫,非要把事情说破才肯罢休。从某种程度上讲,或许这样更能让自己"心安理得",然而却并不一定就能收到自己想要的结果,甚至会让事情变得更糟!

的确,很多时候有些事情我们没必要太过于计较,对于别人的错误不一定都要严格的惩罚。相反,如果我们稍微"糊涂"一点,心知肚明却不把话说破,给对方留下回旋的余地,宽容别人的过失,甚至给予安慰和鼓励,这要比苛刻的态度更加有效。

古时候有一位师傅,他曾经收过一个贪玩的徒弟。他的这位徒弟整天耐不住寂寞和清静,总想溜出去玩耍。他常常在傍晚时分趁师傅不注意偷偷溜出院子,等到天快亮的时候再翻墙而入,就这样经常跑出去。

有一次,他又要翻墙出去,可是墙太高只好在后院的高墙下架起一把椅子。正在院子里散步的师傅不经意间发现墙角边的这把椅子,就知道又有人违规越墙出去了。不过师傅并没有动怒,而是走到墙边将椅子放到了旁边,在椅子的位置就地而蹲,等待溜出去的人归来。

　　夜越来越深，那位徒弟尽兴归来，却不知道师傅正在墙根等他，也不知道墙下的椅子已被搬走，他像往常一样翻墙而入，却踩着师傅的脊背跳进了院子。

　　当他双脚落地的时候，才发现刚才自己踩的不是椅子，而是自己的师傅。这时他知道自己惹祸了，顿时吓得魂飞魄散，站在那里连大气都不敢喘一口。

　　但是，事情的结果让徒弟没有想到，师傅不但没有责骂他，反而嘘寒问暖地说："夜里天凉，快去多穿一件衣服。"

　　徒弟有点疑惑，回到住处坐卧不宁，翻来覆去睡不着觉，想着第二天师傅肯定会当着所有学僧的面批评他一顿。但是一天天过去了，师傅从来没有再提到过此事，也没有听到别人说过这件事。

　　徒弟悬着的心才渐渐恢复了平静，并为此感到深深自责。从此他再也没有偷着出去过。

　　按照正常人的处理方式，尤其是处在自己的管理之下的人员，一旦发现对方有什么过错肯定会立马指出来，大加批评和责骂，绝不会放过这样"杀一儆百"的机会！甚至很多人还会因为对方犯错被自己发现而暗自高兴和痛快，事实上他们已经犯下了很大的错误，错过了一个"收拢"对方的心的绝佳时机！

　　因为你不但没有立即揪出他的错误，还装作什么都没有发生一样。那么，他的内心会怀着一种感恩和敬畏，会怀着一种歉意和自责，这种思想会深深地刻在他的心里。他会拿出自己的实际行动去回报这种真诚，以至以后再也不会出现这种情况！不但没有伤害到对方的自尊心，同时还帮助了对方，自己也感到一种欣慰和成就，何乐而不为呢？

　　据史料记载，有一天，宋太宗与另外两个大臣在一处喝酒，他们边喝边聊，两个大臣越喝越起劲，最后两人喝醉了。于是，这两个大臣竟在皇帝面前相互比起功劳来，趁着酒劲，他们越比越来劲，甚至还不停地斗嘴，完全不顾忌君臣之礼以及宋太宗的感受！

这时候，在一旁的侍卫实在是看不下去了。于是侍卫就奏请宋太宗，要将这两个人抓起来送吏部治罪。但是宋太宗却没有同意侍卫的建议，而是草草撤了酒宴，便派人分别把这两位大臣送了回去。

等到第二天醒来的时候，这两位大臣忽然想起昨天的事，知道自己闯祸了，惶恐万分，连忙进宫请罪。宋太宗看着他们慌慌张张的样子，并没有说破昨天的事情，只是毫不在意地说："昨天我也喝醉了，记不起这件事了。"

这件本来可以追究的事，在宋太宗这里却没有被计较。宋太宗既不处罚，也不表态，装装糊涂，行行宽容。这不仅让大臣们感到一种仁厚和体谅关爱，更展现了领导的睿智，使别人认识到了错误，不失领导的尊严，而又保全了下属的面子。

世界上的万事万物都不是完美的，我们又怎能要求别人不出现任何差错呢？在现实生活中，谁都有失误的时候，其实出现失误是再正常不过的事情，凡事不能太过于较真，有时糊涂一点要比教训来得更有效果！聪明的人在面对别人的失误的时候，不但不会揭穿和给对方难堪，而且即使是后来对方主动提及也会假装不知道，装作毫不知情！这样不但给别人一次改过自新的机会和赎罪的过程，其实也是一种更加高明的告诫和教育！

因为对方知道自己的过失应该得到惩罚和告诫，然而你却大度谅解，主动替对方着想，对方没有理由不感动，也没有理由不珍惜这样的机会！这样做得到的效果难道不比当面指出或者严厉斥责要好得多吗？

说话是讲究时机和技巧的，有些时候需要明确地指出才能把事情理顺，而有些时候只有"睁一只眼闭一只眼"让事情过去，心里知道但不要说才能更好地让对方悔过，真真正正地认识到自己的问题，并诚心诚意地感激！比如，对方明明知道你发现了他的过失，而你又装作不知道，对任何人都不提及，他就明白了你这是在给他机会和台阶！当然，他会见好就好，并深深地感到愧疚！相反，如果你抓住对方狠狠地批评，或者对外大肆宣扬让其出丑，他不但不想着纠正自己的错误，反而会把注意力全部集中在怨恨和报复上面，对彼此来说都没有好处！

因此，说话的时候该糊涂就要糊涂，不要揪住一件事不放，要学会得饶人处且饶人，做到话里糊涂而心里明镜儿！不说破反而会让事情向着好的方向发展，说破了只会让大家撕破脸皮，对方就会"破罐子破摔"，毫不顾忌结果和影响！所以，要在说上下功夫，有时候就要灵活一点，糊涂一点儿！

下篇

巧说是智慧

——第八章——
话多不如话少，话少不如话巧

1. 用脑说话，别让舌头超越思想

说话是一项技术活，尤其是在内容比较多的时候，一定要分清主次和层次，哪些是重点要详细说，哪些是需要一掠而过的要简明扼要，这样才能表达清楚、吸引人！否则，不分主次，头上一句脚上一句就会乱套，大家不知道你在说什么，也就失去了意义！

讲条理和层次对于说话是最重要的事情，因为既然是说话就是想要向别人传达一定的意思，让对方清楚明白，倘若不分主次，胡子眉毛一把抓就会让自己的讲话形成"一锅粥"，翻来覆去让人找不到头绪和门道，也就失去了意义和价值！

因此，在说话的时候一定不要着急，首先应该在心里有个底，理顺清楚眉目，向大家娓娓道来，重点的要着重说，不重要的简要概括，这样大家就非常清楚地知道你想要突出什么，你的主旨是要表达什么！那么，你的话才能吸引住大家的注意，大家也才会投入精力去听你在说什么！尤其在当众讲话的时候，如果你分不清重点，稀里糊

165

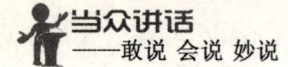

涂地在那里讲话，不要一会儿的功夫大家就会失去耐心，你的讲话就不可能深入人心！

小齐在大学读书，为了让自己得到更好地锻炼，他参加了班长的竞选，幸运的是他的票数是最多的，最后成功地当上了班长！他决心在这个位置上好好锻炼，把握住每一次机会。他攒足了劲要带领整个班集体学习好、生活好、锻炼好，当初大家也挺看好他！

事实上，自从小齐当上班长之后，他就非常努力，个人表现也是非常积极，尤其是涉及到班集体的事情，他更是以身作则为同学们做出榜样，这点大家也是看在眼里记在心里。

半个学期过去了，在小齐的带领下整个班级都显得十分得活跃，氛围也好，尤其是大家学习的劲头更是十足！这下小齐也感到非常的高兴，用一句通俗的话讲叫"累并快乐着"！不过，成绩归成绩，小齐自身的问题也慢慢地暴露了出来。尤其是在班集体作总结或者发言的时候，小齐总显得理不清楚头绪，大家本来投入精力认认真真听讲，结果大半天也没有明白小齐到底在说什么！一次两次不明显，大家也没有在意。可是，慢慢的大家就没有了耐心，抱怨和不满就慢慢增多！比如有时候在传达学校老师的通知时，他分不清哪些该重点说，哪些可以一句两句带过，总是这一点说两句，那一点说两句，结果大家找不到他所要说的重点，于是就反复地问，越问越不明白，越不明白越问，最后大家是为弄不明白而烦恼，小齐是为向大家讲不明白而困惑，所以他们之间的矛盾就越来越多！

后来，无论小齐站在讲台上说什么，大家都没有耐心去听，产生了反感和抵制情绪！

很多时候，越是一些浅显的道理就越容易被大家所忽略。比如平时大家只知道说话，很少有人去思考我们为什么要说话，目的是什么！其实很简单，我们说话的目的就是为了表达心中的想法和观点，尽最大努力让对方明白我们的意思。倘若大家都在准备接收你所要讲的信息，而你没有侧重点，没有主次头绪，就会让人感觉很迷茫，根本就吸引不到人，何谈彼此之间的亲近和融洽！

2. 掌握说话的方式和布局

做任何事情都要有目标和方向，说话也不例外，更要讲究方式和布局。只有把握住了这些，说起话来才具有针对性和方向性！事实上，我们说话的目的就是既要让别人明白，又要让人接受，达到这两点才实现了说话的意义和价值！

一个人在说话的时候有没有分量，能不能吸引住别人的注意和关注，很大程度上取决于自己的说话方式！即便你所要表达的内容很有价值，但是如果说起来显得松散，让大家找不到主题，那么别人也会失去耐心的，至少对方会感到一片茫然。另外，在说话的时候还要避免"直出直入"式的语言，因为有时候太过于直接会让人接受不了，从而在心里产生抵制和排斥的情绪，引起彼此之间的误解和矛盾！

所以，当你在讲话时，或者在和别人说话的时候，一方面可以尽可能的让你的语言表达简练深刻，不要像没有头的苍蝇一样到处乱撞；另一方面，要学会用委婉的方式来表达自己的想法。这样才能避免说话"跑题"，以及达到说的让人开心和舒服的目的。否则就会很容易让人失去兴趣和耐心，当然别人也会感到很失望。

事实上，当你还在那里夸夸其谈的时候，或许别人早已把注意力转移到其他的地方去了。一个人在说话的时候容易让听者走神，只能算是自己的语言表达的失败！这样也只能证明说了，但却算不上"会说"！

一场学术报告会还在大学里举办，而这所学校的校长正是这方面的学科带头人。所以大会决定让这位校长来做开场报告，把本次学术报告会的主题、宗旨、目的等等介绍给大家！

接到这个任务后，校长也是"马不停蹄"地着手做准备，不仅要布置会场，做好接待等等细节工作，还要充分了解这次会议的内容和涉及的范围，以便在讲话的时候能够做到有的放矢，不至于自己做出的报告干巴巴的没有一点儿意思！

很快，报告会就召开了。一大早，校长就来到会议现场，很多资深的专家和学科带头人进入了会场坐下，按照程序由校长首先做报告。结果这位校长可能是面对这么多权威多少感到有些许激动和兴奋，一心想着一定要把这些权威给大家好好地介绍一番！

于是，在大会一开始先介绍了大家的身份和背景，然后进入了主题，看起来很是顺理成章。然而，没一会儿校长有一次把话题扯到了下面落座的权威身上，讲他们的出身、学历……当发现自己这方面介绍的太多了的时候，他又回到了刚才的话题上。就这样来回循环，他不停地在学术和权威之间轮换，讲了很长时间大家都没有找到他所要表达的主题，像是漫无目标一样在闲扯！这让校长显得很没有讲话水平，慢慢地下面的秩序就乱了起来！

众所周知，当众讲话最忌讳的就是"深一脚浅一脚，东一句西一句"，因为这会让大家找不到方向，到头来不知道你到底在说什么，到底想要表达什么意思！这样没有针对性、缺乏简短凝练的讲话显然没有人能够接受和理解，那么你留给大家的印象就是：不会说话，不知道怎样去说话！毫无疑问，你的讲话不仅是失败的，也是毫无意义的！尤其在职场上，不管是当着大家的面讲话，还是小范围的说话，不注意说话的方式和布局，注定讲不好话，更不会受到大家的欢迎！

另外，除了语言简明，主题明确，针对性强之外，语言表达的另一个方式也是不可忽视的，那就是注意说话时的委婉！这样做就是让人们更容易接受和理解，事实上这不正是我们所说的每一句话所要达到的目的吗？

很久以前，在一个山顶住着一位老人，谁也说不清他到底有多大年纪。他非常的受人尊敬，许多人不管遇到什么大事小情都来找他，请求他提些忠告。但白胡子老人总是笑眯眯地说："我能提些什么忠告呢？"

这天，有年轻人来求他提忠告。老人仍然婉言谢绝，但年轻人苦缠不放。老人无奈，不过并没有直接说什么，而是拿来两块窄窄的木条，两撮钉子，一撮螺钉，一撮直钉。他还拿来一个榔头，一把钳子，一个改锥。他先用锤子往木条上钉直钉，但是木条很硬，他费了很大劲，也钉不进去，倒是把钉子砸弯了，不得不再换一根。一会儿功夫，好几根钉子都被他砸弯了。最后，他用钳子夹住钉子，用榔头使劲砸，钉子总算弯弯扭扭地进到木条里面去了。但他也前功尽弃了，因为那根木条也裂成了两半。

接着，老人又拿起螺钉、改锥和锤子，他把钉子往木板上轻轻一砸，然后拿起改锥拧了起来，没费多大力气，螺钉钻进木条里了，天衣无缝。而他剩余的螺钉，还是原来的那一撮。老人指着两块木板笑笑："忠言不必逆耳，良药不必苦口，人们津津乐道的逆耳忠言、苦口良药，其实都是笨人的笨办法。那么硬碰硬有什么好处呢？说的人生气，听的人上火，最后伤了和气，好心变成了冷漠，友谊变成了仇恨。

我活了这么大岁数，只有一条经验，那就是绝对不直接向任何人提忠告。当需要被指出别人的错误的时候，我会像螺丝钉一样婉转曲折地表达自己的意见和建议。""忠言不必逆耳，良药不必苦口"，在人际交往中，要学会像螺丝钉一样婉转曲折地表达自己的意见和建议。这样，你说出的话才会显得委婉含蓄，给人指明"症结"所在的同时也让对方听起来非常的舒心，最终让彼此和睦相处，留下美好的印象，赢得良好的人际关系！

委婉是一种说话的技巧，更是一种说话的态度。当你用委婉的方式和别人说话的时候，别人能够清楚明了地感觉到你是在给他留面子、释放温和和善意！这样，别人就会耐心听你的表达，而你也有了机会把自己的真实想法说出来，更重要的是在这个过程中展示出了情

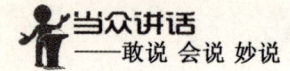
理和技巧！事实上，对别人委婉，别人也会对你委婉；给别人留面子，别人也会给你留面子，而能够主动向对方表达出委婉的话语，必定能够替别人着想，能够设身处地地换位思考，不通情理的人是不可能做的到的！

另外，在讲话的时候千万不要盲目，更不要慌张，而应该有明确的目标，分清主次，然后抓住重点简明扼要地表达清楚！另外，面对别人的失误或者缺点指出来当然是好的，不过"委婉"也是必不可少的！当一个人掌握住这些说话的方式和布局的时候，在当众讲话的时候很容易就会受到欢迎，在别人的心目中成为一个通事理、明是非、会说话的人！

3. 张口就要有"生机"

每个人都喜欢生机勃勃的景象，几乎没有人会迷恋死气沉沉的场景。说话也是一样，有的人每一句话都显得生动活泼、颇具感染力；有的人呆板乏味，让人找不到一点儿"生机"，这样的人说出的话如同一潭死水，注定没有人会向往！

在讲话的时候，我们不仅要敢说还要做到受欢迎，说得让人开心和喜欢这才是我们真正想要的。然而，现实生活中我们总能发现有些人说话生硬，甚至每一句话都那么中规中矩，或者平淡乏味，总之缺少让人喜欢的活力。可想而知，这样的话难以给大家一丝的快乐，却会让大家感到更多说的沉闷和压抑，仿佛置身于一片荒芜枯败的草地，找不到一点儿生机和希望！

的确，有些时候每一句话都那么严肃刻板，本就失去了说话的意义，更缺少生活欢乐多彩的内涵和追求。这样的话说得越多就会越让人无法适从，反感和厌恶就会油然而生！另外，当与别人交往的过程中，这样的人总会让人感觉与别人隔着什么，不能与大家接近和融合。试想，谁会喜欢和这样的人在一起生活和共处呢？

王鹏在一家文化公司上班，他的职务就是艺术总监，他本人也有丰富的学识和经验，并带出很多优秀的学生。然而，在公司里很多人都不喜欢他，除了工作之外很少有人和他接触。所以，尽管王鹏在本职工作上做得非常优秀，但却显得很孤立和无助！很多时候，下属正在欢快地讨论一件事情，当他经过的时候顿时大家都停住了，气氛立马降了下来！

事实上，王鹏并没有什么太大的缺点，做人也很真诚，但为什么就是得不到大家的真心呢？其实，造成这种结果的原因很简答，那就是他这个人说话的时候总是太生硬和刻板，总感觉他缺少活力，与他在一起总是死气沉沉。所以，大家都不愿意接近他，甚至还有意识地躲避！曾经也有一些人想要主动与他交流，但不到一分钟的时间就结束了，因为当别人故意找话题问问题提意见的时候，他的回答只有"有、没有、嗯，不是"等等这些简短而又生硬的文字，慢慢地别人就觉得无话可谈了，因为找不到一丝轻松愉快的感觉，更多的是沉闷和压抑，谁都不愿意和他接触！

有一天，当他的朋友和他讨论起这件事情的时候，王鹏并没有觉得自己这样做有什么问题，反而认为是树立自己领导的威严和地位的需要。当他的朋友把事情的真相说出来的时候，王鹏大吃一惊，这才意识到原来自己这样造成了说话缺少活力，从而大家才不愿意接近自己！后来他开始尝试着去改变，说话不再那么生硬，而是尽量的让自己显得平易近人、和善可亲，渐渐地越来越多的人愿意与他交流，他的形象和地位慢慢地提引了上来！

一个缺少生活乐趣，尤其是在说话的时候僵硬、呆板的人，很少会有人喜欢，不仅不愿意接近，甚至还会有意无意地躲避！其实，这点我们是可以理解的。比如，当别人用热情去面对你的时候，得到的却是一句冰冷的话，甚至一个干巴巴的字。顿时，对方的热情就会被

"冻住"，心一下子就凉了下来，刚刚还无比快乐的心情一下子就变得沉闷和压抑！用心想一想就可以知道，下次谁还会去接近你，和你交往呢？那么，你的话就成了一剂"毒药"，杀灭快乐的"毒药"，这样无论怎么样都不可能受到欢迎！

小慧是学哲学的，一听到哲学，大家就会联想到深邃、凝重和严肃……不过小慧并不是这样的，她的性格是开朗活泼的，并没有因为学哲学而受到限制，相反她把自己的哲学表达出来也显得"生机盎然"！

每次别人和她说话的时候，她总能带给大家一句或者两句显得非常有魅力的话，或者生动有趣，或者俏皮幽默，又或者天真无邪，总之在她的话里你找不到半点的沉闷和无聊！即使是在她不太高兴的时候，也不会把自己的烦恼发泄到别人的身上，而是很温和、很理智地与对方倾谈！

所以，大家都非常愿意和她交往，有事没事儿的时候大家都主动围在她的身边，因为在她这里大家能找到不一样的情趣和快乐，至少小慧的话他们都非常喜欢听！无论身边的哪个人心情不太好，只要有她在，保证一会儿就让氛围变得活跃起来！于是，在朋友圈子里，小慧是最受欢迎的，无论到哪她都能赢得大家的支持和赞赏，这在很大程度上归功于自己的说话时的风趣幽默而又"生机勃勃"！

每个人都向往欢乐的氛围，谁也不愿意整天待在一个"死气沉沉"的环境里。相反，只要有他在就能听到欢声笑语，就能感受到每一句话语里的轻松和活力，以及风趣和幽默，这样的人毫无疑问是非常受欢迎的。

说到底，人活得就是一份轻松和愉悦，以及身心的满足，而且与物质享受相比，人们更愿意得到精神上的丰裕。所以，人们需要获得生活的活力，而首先最直接地就是自己的感触，语言就是其中的一种。快乐轻松的语言能让整个人也变得快乐轻松，沉闷呆板的语言能让快乐的心情也变得沉闷。每个人都希望听到有生机和活力的语言，因为富有感染力的语言能让整个环境变得轻松愉悦，让大家不断感觉到有新鲜的东西注入，各种疲惫和压力就会得到很大的缓解，尤其在公共场合，这样生动鲜活的话语是最受人欢迎的。

4. 激辩而不激动

激辩是一种自我坚持和维护，而激动则是一种理智的失控。当一个人带着激动地情绪去激辩的时候，那么他的思路和头脑是不够清晰的，很容易因为冲动而造成言语的失误或者让自己反胜为败！

在生活中，我们经常会看到有些人因为一些小事而和别人争吵不休，更关键的是激动得浑身发抖、气喘吁吁、面红耳赤！这样的人往往会因为自己的不冷静而无法正常表达自己的观点和看法，即使一些心中想说的话也在嘴边急得直打转，就是说不出来！结果本来是自己有道理，反而被别人占了上风，得不偿失！

事实上，无论说话还是争辩的时候，爱激动的人往往就是因为害怕被对方"打败"，才会表现出一种近似疯狂的战胜欲。其实，当你在与别人辩论的时候，激动是最不可取的。因为这样会让你丧失理智，思维和情绪处于一种极不清晰的状态，在表达上肯定不会占到便宜，甚至还会被别人激怒变得"无话可说"。保持冷静和镇定，才能以不变应万变，理清思路说出讲出富有魅力的语言，不仅展现出良好的口才，还能压住对方的气势，为自己赢得先机！

一家单位为了丰富员工的生活，决定搞一些文艺活动。其中有人提议搞一个自由辩论赛，一来可以活跃大家的氛围，二来也能锻炼大家的口才！但是，这毕竟不是正规的辩论赛，他们只是简单的分成两组，每组十个人，双方的观点是相反的，每个人都可以随意辩论。

　　比赛开始了，大明被分在了正方，首先由他陈述自己的观点，话音刚落，反对方的小李立即站起来进行反驳，而且把大名的观点批得一无是处。这时，大明急了，不等本组的其他人发言，他就站起来针锋相对地反驳小李的观点。然而，小李也不甘示弱，紧接着又站起来批判大明的观点！就这样，你来我往，辩论越来越激烈，其他人也都不用站起来了，因为就光他们俩已经吵得不可开交了！

　　虽然是辩论赛，本来就是一场活动，增加一下大家的活跃氛围。但是他们俩像是已经杠上了，谁也不肯让步，看起来像是仇人一样，尤其是大明。在接下来的辩论中，大明万分的激动，一副不压倒对方誓不罢休的样子！越是激动，大明越想在语言上压住对方，以打消掉小李的气焰。然而，大明的激动已经让自己有力无处使了，慢慢地他发现自己的精神已经太过于紧张和激动了，思维都有点"凝固"了。所以，面对小李的继续"进攻"，他显得力不从心，支支吾吾地说不出话来，只能干着急！

　　结果，这场辩论赛以大明的失败而告终。最主要的原因就是，他在辩论的过程中个人的情绪太重，以致让自己万分的激动而失去理智，心中着急、思维混乱怎么可能有良好的表现呢？越着急越说不出来，越说不出来就越着急，最后形成了恶性循环！

　　的确，人为什么会激动，一方面是自己的取胜心切，另一方面就是心中没有战胜对方的把握，所以在面对别人的激烈争辩时会刺激自己的激动情绪，让自己变得紧张和慌乱！这样怎么可能取胜呢？更不可能发挥出优秀的口才，事实上你已经输了！

　　在一个生日聚会上，小强和自己的另外一个朋友都来为自己的好友庆祝捧场。本来是一个欢乐的场面，然而小强和这位朋友有点小过节，属于那种面和心不合的类型。所以，在吃饭的过程中这位朋友有意无意地总是拿话刺激小强，细心的人都能听出来是什么意思！

　　不过，小强并没有生气，更没有因为他的刺激而激动。相反，小强表现得十分冷静，满面笑容地该干什么还干什么，只是在心里思考怎么样从语言上去驳倒对方。见小强没有什么反应，这位朋友更加肆无忌惮了，随后说出的话很有讽刺的意味。令这位朋友没有想到的是，小强不急不慢地给了他一个有力的回击，而且语言犀利有力，让这位朋友一时无话可说，并且感到十分尴尬！

因为小强不害怕别人的挑战，更不会在心理上产生畏惧感，而是沉着冷静地应对！他据理力争，面对别人的刺激他并不激动，把所有的注意力都集中在如何回击对方上面，在语言和气势上压住对方，不仅显示了自己的口才，而且还让自己处在了有利的地位！

一个人如果靠情绪的宣泄来提高自己的讲话水平，那就大错特错了。因为并不是每个人都接受你的气势汹汹。再者情绪化的激动只会让自己的思想混乱和发狂，并不能带给自己语言上的提升，相反会抑制自己的口才发挥！

所以，无论在什么时候，我们绝不能让自己在情绪上有些许的激动。因为激动容易让自己失去理智，并且还会造成自己的心情紧张，让本来优秀的口才变得"笨手笨脚"、张口结舌！事实上，"巧说"靠的应该是技巧和智慧，而激动就是最不可取的！

5. 棘手话题"冷"应对

镇定方能从容，沉稳才显得大气。一个人无论做什么事，只有冷静应对才能让自己的思路清晰、方向明确；相反，如果一时惊慌失措，就会乱了分寸，理不出头绪，最终让自己陷入不利的境地！因此，不慌才能不忙，越慌就会越忙！

在一些公共场合，无论是站在台上演讲，还是回答别人的问题，经常都会碰到一些棘手的问题或者敏感的话题。这时候，很多人会感到左右为难，尤其在出席许多大场合的时候，或者牵涉到自己的隐私，或者影响到别人的名誉，回答不好会给自己带来很多的麻烦。因此，一些心理素质不好的人立马就会紧张起来。但是，很多问题有时是无法回避的，然而一边是追问的压力，一边是自己混乱的思绪，这时候的回答更容易出现问题！

其实，想明白了就不应该紧张。因为回答已经是无法避免的了，怎样找到一个恰当的折中的回答才是最重要的。坦然面对别人的提问，镇定自若地思考，才能在大家面前巧妙地回答，展现出睿智和水准！

在一次影视首发会上，其中的几位主演坐在台上在主持人的带领下参与大家的互动。下面少不了一些媒体记者，尤其那些娱乐记者更喜欢提一些关于娱乐圈的敏感话题！而这次又让他们抓住了机会，因为台上坐着的两位演员前不久网传因利益问题分道扬镳，而以前他们是最要好的朋友！

于是，其中的一位记者在发布会提问的时候及时地问道："先生，听说你们俩前一段闹了不愉快，是真的吗？"事实上，他们俩个的确因为一些小事起了纷争，但毕竟是多年的朋友，过后彼此好好谈了一下就和解了，但是多少已经有了些许隔阂！这时候的提问不免让俩人略感尴尬，怎么回答呢？如果回答是，会让流言风语更加泛滥不说，也会使对方认为自己是一个爱记仇且没有风度的人；如果回答不是，会引起媒体的更大猜测，毕竟隐隐约约已经流传了出去，想完全掩盖是不可能的！

怎么办呢？一边大家都在等着他们俩的回答，一边又要考虑到朋友间彼此的感受。但是越往下拖就越会引起媒体的猜测！稍作思考之后，其中一位先生就想出了一个合适的应对办法，于是果断地站了起来说："谢谢你们的关注，我想这个问题我的回答是多余的，来，给我们俩照张相……"说着就向另一位先生张开双臂，然后大大方方地走过去，微笑着拥抱在一起。下面的许多闪光灯不停地闪烁，他们的拥抱的姿势以及灿烂的笑容留在了大家的记忆里！

他们没有回答是，也没有回答不是，一句简单明了的话加上一个简单的拥抱，轻轻松松地就让事情过去了。否则，紧张万分，显得小心翼翼，那么更容易说漏，让事情变得更加复杂。

玛丽是一位刚刚大学毕业的学生，由于自己的专业是教育，所以毕业不久就来到一所学校当了老师。可能是因为缺少教学和管理经验，在第一学期的期末考试中他们班的学生考得成绩很不理想，这让校方很生气。所以，在总结报告会上，玛丽被要求做一下总结，主要是对自己的教学管理当中存在的问题进行分析和反省，并从中吸取经验教训，为下学期的工作展开奠定良好的基础！

但是，玛丽作为班主任，学生的每个科目的情况她都要一一分析，于是就不可避免地要提及各科的老师的教学情况。因为学生的好多科目考得都不好，但是，怎么说呢？难道要在大会上公开指出某某老师的教学问题吗？这样就会让老师们感到无比的难堪。然而，倘若不说又体现不出自己的报告的具体内容，校长也会认为是在敷衍了事！怎么办呢？在总结报告会开始的前几天玛丽就一直忧心忡忡，找不到解决的办法！

当大会真的开始的时候，玛丽更显得难为情，尤其讲到各科老师的情况，看到大家都在下面坐着，玛丽纠结万分，久久不知如何开口，脸上不停地淌汗！她越是紧张，就越理不清思路。结果说的前言不搭后语，让下面听报告的领导感到很生气！

事实上，面对这种事情，任何人都会感到有些棘手。因为一边是自己的同事，一边是自己的领导，两边都不能得罪。但是我们完全可以找到一个折中的办法，巧妙地避免自己的为难和紧张，让自己在大家的面前流利顺畅地完成演讲。比如说，对于各个科目的老师。在会上你可以说："各科老师都积极主动地分析研究，向我汇报情况，然后制定出有效的措施一步步展开……"完全可以避开那些敏感的话题，还能让领导感觉到大家的诚恳。

当这些问题无法避免的时候，紧张和焦虑是解决不了任何问题

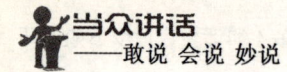
的。你越是害怕越容易让自己出错。所以，无论在哪种公共场合，无论遇到多么棘手的话题，都千万不要紧张，只有克服掉心里的恐惧，不被各种困扰搅乱思路，你才能更好地在大家面前发挥自己讲话的水平！

6. 刚柔相济显大气

俗话说，办事办到妙处，说话说到好处！那么，究竟什么是说到好处呢？就像钢材一样，太硬了容易折断，太软了容易折弯，只有软硬达到一个中和的效应才是最佳的状态！说话也是一样，只要刚柔相济才能展现出说话的水平、彰显出大气！

说话是一项技巧，更是一门学问，在处理生活中经常会发生的突发事件，或者让人感到非常头疼和棘手的事情时，往往能起到非常重要的作用。比如在古代，一个人能用话语解决一场战争，有时也会因为一句话惹下一场祸端，可见说话的重要性，如何巧妙地说话更显得难能可贵！

无论在工作还是生活中，能通过话语解决的事情就尽量不要扩大化，于别人于自己都有好处。但是，很多事情并没有想象的那么简单。比如有些时候遇到别人的故意刁难或者找茬，有意败坏你的名声，让你在众多人面前出丑。这时候就需要发挥自己的口才和智慧的作用，巧妙地把事情就能解决！

那么，究竟该怎么办呢？难道就等着让自己陷入进退两难的境地吗？当然不是。事实上，我们可以做一个折中的选择，最明智的做法不外乎"刚柔并济"，在说话的时候柔中带刚，刚中不乏回旋的余地。这样，既能留给自己进退有度的空间，又能让对方意识到利弊得失，适当的时候顺着台阶就下来了！

赵凯在市区的一个繁华地带开了一家酒店，由于服务态度好，而且善于经营，虽然时间不长，但是很快就把对面已经存在很久的一个饭店给打败了！因为自从有了赵凯的这家酒店，很少再有人去对面光顾了。因此，这件事遭到了对方的嫉妒和怨恨，就想着办法好好收拾一下赵凯的酒店。

这一天，当赵凯的酒店开门营业的时候，有几个年轻人来到这里尽点一些好酒好菜，然后大吃大喝起来。席间，他们总是挑毛病，不是菜咸了就是汤淡了，反正就是"鸡蛋里面挑骨头"，并且大声嚷嚷，生怕别的吃饭的客人听不见。刚开始，这里的服务员以为他们是喝多了，就没有理会。然而，他们却更加的放肆，说是饭菜里有苍蝇。要他们酒店解释一下是什么原因。事实上，包括厨师和服务员都非常的清楚，每道菜都是经过层层把关的，绝不可能有苍蝇，更不可能出现在菜的下面！很明显这些人就是故意找茬的，于是他们把这这件事告诉了赵凯。

然后，赵凯迅速来到这几位客人的跟前说："几位先生，真是对不起！不管是什么原因，只要你们没有满意就是我们的过失！这样，今天的饭菜算是我请的，或者我再让厨师重新给你们做几道菜，你们大人不记小人过，我们做生意也不容易，给个方便……""再说了，如果咱们要是互不相让就得惊动警察，他们肯定会看这里的监控，每张餐桌的画面都得看，多麻烦啊！"听了这些话，这些人思索了一会儿，都识趣地走了！

事实上，赵凯就是想让他们知道，自己在给他们面子，没有当场揭穿他们也是不想把事情闹得太大，他们要是识趣地话就离开；后面说到监控，意思就是说你们的一举一动都被拍摄了下来，真要是闹大的话他们也占不到便宜，甚至是给自己找难看！

面对这种事情，如果赵凯一时冲动而动粗或者以其他的方式采取"强硬手段"，可想而知，立马整个酒店就会被搅乱，即便是最后证明是他们的错误，把事情澄清，肯定已经影响了生意，造成不好的影响！因为在人们的印象中有这么一件事情发生过，不管是真的还是假的，以后再来的时候就会有些许的犹豫，这正是对方想要的结果，与他们硬碰硬绝对是得不偿失！

而最巧妙的做法就是冷静下来，用智慧取胜，刚柔并济、柔中带威，让别人感受到善意的同时，还能进行有效地警示和告诫！这样，既表现出不想把事情闹僵，给对方一个台阶下，又能让对方有所顾忌和收敛，让他们知道并不是害怕和无奈，只是不想给彼此添麻烦！在平静中就能解决了，何必要动大干戈呢？不仅给自己避免了一场不必要的损失，还充分地显示出自己的说话水平，让大家感受到不一般的口才。

在现实生活中，并不是所有的人都能理解你的善意和温和的态度，然而遇到"麻烦"的时候你的话语又不能过分的强硬，否则势必会引起对方的抵触。这样，你在当众讲话的时候就会遇到更大的阻力，以致影响到自己的口才的发挥。所以，刚柔并济才是最好的选择，不动声色地就能把场面给控制住。这样，在事情得到及时合理地解决的同时，无疑会给对方的一个有力回击，不仅显得自己有勇有谋，展现出大气的风范，让自己在说话的时候更令人信服和敬畏，气场更会变得魅力十足。

———第九章———
沟通技巧，缩短心与心的距离

1. 到什么山唱什么歌，见什么人说什么话

我们沟通的每个人都有各自不同的成长经历，都有自己的缺陷、弱点。有些也许是生理上的，有些也许是隐藏在内心深处不堪回首的经历。这一切都是他们不愿提及的"疮疤"，是他们在社交场合极力隐藏和回避的问题。

在与人交际和沟通中，会说话的人并不是滔滔不绝地说个没完，而是懂得把握说话的尺度与分寸，他们能够根据不同的场合说出不同的话语，针对不同的人选择不同的表达方式。能够做到"到什么山唱什么歌，见什么人说什么话"的沟通高手，懂得言多必失的道理，他们会把话说得恰到好处，让自己既不落入三缄其口的沉默，又不落入喋喋不休的错误。

在人与人的沟通中，谁也跳不过语言的使用，但是大多数人并不太在意自己说话的分寸。所以老一辈人总是会告诫晚辈："话别拿过来就说，要掂量掂量再说。"

"拿过来就说"，就是说话不加思考，不讲分寸；"掂量掂量再说"，就是在说话前先要思考一番，把握好了分寸再出口。在沟通中，说话时拿过来就说，不加掂量，那是绝对不行的。那样说话，不仅会把话说走了、说偏了，达不到说话的目的，而且极有可能影响关系，甚至伤害对方。

明太祖朱元璋出生贫寒，曾经做过牧童、乞丐、和尚等不体面的工作。后来，他打败了元朝和其他的起义武装，在南京做了皇帝，消息马上轰动了他的家乡：安徽凤阳。朱元璋在贫贱时有过交情的伙伴也都异常兴奋，想要从皇帝那里得点好处。

曾经跟朱元璋一起放过牛的一个伙伴来到南京，要求觐见朱元璋。朱元璋总算不忘旧情，在皇宫里设宴款待了他。席间，朱元璋难免回忆自己贫苦时的往事，来人就对朱元璋说："万岁，不知您可否记得，当年微臣随驾扫荡芦州府，打破罐州城，汤元帅在逃，拿住豆将军，红孩儿当关，多亏菜将军。"朱元璋听罢，不仅回忆起自己当年的一件往事，历历在目。又看看自己如今的荣华，不禁感慨一番，顺便提拔了眼前的这位故人。

这件事情很快传到当年的其他伙伴耳朵里，其中一个人听了十分不平，心想：他说的不就是小时候一起偷豆子吃的事情吗，当年自己也在场，还救过朱元璋的命呢。于是也连忙上京，到处找门路要见朱元璋。朱元璋知道了老朋友前来，照样设宴款待。酒过半酣，这位朋友不免有些飘飘然起来，当着许多大臣的面说："万岁，如今您富贵了，可是，您还记得从前吗？那时我们替地主家放牛，整天挨饿。有一次，我们在芦花荡里偷了一把豆子，然后放在瓦罐里煮。还没等煮熟，大家忍不住争抢，最后把罐子都打破了，撒下一地的豆子，汤也泼在泥地里。你当时饿极了，抓起一把地上的豆子就往嘴里送，结果连红草叶子也吃进去了。红草叶子梗在你喉咙里，差点要了你的命。后来，还是我抓了把青菜叶子给你吞下去，才救了你的命。"

皇帝听着，脸上一会儿发青，一会儿发紫，最后宴会只好不欢而散。那位当年救过皇帝一命的朋友不但没能得到封赏，反而被赶回了老家。

故事中一前一后的两位朋友，都是朱元璋的故交，说的是一样的往事，叙的是一样的旧情，得到的确实不一样的下场。这完全是因为对说话分寸的把握不同。

其实，我们沟通的每个人都有各自不同的成长经历，都有自己的缺陷、弱点。有些也许是生理上的，有些也许是隐藏在内心深处不堪回首的经历。这一切都是他们不愿提及的"疮疤"，是他们在社交场合极力隐藏和回避的问题。我们之所以要把握说话的分寸，就是因为被击中痛处对任何人来说都不是一件令人愉快的事，尤其是他人身上的缺陷，同样的话一定要换一种不同的说法。这样，对方就明确了你要表达的意思，同时也知道你在照顾他的面子，不但能够让我们的意思表达完整，更会让对方心存感激，为我们今后的发展提供意想不到的帮助。

2. 打造出有魅力的嗓音

在人与人的沟通中，如果声音粗哑难听，难免会使自己的形象大打折扣。声音虽然是天生的，但是并非没有改变的余地。其实只要努力练习，每个人都可以具有充满魅力的声音。而充满个人魅力的声音也能够帮助我们在与人沟通时魅力四射，所向披靡。

对于很多人来说，对自己说话时的声音并不熟悉，其实，在与人沟通中的很多时候，起关键作用的不仅是我们说什么，更重要的是别人听起来是什么感觉。

在沟通过程中，不同的声调会让人产生不同的感觉。一般而言，柔和的声音让人感到坦率和友善，略为低沉的声音则表示内心的同情。一定要克制自己声音的颤抖，这是恐惧交际，缺乏自信的表现；更不能用鼻音哼声，这是傲慢冷漠，或者恼怒和鄙视的声音。千万不要小瞧声音在沟通中的作用，善于控制自己的声音，可以让自己更有魅力，与人沟通也会变得更加轻松顺利。

意大利著名悲剧演员罗西就是善于运用声音的代表。有一次，他与几位外国朋友一起吃饭，席间，许多客人想要一睹他的演技，要求他表演一段悲剧。于是罗西用意大利语念了一段"台词"，尽管这些外国朋友听不懂意大利语，并不知道他讲的是什么内容。但是，席间的每个人都被他凄凉悲壮的声音所感动了，大家不由自主地流下感动的眼泪来。

这时，一位意大利朋友看着大家的反应却忍俊不禁，自顾自地趴在桌子上大笑不止。人们都感到很诧异，以为罗西会大发雷霆时。罗西却微笑着说，没什么，原来，这位悲剧明星念的根本不是台词，而是桌子上的意大利文菜谱。

对于善于利用声音的罗西来说，一张简单的菜谱足以催人泪下。因为一个人的语音语调配合上他的表情，确实可以达到深入人心的魅力。而充满个人魅力的声音也能够帮助我们在与人沟通时魅力四射，所向披靡。

共获八项奥斯卡大奖的歌舞片《窈窕淑女》就是一部与口音有关的电影。故事的开头，由奥黛丽·赫本扮演的卖花女伊利莎是一个满是乡下口音，有点羞涩自闭的姑娘。但是，在语言学教授希金斯先生的训练下，她在一个月内就成为一个口音纯正，自信得体地出没于上流社会的千金小姐。而希金斯教授改造卖花女的第一步，就是让伊利莎在留声机上一遍又一遍地训练自己的语音和语调，通过声音的改变，最终改变了她的整个人生。

通过这个电影，我们可以看出一个人的声音对于他来说是多么重要的事情。一个人的声音里蕴藏着他的巨大社交能量：一个男人如果声音充满磁性，那么他的语言就会充满魅力和权威；一个女人如果声音柔和甜美，那么她的魅力也会因之光芒四射。所以，一定要掌握发生的技巧，让我们的声音彰显出我们的人格魅力。

正确发声的技巧

在人与人的沟通中，如果声音粗哑难听，难免会使自己的形象大打折扣。声音虽然是天生的，但是并非没有改变的余地。其实只要努力练习，每个人都可以具有充满魅力的声音。《窈窕淑女》中奥黛丽·赫本扮演的卖花女伊利莎就是最好的榜样。为了掌握正确发声的技巧，我们必须注意下面几点。

首先，我们必须用胸腔发音，一定要避免嘴唇僵滞。因为，用胸腔发音可以保证我们说的每一句话字正腔圆，吐字清晰。而嘴唇僵滞的人，往往会出现口齿不清，声音嗫嚅的情况。对于"不好意思"的人来说，因为过于害羞还紧张，经常出现声音过低，省字连词的情况。这样，不但别人听不清楚我们所讲的内容，甚至会怀疑我们的个人能力和生活态度，因此对我们产生误解。所以，在平时说话的时候，一定要挺胸抬头，抑扬顿挫，只有这样，我们的交流状态看起来才是积极的。但是，也不要过于夸张，不自然的字正腔圆会让人产生滑稽的感觉，好像是在看话剧表演一样。

其次，我们必须让自己的声音听起来柔和，避免太粗或太尖。太粗的声音给人的感觉像是在用鼻子说话，而一般情况下，鼻音很重的人总是给人一个脾气暴躁、性格很固执的坏印象。而且，一般"不好意思"的人都比较倾向于用鼻子发出含糊不清的声音，这让人听起来感觉毫无生气，而且能够感知到我们对于人际交往十分消极。而过于尖锐的声音比沉重的鼻音更加难听，那些又高又尖的声音，往往让人联想到遭受惊吓刺激的女人，或者装腔作势的男性。一个人如果嗓子过于尖锐，那么他所发出的声音将会非常刺耳，常常给别人留下攻击性过强的不舒服之感。所以，如果我们存在着声音过低或过高的问题，一定要通过练习来克服掉，这样才能够让声音为自己的形象加分，而不是给自己的魅力打折。

再次，要调整好我们说话的速度，让别人听起来舒服。控制自己说话的速度并不像想象中的那么简单，即使是一些职业的演说家也常常把握不好自己说话的速度。但是，说话的速度对于语言的魅力来说却是十分重要的，如果我们说话过快，会给人一种急躁的感觉，别人很可能因为听不清而遗漏一些信息，最后导致别人误解我们的意思，无法与我们有效沟通；如果我们说话过慢的话，又会让别人产生倦怠感，对于我们的讲话根本无法坚持听下去，最终达不到社交的效果。而适当的说话速度应该做到不紧不慢，大约每分钟说120到160个字最佳。当然，这并不是绝对的，在说话时，我们还要把握适度的停顿和语速的变化，才会让我们的讲话丰富多彩，达到吸引别人的效果。

最后，要避免说话中的坏习惯，去掉口头禅。"不好意思"的人因为缺少交际，思维不够连贯，所以在平常跟人交流的时候，经常会出现"嗯、啊、那个、然后"之类的词语，这些我们在说话中反复使用的词语，就是口头禅。也许我们自己都没有注意到，但是与我们聊天的人对这些口头禅会十分敏感。而在谈话中不断重复地出现口头禅，会令对方感到烦躁不安，也会让我们的讲话变得单调乏味。所以，我们必须找出自己的口头禅，并加以克制。可以在讲话之前放松心情，想清楚自己究竟要表达的意思，然后顺利表达，减少不必要的坏习惯。

为了增强我们在与人沟通时正确使用声音的技巧，我们不妨自己随便说一段话，或者将自己打电话时的声音录下来。然后反复播放，听听自己的声音到底存在着哪些问题。如果发现自己的声音存在某方面的毛病，那么就要反复进行改正和练习，在以后与人讲话的过程中，也要时时提醒自己注意，最终掌握正确的发声技巧，让自己的每一句话都洋溢着演讲明星般的魅力。

3. 把陌生人变成知己的沟通技巧

在交谈中，话题的选择决定了沟通的结果。因为，我们不但能够从选择话题中看出一个人的品位，更可以通过选择合适的话题，创造良好的交谈氛围，快速拉近彼此的距离。

在与陌生人沟通的时候，不会说话的人经常在寒暄过后就不知该说些什么，让交谈陷入尴尬的沉默之中。而善于沟通的人总是能够在交谈中八面玲珑，不论遇到什么样的人，上至王公大臣，下至贩夫走卒，他们总是兴之所至，相见恨晚。

美国的第三十二任总统罗斯福，就是这样的应酬达人。他以知识渊博，善于交谈著称。无论是政治家、外交官还是牛仔、骑兵，罗斯福都能够找到恰当的话题与对方交谈。那么，罗斯福的善于交际是来自于他的天赋还是渊博的知识呢？其实，都不是。真正的答案是：当罗斯福要接待客人时，总是让秘书找来客人的资料，在充分了解对方的兴趣爱好之后，他会选择对方最感兴趣的话题与之谈论，往往让对方产生一种知音难求，相见恨晚的感觉。

在沟通中，我们虽然无法提前做好功课，但是却可以通过找到对方感兴趣的话题来让交流愉快顺畅。这样，不但避免了无话可说的尴尬，更可以在短时间内拉近彼此的距离。

耶鲁大学的教授威廉·菲尔普斯小时候十分喜欢帆船，甚至到了痴迷的程度。一次，他到自己姨妈家过周末，遇到了一位中年人。小菲尔普斯并不认识这个人，但是这位客人在跟姨妈寒暄过后，就主动和菲尔普斯聊了起来。那时的菲尔普斯只生活在帆船的世界里，很少同陌生人交流。但是，这位中年人却让小菲尔普斯一改往日的羞涩，竟然同陌生人滔滔不绝地交谈起来。原来，在交谈中，小菲尔普斯觉得这位中年人似乎对帆船也十分喜爱，所以两个人一直以帆船为话题，很快就成了忘年交。

小菲尔普斯依依不舍地送走自己的新朋友之后，他对姨妈说："真希望能够快点再见到他，他和我一样，如此地热爱帆船。"

姨妈笑着对菲尔普斯说："其实，他是一位纽约的律师，而且，对帆船并不是十分感兴趣。"

菲尔普斯大惑不解，问道："怎么可能呢？他一直都在跟我谈论帆船呢。"

姨妈摸着他的头说道："那是因为他是一位十分绅士的先生。当他觉得你对帆船感兴趣时，就会谈一些使你高兴的事。"

菲尔普斯恍然大悟，一直记得那位懂得交流的绅士，慢慢自己也成为了应酬达人。

在交谈中，话题的选择决定了沟通的结果。因为，我们不但能够从选择话题中看出一个人的品位，更可以通过选择合适的话题，创造良好的交谈氛围，快速拉近彼此的距离。

那么，在第一次见面时，我们并不知道对方的兴趣爱好，应该选择一些什么样的话题，切入正文呢？

明智的选择是从一些很随意的话题入手，比如天气和周围环境。虽然是些貌似可有可无的话，但是却可以消除暂时的尴尬，为进一步交流做好铺垫。

接下来，就可以谈论些比较有趣的话题，从而引导对方谈论自己的兴趣所在。比如刚上映的电影、流行的音乐，或者最新的股市动向、国际要闻等，几次交锋之后，我们就可以轻松找到对方感兴趣的话题，从而引导对方娓娓道来，我们只有认真倾听，和不时插入一些议论和提问就可以了。

如果话题选择得当，那么谈话就会像打乒乓球一样，有来有往。双方也会在交流中产生情感的共鸣。但是，在选择话题时一定要避开陷阱，因为并不是所有的话题在任何时间、任何地点都适合拿来公开谈论。如果不小心选择了不宜谈论的话题，不但会是双方陷入尴尬，而且会从此成为不受欢迎的人。

需要避开的话题陷阱包括：

1. 避免谈论对方的"敏感事件"和"隐私"。俗话说"当着矮人不说短话"，一个人的情感遭遇，或者身体缺陷等，都需要我们回避。因为这些都属于别人较为敏感的隐私，谈论这些话题会被对方认为不明事理或者举止粗鲁。在失去互相尊重的交流中，显然无法获得让人满意的结果。

2. 避免谈论别人的错误或背后的谣言。富兰克林在谈到他成功的秘诀时曾说："我不说任何人的坏话，我只说我所知道的每个人的长处。"所以，不论是背后还是人前，我们都要杜绝议论他人的短长。与人交谈时，不说其他人的坏话，也不传播无聊的谣言，自然会得到别人的尊重。因为谣言止于智者，君子不在背后论人是非。试想，一个喜欢在你面前搬弄他人是非的人，到了他人面前，怎么会对你口下留情呢？

3. 与女士交谈时，避免谈论对方的美丑与年龄等。当我们与女士交谈时，需要格外小心。因为赞美固然是与女士交谈的第一要领，但是也要真诚而适度。如果我们不小心谈论了对方敏感的话题：比如身材或者年龄，那么对方很可能将对自己的不满变成对你的不满，这样，就很难再回到融洽的气氛之中了。

4. 与陌生人交谈时，避免谈论对方衣服的质量与首饰的真假等。当我们与陌生人闲谈，已找到感兴趣的切入点时，一定不要拿对方的衣服饰品作话题，因为如果问及对方衣服品质、首饰真假等问题，会让别人难以回答，最后将自己陷入尴尬难堪境地。

5. 避免谈论有争议性的话题。比如宗教、政治、党派等话题，不适合在交情尚浅时谈论，因为这些话题很容易引起争论，最后导致双方僵持不下。尤其在少数民族朋友面前，不要过多地谈论生活习惯

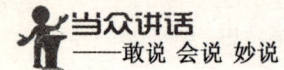
和宗教信仰；在外国朋友面前，不要过多谈论对方国家的政治和制度。

6. 避免哗众取宠的话题。有些人喜欢用荒诞离奇、耸人听闻甚至是黄色淫秽的话题来引起对方的注意，其实，这样只会降低自己的身份，从而失去真正的朋友。尤其在第一次见面的异性面前讲黄段子的人，在今后的交往中将很难得到对方的尊重。

7. 避免谈论无聊的话题。莎士比亚说："第一个把女人比喻成鲜花的人，是天才；第二个这样做的人，是白痴。"如果我们总是谈论那些老生常谈的话题，那么对方就会在心里想"又来了"，然后马上找机会离开。因为没有人喜欢在无聊的话题上，浪费自己的时间。

所有的话题陷阱，都会引起对方的不愉快而陷入尴尬；而所有合适的话题，都会让对方内心舒畅，侃侃而谈。所以，当我们与人沟通时，哪怕对方是初次见面的陌生人，我们也不需要感到手足无措。因为，虽然与我们交谈的陌生人，一开始并不愿意过多地吐露心扉，但是，当我们慢慢引导，学会引出合适的话题时，对方就会慢慢松下自己绷紧的神经，打开自己的话匣子，很快和我们成为无话不说的好朋友。

4. 一句赞美，万分力量

说话是一项技巧性十足的活动，而且其中有很多细节决定着你说话的质量和分量。注重这些细节的人，在说话的时候更能体现出自己的水平和魅力，也能让对方感到万分高兴。比如赞美，哪怕只是短短的几个字，就能让别人充满了力量！

在很多人的概念里，说话没什么难的，也没有什么大不了的，他们总认为说话是一件很轻松的事情！但是，说话和说话还是不一样的。有的人显得粗枝大叶，不注重说话的细节，即便是整体上说下来不让人烦，但也不能让人感到喜悦和兴奋；而有的人很讲究说话的技巧，把控细节很准确，因此得到别人的赞赏和喜欢，同时也让对方充满信心和力量！

那么，究竟怎样说才能达到让人喜欢的效果呢？事实上，说话的细节很多，比如赞美。在说话的时候适当的运用赞美的语言，能够让一个人忘记劳累，瞬间积聚振奋的精神；也能够在失败和困境中给予一个人站起来的勇气；同时它也是激发人们潜能的一种有效的方式！

因为赞美是对对方的肯定和鼓励，更是一种极大的精神安慰，让人们感到无限的充实和满足，这种充实和满足往往能够带给自己无限的动力，是任何方式都代替不了的。所以，我们在说话的时候一定要学会赞美，学会运用赞美给予别人动力、获得别人的好感，让我们的语言因为赞美而变得更加受人欢迎！

在一家快递公司里，一名见习业务员正在忙碌着。他每天从早到晚的忙碌着，有时显得筋疲力竭。

由于比较疲劳，这位业务员连穿戴也不讲究了。头上戴的帽子歪向了一边，工作服上也是污迹斑斑。他越干越觉得疲惫，慢慢地开始泄气了。同样的箱子，他感到越来越重，好像什么也干不好。面对一家客户三番五次的更换订单，他更耐不住性子了，他真想撂挑子走人！

这时候，有一位顾客把小费递到他的手里，笑着说："干得不错，你对我们的服务真是太周到了，谢谢你！"

突然之间，这位业务员的疲惫一溜烟就没有了，心情也变得格外好。慢慢地，他也学会了对别人微笑。后来，当老板问到关于工作的感受时，他回答道："挺好！"事实上，那位顾客一句赞扬的话让他像换了个人似的！

无论工作还是生活，人们都有疲劳的时候，即便是精力非常充沛的人也会困顿。这时候，人的工作效率就会降低，或者提不起精神！

而适当的赞美顿时就会让人精神焕发，重新恢复之前的动力，就像干枯的小草，经过充足的浇灌之后很快就会充满生机！因为在赞美中人们看到了自己的价值和自信，并且获得精神上的极大满足，当然会充满力量！

而赞美与批评的最大区别就在于，前者会给人力量，而后者只会让人更加"消沉"！所以，大家在说话的时候一定要注意这种赞美的作用，发挥它积极的力量，体现自己的讲话水平和技巧！

很多人都知道卡耐基这个人，尤其在国内营销界。可是关于他的小时候的一些事情，或许很少有人知道。

卡耐基小的时候，被人们公认为是个彻彻底底的坏孩子。在他9岁的时候，他的父亲为他找了一个继母。由于他的继母来自有钱人的家庭，而那时卡耐基还生活在贫困的农村，生活当然也很清贫。卡耐基的父亲一边向继母介绍卡耐基，一边说："亲爱的，以后你要注意这位全郡最坏的男孩，我面对他的时候已经是没有办法了！说不定什么时候他就胡做一些让你无法想象的坏事。"

出乎卡耐基意料的是，继母并不是那种看起来很苛刻、凶狠的人，而是微笑着向他走去，托起他的头认真地看着他。然后又回到丈夫身边说："你错了，其实他并不坏，他应该是全郡最聪明的孩子。只是暂时他还没有找到施展的地方！"听完继母的话，小卡耐基心里热乎乎的，甭提有多高兴了，几乎连眼泪都要流出来了！凭着这一句话，他决定要和自己的继母成为好朋友！

事实上，正是继母的这句话成为他一生的前进动力，为他后来创造成功的28项黄金法则提供了帮助，后来有千千万万的人从中获益！

在他的继母到来以前，可以说没有一个人夸赞过他，人们都认为他是一个调皮的坏孩子。但是，继母只说了一句话，便让他看到了自己的优点，找到自己的信心，成就了他的一生。后来，卡耐基成为美国的富豪和著名作家，同时也是20世纪最有影响的人物之一。

每个人都有自己的个性特征，思想和行为也完全不同，所以我们对待的方式也要因人而异。比如有的人面对批评会虚心接受，而有的人面对批评会更加"反弹"，使他们的内心受到更大的打击。而他们往往需要的只是一个肯定和赞美，一个能站在面前给予他们鼓励和安慰的话的人！所以，我们在说话的时候要学会运用赞美的语言，让对方拥有勇气和力量，也让自己的说话水平登上更高的台阶。

新学期刚开始，校长找到两位教师说："由于你们过去几年的教学工作很不错，大家一致认为你们是全校最好的老师。所以，算是一种奖励，我们特意挑了一些学生让你们来培养。不过，你们一定要记住，他们不是一般的学生，他们的智商比同龄的人要高。"校长临走的时候，又叮嘱道：你们在教学的过程中要像平常一样，千万不要让他们认为自己是被特意挑出来的，包括他们的家长也是一样。

从此以后，两位老师更加积极努力的教学了！

一年之后，这两个班级的学生成绩在全校是最突出的，甚至分数值都要比普通班的学生高出好几倍。

结果出来之后，校长不好意思地把这项实验告诉了两位老师："其实，学校所挑出的学生智商并不是最高的，你们两个也不是学校最优秀的老师，只是随机挑到了你们俩！"两位老师怎么会想到这些呢，他们只会庆幸自己的教学成果！

正是学校把这种期待传达给了两位老师，而两位老师对学生又有同样的期待，所以老师和学生才会产生无形的动力，发挥出自己最大的潜能，创造出奇迹！事实上，这种企盼是把心中的一种愿望转化为现实的心理，产生一种积极的推动作用。原来每一个人都有可能成功，但最终的结果受到一个重要因素的影响：就是你周围的人是否像对待成功人士那样爱他、期望他、教育他。

人们说话是为了表达清楚自己的观点和想法，而赞美是让对方了解到自己思想的同时，获得勇气和力量的语言展示！不但不会让人感受到压力，反而是无穷的动力，甚至还会因此而创造出奇迹！事实上，人们的潜能往往处在"未激活"的状态，所以很多有潜能的人在

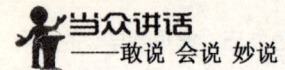

未开发以前会显得平庸无奇，而一旦遇到了"催化剂"立刻潜能就被激发，表现出超强的能力！

其实，在很大程度上，赞美就是一种"催化剂"，给予人们动力和勇气，让人们充满自信和力量，并作出不平凡的业绩！就像故事中说的一样，正是得到了校长的认可和赞美，本来表现平平的两位老师却能创造出让人惊喜的成绩，甚至连他们自己都觉得不可思议！事实上，因为他们得到了别人的认可和支持，才会竭尽全力、全身心投入其中，激发出自己的潜能并创造出奇迹！

所有的这一切都证明了赞美的力量是无穷大的，它不是一种简单的恭维，更不是一种虚伪的奉承，而是一种实实在在的说话技巧、充满真诚的肯定和鼓励！在说话的时候，如果我们适当的运用赞美的语言，不仅能让对方感受到自己的价值和意义，而且还能增强对方的信心和勇气，同时也可以体现出自己说话的水平和能力！尤其在当众讲话的时候，赞美更是不可缺少的，这样做一方面可以让大家心情更加愉悦，另一方面也能让自己的讲话更受欢迎！

5. 好钢用在刀刃上，好话说到人心里

真正的赞美绝不是阿谀奉承、溜须拍马，那样只会得到别人的鄙视和厌烦。因为人在渴望被赞美的同时，也有相当的自知之明。所以，只有名实相符的赞美，才能把话说到对方的心里去。

我们都知道赞美在沟通中能够起到非常良好的效果，但是，赞美一定要讲究方法和技巧。不但要赞美到点子上，还要把好话说到人心里。

事实上，世界上没有人对赞美自己的话无动于衷，人人都爱听好

话，只不过有人会赞美他人，有人不会赞美而已。大文豪萧伯纳曾说过："每次有人吹捧我，我都头痛，因为他们捧得不够，捧得不对。"可见，"高帽子"是人人爱戴的，关键是赞美的人能不能抓住对方的"闪光点"，能否找准时机而已。

袁枚是清朝的大才子，年纪轻轻便考取了进士，并被外放去做县长，这对于普通人来说，是难以想象的人生好运。

袁枚的老师是名臣尹文端，在当时，他的严厉正直是出了名的。当袁枚来向他辞行的时候，尹文端便一脸严肃地问他："你年纪轻轻，就出去做地方官，给一方百姓做父母，你可有什么主意呀？"

袁枚不卑不亢，恭恭敬敬地回答说："老师啊，具体的事情要到了任，了解了当地的情况再说。但是，主意我却是有了一个，我已经准备了一百顶高帽子，见人就送一顶出去。"

老师听了很不高兴，脸上露出了严厉的神情，训斥道："我交给你的是孔孟之道，你怎么学出这些钻研的手段来，年纪轻轻的就讲出这个话？"

袁枚一脸委屈地说："老师啊，现在社会上的人，哪有一个不是喜欢戴高帽子的呢？我也是逼不得已啊。如果所有人都像老师一样，我也就不需要这样做了。"

尹文端一听，缕着胡须说道："你说的倒也有些道理，但是终究不可以这样做啊！"说罢，就让袁枚退下去了。

袁枚从老师那里出来以后，同学们都围上来问他怎么样，老师有没有教训他。袁枚笑着说道："我准备的高帽，已经送了一顶出去了。"

袁枚的一顶高帽，摆平了严厉刻板的老师。在接下来的仕途中，他把自己的区域治理的井井有条，相信那些剩下的高帽也发挥了不小的功劳。

但是，真正的赞美绝不是阿谀奉承、溜须拍马，那样只会得到别人的鄙视和厌烦。因为人在渴望被赞美的同时，也有相当的自知之

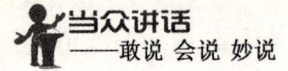

明。所以，只有名实相符的赞美，才能把话说到对方的心里去。

曾国藩被后人尊称为"曾文正公"，不仅因为他的功绩卓越，更因为他为人正直。一天晚饭过后，曾国藩与几位幕僚闲谈，不免提起时事与当今天下的英雄。

曾国藩说道："彭玉麟、李鸿章都是大才，为我所不及。我可自许者，只是生平不好谀耳。"曾国藩谦虚地说，自己比不上彭玉麟和李鸿章，但是自己有一个优点，就是不喜欢别人溜须拍马。

于是，一个幕僚接口说道："各有所长，彭公威猛，人不敢欺；李公精明，人不能欺。"幕僚的意思是，彭玉英用威严使人不敢欺骗他，李鸿章靠精明让人没法欺骗，唯独没有谈曾国藩。

曾国藩就开口问他说："那么，你们以为我怎么样？"

幕僚们一时不知道该如何回答，因为曾国藩刚说过自己不喜欢溜须拍马，如果直言赞美，会马屁拍在马腿上；可是如果不能突出曾国藩的本事，反而显得曾国藩不如彭玉麟、李鸿章这两个晚辈。于是大家都低头沉思，默不作声。

这时，忽然有一个声音说道："曾帅是仁德，人不忍欺。"大家看过去，只见是一个管抄写的年轻人，众人听了他的议论，无不拍手叫好。

曾国藩脸上也露出了欢喜的神色，并连忙谦虚地说："不敢当，不敢当。"

等年轻人退下后，曾国藩向他的幕僚问道："刚才那个答话的年轻人是谁？"

幕僚回答说："这个年轻人祖籍扬州，平时办事也还算谨慎。"

曾国藩点头说："此人有大才，不可埋没。"

后来，曾国藩升任两江总督，派那个年轻人到扬州当了盐运使。

曾经负责抄写的年轻人最终得到了扬州盐运使的肥缺，他的平步青云，一定与当年得体的赞美不无关系。所以，我们可以说，在这个世界上，赞美是无往不胜的武器。但是，要想真正发挥赞美的威力，还需要掌握赞美的技巧。

技巧一：因人而异。

每个人都是世界上独立的个体，每个人都为自己的独特而感到自豪，所以，我们的赞美也要因人而异。比如男人喜欢别人称赞自己的胸襟和男子气概，女人喜欢别人赞美自己的品味和柔美风情；老年人希望别人记得自己当年的成就，年轻人希望别人看好他们今后的前途；商人最骄傲的是自己积累的财富，政客最骄傲的是自己掌控着大局。所以，只有因人而异的赞美，才能真正打动别人的内心。

技巧二：真心实意。

赞美之所以被很多人排斥，是因为人们不喜欢听到假话。所以，对于那些无根无据的赞美，人们称之为阿谀谄媚、溜须拍马。其结果往往是马屁拍在马腿上，不是被人认做小人，就是被人当成讽刺。所以，只有真诚的赞美，才会让人听后心里舒服。

技巧三：有的放矢。

赞美一位女士天生丽质，不如赞美她新做的发型；赞美一位男士事业有成，不如赞美他刚买的鞋子。因为，只有我们和被赞美对象关注的是同一件事物的时候，我们所说出的话，才是对方心里最想听到的话。

技巧四：适可而止。

赞美的效果往往与赞美的长度成反比，也就是赞美的话说得越少，越容易让人产生喜悦。所以，我们的赞美应该一步到位，适可而止。试想，又有谁会对长篇累牍的溢美之辞认真对待呢；但是在交谈中偶尔的真情流露，却十分容易打动人心。

技巧五：雪中送炭。

很多人在成功之后不喜欢听到赞美，并不是因为别人赞美的话有问题，而是赞美的时间出现了错误。在尝过世态炎凉的成功人士面前赞美他们的成绩，往往会被反问道："在我成功之前，怎么没听你这么说？"所以，最有实效的赞美不是"锦上添花"，而是"雪中送炭"。

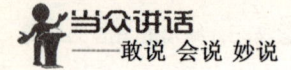

对于那些处在逆境中的人，我们的一句赞美，一句鼓励，很可能就是他把梦想坚持下去，对未来抱有一丝希望的全部动力。

所以，懂得沟通技巧的人都不会吝惜对别人的赞美之词。而学习赞美的技巧不是让人圆滑世故，真诚地赞美别人也不是曲意逢迎。赞美，是我们在与人交谈中让彼此沟通融洽的一条捷径，可以让我们迅速融入这个世界；赞美是与人成功沟通的一份催化剂，能够帮我们赢得更多人的友谊。

6. 理清"正反话"的头绪

说话即是一件平常的事情，又是充满奥秘的智慧。在很多种说话的方式中，有的从正面说，表达的却是反面的效果；有的从反面说，传达的却是正面的一味。一个人只有把这些"正反"理解清楚了，才能更好地展示嘴上的"功夫"，明晰话语的指向！

其实说话是有很多讲究的，只要你注意留心就能发现这其中的奥秘。的确，不同的交际场合当中，人们可以"正话正说"、"反话反说"、"正话反说"以及"反话正说"……另外，在这些不同层次和方式当中尤其要注意"正话反说"和"反话正说"潜藏的细节，只有理解透了这些，我们才能更好地分析别人的意思，更好地把自己的意思向大家表达清楚！

比如有的人当着众人的面把别人夸赞了一番，某些时候是出于真心实意，而有的时候看似有恭维的意思，实质上是在有意无意地"讽刺"和"嘲笑"！同样，一些人总是在不停地抱怨对方怎么样怎么样，尤其是对自己最亲近的人，很多时候并不是真正地抱怨，而是对爱的另一种表达和呵护！因为他们相互关心，所以才会有更多的要求。所以，听着他们好像在不停地责备对方，实则是"正话反说"，嘴上不满意，心里却依然美滋滋的！

因此，弄明白对方的语言指向哪个方向，能够更好地帮我们理解和说话，在必要的时候或者不方便直接表达的场合，借助这些说话的方式可以让我们更加得心应手！

李清是一所小学的教师，由于刚刚毕业，还是年轻的大学生，以前在学校时课程比较少，没事时就喜欢到外面逛逛！现在他成了一名老师，可在大学时的生活习惯依然没有改变过来。于是，他经常不是迟到，投入到工作中的时间不够多，教学质量出现问题，学生的整体成绩普遍下滑！

刚开始校长还没有太在意，认为李清是一位刚刚毕业的学生，需要给他一定的时间去适应。可是，天长日久大家李清还是思想没有改变，校长决定找一个适当的时机给李清上一堂"教育课"。

在一次表彰大会上，校长找到了合适的机会。在表扬了其他老师之后，校长开始对李清进行"表扬"。校长面带微笑地说："前面我表扬了一部分老师，最后我还要特别提到李清老师。其实啊，李老师还是比较优秀的，也值得表扬，尽管平时出现这样那样的问题，毕竟是刚毕业嘛，这有什么啊，好玩是人的天性，这说明人家年轻有活力，像咱们这些上了年纪的，想玩都没有那份精力了，大家说是不是啊？"校长依然面带微笑，继续说道："至于说学生成绩上不来，也没关系，一天不行用两天，两天不行用一个月……咱有的是时间，你看李清老师一点儿都不急，这叫心理素质好。像李老师这样耐得住性子、稳扎稳打的人才能走得更远，大家说是不是啊？"

一席话过后，李清明显听出来校长的"褒奖"之中满是责备，只不过他是"反话正说"，让人听起来好像是在肯定和鼓励，但又找不到辩解的理由，不动声色地指出了自己的缺点，还让自己心服口服！

想要批评一个人，但是又要给对方留足面子，尤其当着大家的面，更不能让对方下不了台！这时候，如果你不顾一切地把对方的缺点和不是全部"揪"出来，那么势必会引起他的内心的愤怒，不但起不到相应的效果，还会让对方气急败坏，甚至"破罐子破摔"，更加不利于事情的发展！

这时候，运用"反话正说"的语言技巧，恰到好处地切中要害，表达的"不深不浅"，不仅让对方无理可挑，而且还能让他自己认识到自己存在的问题，既保住了颜面，又能促进以后的工作提升！

在大学的女生宿舍里，大家正在起哄，让其中一个女孩讲讲今天与自己的"王子"的故事。自从小倩最近坠入了爱河开始，她们的宿舍就多了一个话题，成为熄灯后的必备功课！

几个月过去了，小倩开始向室友抱怨："唉，那家伙太不善解人意了，我今天有很多心事儿，但是他竟然没有看出来，只顾自个儿吃饭！""更过分的是，他竟然说我耽误他学习……"小倩接着说。总之，张倩一直在说她的"王子"怎么不爱干净，怎么不够帅等等。

后来他们都毕业了，室友有的去了别的大城市，而小倩早早地就结婚了，选择在上海定居。婚后她依旧向自己的室友在电话里抱怨："那家伙太不像话了，只顾忙工作，一天到晚都不理人家！还不如没有他呢！更令我头疼的是，他喝醉之后连脚都不洗，脏死了……"

一个偶然的机会，张倩因为工作的原因和以前的室友又见面了。她们在一起吃饭，聊天，很是开心。然而，让室友惊奇的是，张倩再也不像以前那样爱抱怨了，本以为她变得成熟了，而她却说："其实我们已经分居了，很快就会签离婚协议！"

她接着说："其实你不知道，当年我之所以有那么多的抱怨，是因为我爱他够深，我越是数落他某方面的不是，就越能想起他的好……"

"现在我才彻底地明白，原来内心的抱怨也能成为一种美好和幸福，当真的再也没有了抱怨，事实上一切牵挂都不存在了，一切的感情也已消失！"张倩有点伤感地说。

在很多人的印象当中，抱怨总是消极的，总是会带给人们痛苦的。事实上这并不是绝对的，并不是所有的抱怨都带着消极和痛苦，很多人宁愿把幸福用抱怨的形式表达出，这恰恰证明了他是多么的愉悦和满足，同时也是在向别人表达自己的拥有，分享自己的快乐！之所以这样抱怨，就是因为在内心里还深深地在乎着，任何人都不会抱怨和自己毫不相干的人或者事！当有一天不再抱怨了的时候，反而内心会感觉到空虚和失落，因为内心的幸福已经丢失了！人生在世，一定要守护好这仅有的抱怨、守护好这仅有的美好！

这就是"正话反说"的作用，乍一听满腹的抱怨和牢骚，实则是借这种"委婉"的方式吐露心中的理想和要求！很多人听不明白的还以为对方是在真生气，如果是对着自己的牢骚，则表现得非常不高兴，这样就会让对方感到无比的委屈，因为本来只是一种对幸福的表达和要求，结果你那么不解风情，无疑会影响氛围！倘若不是对着自己的，一旦你表现出关心和安慰，就会引起对方的"嘲笑"，认为你连这些都听不出来，更显得缺少情调和说话的技巧。事实上，如果你真的听不出来的话，确实也是你对当众讲话的不了解、不熟悉。那么，可以肯定的是在关键的时候你也不懂得怎么去运用，降低说话的水准和分量，显示不出来说话的技巧！

所以，我们不仅要理解清楚什么是"正话"，什么是"反话"，而且还要学会恰到好处地运用这些说话的技巧，让自己处于有利的地位，让自己的语言展示出魅力，让自己当众讲话的时候更受大家的欢迎！

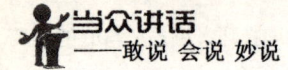

7. 批评也能让人心怀感激

在与人沟通时要想掌握批评的艺术，首先需要我们学会尊重别人。不论对方是自己的学生、下属，还是亲生骨肉，只有在艺术的批评之下，我们才能消除对方的抵触情绪，减少对方的畏惧及逆反心理，这样，才能让彼此之间的沟通没有障碍。

很多时候，我们作为家长或者领导，在与自己的孩子或者下属沟通中需要给予适当的教育和引导。当他们犯了错误的时候，为了帮助他们改正，批评也是在所难免。但是，刺耳的批评有时候不但不能起到帮助对方改正错误的效果，还可能让他们在错误中越走越远，最终误入了歧途。

懂得沟通技巧的人会在批评的外面裹上一层糖衣，因为他们懂得，批评并不是责骂和发泄，批评是一种严厉的爱。所以，在批评别人的时候一定要讲究批评的艺术，这样才能对别人进行艺术地批评。

陶行知先生是我国近代史上的著名教育家，"捧着一颗心来，不带半根草去"就是他的名言与写照。

有一次，担任校长的陶行知先生看见一个调皮的学生用泥块砸同学，他马上喝令那个同学停止，并让他放学后到校长室去一趟。

放学后，陶行知走进校长室时，看见那个调皮的学生已等在门口了。陶行知笑着走上前去，从兜里拿出了一颗糖，递给他说："这颗糖是奖给你的，因为你是一个准时的学生，我却迟到了。"

本来准备挨训的学生瞪大了眼睛，不知所措。这时，陶行知又从衣兜里掏出了第二颗糖，递到学生面前说："这第二颗糖也是奖给你的，因为你是一个听话的学生。我让你停止打人时，你立即就停止了。"

学生的眼里翻出了泪花，正不知该说什么的时候，陶行知又掏出第三颗糖，说道："我调查过了，你是因为那些男生欺负同学才用泥块砸他们的，这说明你很善良，而且很有勇气。所以，这颗糖是奖励你的善良与勇气的。"

此时的学生已经泣不成声了，一把鼻涕一把眼泪地说道："陶校长，我错了，无论如何我也不应该砸自己的同学。陶校长，我知道错了，你打我两下吧。"

陶行知一面欣慰地笑着，一边用手擦拭着学生脸上的眼泪，同时手里掏出了第四颗糖，对学生说："这一颗糖是奖励你正确地认识了自己错误，希望你以后能够记住。我的糖没了，我看我们的谈话也该结束了。"说着，陶行知把糖塞进学生手里，看着他离去了。

对于犯了错误的男孩，陶行知没有一句责骂，没有一点非难，他有四颗糖唤醒了男孩心中的良知，用奖励对学生进行了心灵深处的批评。

由此我们可以看出，在与人沟通时要想掌握批评的艺术，首先需要我们学会尊重别人。不论对方是自己的学生、下属，还是亲生骨肉，只有在艺术的批评之下，我们才能消除对方的抵触情绪，减少对方的畏惧及逆反心理，这样，才能让彼此之间的沟通没有障碍。

巴西足球运动员贝利被人们称为"黑珍珠"，是公认的世界球王。和其他的巴西少年一样，贝利从小酷爱足球运动，并在很小的时候就显示出超人的足球天赋。

有一次，刚刚参加完足球赛小贝利身心俱疲，累得喘不过气来。休息时，小伙伴们掏出了香烟，享受着赛后的轻松。小贝利也接过了伙伴递过来的一支烟，得意地吸起来。他嘴里吐出一缕缕烟雾，似乎疲劳也随之烟雾一起烟消云散了。

在一旁给儿子加油的父亲看到了这一切，但是他并没有当面就给贝利难堪。而是等到晚上，把贝利叫到自己的书房，问道："贝利，你今天在球场上抽烟了？"

小贝利想起了白天的事情，意识到了自己的错误，红着脸说道："是的，我抽烟了。"

父亲看着准备接受训斥的儿子，并没有发火，而是平静地说："孩子，你现在踢球很有天赋，我相信你将来一定会有出息的。但是，抽烟会损坏你的身体，使你在比赛时发挥不出应有的水平，最终你也就失去自己的天赋了。"

听了父亲的话，小贝利深深低着自己的头，不敢跟父亲有目光的接触。只听见父亲更加语重心长地说："作为父亲，我有责任教育你向好的方面努力，也有责任制止你的不良行为。但是，我也要尊重你的选择。是向好的方向努力，还是向坏的方向滑去，完全由你自己来决定吧。"

小贝利的眼圈已经红了，嗓子哽咽着，说不出话来。这时，父亲接着说道："孩子，你已经懂事了。你觉得抽烟对你来说重要呢，还是做个有出息的运动员对你来说更重要呢？这一切都让你自己来选择吧！"

说着，父亲递给贝利一叠钞票，并告诉他，如果他想要抽烟的话，可以用这些钱去买烟抽。之后，父亲便离开了书房。

小贝利望着父亲远去的背影，泪水夺眶而出。最后，他拿起桌上的钞票还给了父亲，并坚决地说："爸爸，我再也不抽烟了，我一定要当个有出息的运动员。"

从此以后，贝利一心要做一名有出息的运动员，把全部精力都用在足球上，技术飞速提高。15 岁时，他参加桑拖斯职业足球队；16 岁时，他进入巴西国家队，并成为世界足球史上的一个神话。在贝利的一生中，虽然收获了足够的名誉与财富，但他再也没有抽过一根烟，因为他牢牢记住了父亲的教诲。

贝利的父亲在批评自己的儿子时，晓之以理，动之以情，最终才有了日后的世界球王。只有被批评者能够感受到我们内心的爱意时，他们才能够被我们的语言所感动；只有我们能够把批评变成爱的语言时，我们的批评才能够永远地起作用。所以，为了掌握批评的艺术，我们必须先学会批评的技巧：

1. 在开口批评对方之前，一定要充分掌握事实，准确地了解情况。只有这样，才能做出正确的批评，也只有这样的批评，才能够让对方乐于接受，心服口服。如果我们只是因为一时气愤，在没有弄清楚事情真相之前，就根据自己的主观臆断盲目批评；或者根据一些道听途说来捕风捉影。那么，不但不能分析清楚对方犯错误的心理，恐怕连问题的关键都把握不住，甚至批评错误了人。最终不但不能将问题解决，反而会更加添乱。

2. 在掌握事实之后，采取批评之前，还要选择合适的场合，顾全对方的体面。毕竟批评的目的是为了让对方改正错误，而不是对别人进行公开的审判。而且，如果不能在批评中顾全对方的体面，不仅达不到批评的目的，还很可能造成破罐破摔，把对方逼到相反的路上去。所以，我们不能在公开场合批评别人，给人家难堪。更不能当着错误的一方批评另一方，让人家颜面受损。而是应该尽量选择对方心情比较缓和的时候，找一个没有外人打扰的地方，再做推心置腹的批评。

3. 选好时机地点之后，进行批评时还要注意分寸。很多人在犯错误之后，已经意识到了自己的错误。所以，我们的批评也应该适可而止。因为，批评就像用药一样，如果少了，则不足以去病；但是如果多了，也会对人体造成危害。所以，当我们的批评已经让对方认识到了自己的错误，并且表示自己要改过自新。那么，我们就应该马上停止批评的话语，而是转为对他的鼓励和肯定：鼓励他将来做出一番成绩，肯定他的态度和成绩，这样才能收到批评的效果。

4. 在对别人进行了批评之后，还要记得缓和氛围。通常情况下，被批评的人会有如下几种表现：第一种人完全接受批评，决心改正自己的缺点和错误；第二种人因为批评而产生了抵触情绪，与批评自己的人势不两立；第三种人则开始个人情绪消沉，被批评打击了自己的信心。所以，针对这三种人的不同表现，我们需要采取不同的措施来使紧张的氛围变得缓和：对于第一种人，他们既然能够接受批评，我们就应该再给他们一次机会，对过去的事情既往不咎；对于第二种人，他们的情绪抵触，很大一部分来自我们的批评不得法，所以我们要自我反省，努力用自己的诚意去感化对方；对于第三种人，他们的情绪消沉很可能会影响到他们今后的人生之路。所以，我们在接下来要多关怀，多肯定他们，让他们快点走出阴影，重新找回自信。

在与人沟通中掌握了批评的艺术之后，我们就可以做到说话巧妙而又不伤害双方之间的感情了。因为如果我们的批评发自内心、方法得当，那么对方一定会虚心接受、改过自新的。在每个人都用爱去感化对方的世界里，人与人的关系是积极而融洽的。

———第十章———

说服技巧，让别人为我所用

1. 先动之以情，再晓之以理

懂得"巧说"的人在说话时就像高超的厨师能够根据不同人的不同口味严格地掌握调料的多少，火候的大小，出锅的时间一样；高超的谈话者也要能够掌握谈话内容的详略，根据交流对象选择适当的方式，准确把握讲话的时机，让对方的心无法不被打动。

说服别人不是一件简单的事，关键是看你能否把话说到对方心坎上。这就要求我们在说话之前先了解对方的内心，然后再用语言打动对方，达到说话的目的。很多时候，我们所说的话之所以会被拒绝，并不是因为我们要求的事情本身出了问题，而是因为我们的语言没有打动别人的内心。

想让别人接受我们的请求其实比有些人想象中的容易，有的人可以通过道理说服，有的人则可以通过说情感动。如果我们学会了动之以情，晓之以理的说服方法，那么，无论做什么事情都可以水到渠成，信手拈来了。

在《战国策》上，记载了一个《触龙说赵太后》的故事。事情大约发生在赵孝成王元年也就是公元前 265 年左右。当时的孝成王年级尚幼，所以由太后执政，也就是历史上赫赫有名的赵威太后。此时的赵国正处于新旧交替之际，国内动荡不安，势力大不如前。于是，秦国趁机挥兵东下，攻占了赵国的三座城池。赵国只好向当时的另一个强国齐国求援。齐国虽答应出兵，但提出了一个条件：要求赵太后把她的幼子长安君送到齐国做人质。

赵太后因为心疼自己的孩子，所以拒绝了齐国的要求。大臣们纷纷劝谏，也被赵太后挡回，并明白地告诉身边的人说："如果再有人来劝说我把长安君送到齐国去做人质，就别怪我不客气了。"原话是："有复言令长安君为质者，老妇必唾其面。"

这下可急坏了赵国的群臣，只好请当时的左师公触龙先生出马。为了挽回亡国的局面，触龙老先生只好亲自求见太后。太后知道触龙是替大臣们来做说客，于是就气势汹汹地等着见他。

谁知触龙老先生半天才来到太后面前，并道歉说："我现在老了，腿脚也不利索了，所以有日子没来看望您了。但是又担心太后的贵体有什么不舒服，所以特意来看看您。"

太后看看老态龙钟的触龙，觉得大家都一把年纪了，就说："我腿脚也不方便了，平时全靠坐车走动。"

触龙老先生就接着问："您现在的饮食怎么样啊?"

太后回答说："每天吃点稀粥罢了。"

于是，触龙就对太后说："到了我们这个年纪，难免没有胃口。我每天都要坚持锻炼，快步走上三四里，慢慢地也还能吃下些东西。"

太后感慨说："这个办法虽然好，可是我却做不到啊。"说罢，脸上也就没有了刚才的严肃神情，像是两个拉家常的老人一样神情放松了。

这时，左师触龙突然说道："我其实有一件心事想求您帮帮忙。我现在老了，唯一放心不下的就是我的小儿子舒祺，他不成才，我希望在您这走个后门，把他安排在保卫皇宫的卫兵里头吧，我也就了了一桩心愿。"

赵太后听他这么说，便答应了，又问道："男子汉大丈夫也会偏心疼爱自己的小儿子吗？"

触龙说道："您不知道啊，男人疼起小儿子来，比妇女还厉害呢。"

太后听了笑着说："怎么可能，妇女才更厉害呢。"

触龙故意做出一脸惊讶的样子说："是这样吗？我怎么觉得您疼爱您的女儿燕后远远胜于疼爱您的儿子长安君呢？"

太后说："那你可是看错了。我疼所有的孩子都不像疼爱长安君那样厉害。"

触龙还故意装傻，问道："父母越心痛自己的儿女，就应该越为他们做长远的打算。当年您送自己的女儿出嫁到燕国的时候为她哭泣。可是，等她出嫁以后，您虽然十分想念她，但还是经常祷告说：千万不要让她回来啊。您这样做，难道不是希望她生育的子孙，代代相传地做燕国的国君吗？"

古代女子出嫁，除非被休，不然是不能回娘家的。所以赵太后祈祷女儿不要回国，是希望她永远留在燕国做皇后。于是太后承认说："是这样啊。"

触龙见时机差不多了，就进一步问道："从这一辈往上数，三代以前赵国君那些被封侯的王孙公子们，他们的子孙还有能继承爵位的吗？"

赵太后回答说："没有了。"

触龙有问："那么，除了赵国以外，其他诸侯国被封侯的王孙公子还有人能够继承祖上的爵位吗？"

赵太后想了想，说："我不太清楚，但是没听说还有能够继承的。"

这时，左师公触龙才说："这些国君的子孙就一定不好吗？为什么他们一个个不是被杀就是失掉了爵位呢？其实都是因为他们地位尊贵却没有功勋，俸禄丰厚却没有功劳造成的啊！您现在疼爱自己的小儿子，把长安君的地位提得很高，又封给他肥沃的土地，给他很多珍宝，可是一旦您有个三长两短，难道他将来就能够不走别人的老路吗？现在有机会让长安君为国立功，您却阻止，将来的长安君又凭什么在赵国站住脚呢？依我看来，您不为长安君做长远打算，所以我觉得您疼爱他远远不如疼爱燕后呢。"

赵太后听了触龙的话，恍然大悟，只好说："您说的有道理啊，我就把长安君交给您了，你任意派遣他吧。"

于是，赵国就答应了齐国的要求，把长安君送去做人质。齐国马上派出了救兵，解决了赵国的燃眉之急。

在如此强硬的赵太后面前，触龙能够说服她把自己最疼爱的儿子送去做人质，绝不是出于侥幸，而是充分把握了说话的时机，步步为营，最终达到了目的。在刚一见面时，触龙选择了动之以情的说服方法，他倚老卖老，跟赵太后拉起了家常；紧接着借为自己小儿子走后门的事情，提起了父母对子女的疼爱。在情感沟通到位之后，触龙开始了巧妙地说理过程，他装作说赵太后爱女儿胜过爱儿子，并用诸侯国的继承人无法继承爵位来佐证，终于说服了赵太后。试想，如果触龙也像其他大臣一样单刀直入，没有动之以情；或者在后来的谈话中说理不清。那么，恐怕他不但说服不了倔强的太后，自己也要被"赏赐"一脸口水了。

所以，情理并用这种说服方法，可以说是双管齐下，为成功说服加了一套保险。这种方法，说理要说得充分，让人信服，讲情要讲得真诚，让人感动。我们在说话的时候，也要先分析对方的心理，然后对症下药，让对方于情于理都不得不被说服才行。懂得"巧说"的人在说话时就像高超的厨师能够根据不同人的不同口味严格地掌握调料的多少，火候的大小，出锅的时间一样；高超的谈话者也要能够掌握谈话内容的详略，根据交流对象选择适当的方式，准确把握讲话的时机，让对方的心无法不被打动。在说服中，只有抓住了对方的心理，才能够在对方面前畅所欲言，挥洒自如的同时，让对方被我们的语言说服。

2. 气氛轻松，说服方便

会"巧说"的人不但懂得怎样用自己的语言去攻击对手的心理防线，更懂得用自己的态度去创造一个轻松的谈话氛围。这样，不仅让彼此在谈话过程中避免了尴尬，更为自己成功地说服对方提供了很多方便。

在巧妙地说服别人时，除了语言要合情合理、打动人心之外，把握好谈话的气氛也很重要。如果不能够化解说服时的尴尬气氛，让对方感觉到温暖，那么，我们的说服很可能不会成功。

最好的说服气氛就是一种轻松、幽默的交流状态。尤其是我们要说服的对象是自己的好朋友时，不妨用玩笑的心态去说服对方。

中央电视台的主持人崔永元，他在宣布大型历史纪录片《我的抗战》在搜狐网独家开播后，在发布会准备期间多次邀请姜文导演前来助阵。但是姜文当时正忙着拍摄《让子弹飞》这部电影，没有时间来到发布会现场，所以就多次拒绝了。

当崔永元的朋友得知这件事情之后，都觉得姜文太不讲义气了，不够哥们，让崔永元找机会责问一下姜文。原来，崔永元和姜文都来白河北唐山，既是老乡又是多年的朋友，姜文多次拒绝了崔永元的邀请，难怪朋友们都这样责怪姜文。

在发布开始的前一天，崔永元又再次拨通了姜文的电话。崔永元在电话中调侃道："老兄，《我的抗战》发布无论如何你都得来呀！"

姜文说："我要是不来呢？"

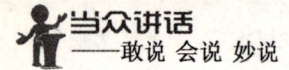

崔永元回答道："你要是不来，我就'让子弹飞'！"

崔永元用自己的睿智在谈判中"威胁"了一下姜文，姜文被崔永元的睿智和诚意折服了，最后欣然参加了这场发布会。

崔永元在受到姜文多次拒绝后，并没有恼羞成怒，而是再次给他打电话，再次受到拒绝后他没有把话说绝，而是机智地跟对方开起了玩笑。不但让对方有了尊严和余地，还达到了自己的目的。所以，我们在说服别人时，也可以用一种玩笑的心态，在轻松的氛围中，达成我们所希望的目的。

所以，对于懂得"巧说"的人来说，说服别人并没有我们想象的那么可怕，只是需要一点勇气、一点经验和一定技巧就足够了。但是，在说服别人之前，一定先要让自己的心态放松下来，不然只会在说服别人之前，先被别人说服。

海耶斯是美国俄亥俄州的著名演说家，在一次演讲中，他说起了自己年轻时的一件故事。那时候，海耶斯仅仅是一个实习推销员，他对业务并不熟悉，见到顾客就慌里慌张。还好有一位经验丰富的老推销员带着他，让他学会了说服别人的窍门。

一次，海耶斯跟着自己的师傅去自己的市场区域推销收银机，他们刚走进一家小型超市的门口，老板就向他们喊道："我对收银机没兴趣，你们还是去别的地方推销吧！"

海耶斯当时被吓得慌了神，而那位老推销员却靠在柜台上，大声地笑了起来，好像刚听到的并不是老板的拒绝，而是一个好笑的笑话一样。

超市老板莫名其妙地瞪着他，问道："你笑什么？"

老推销员半天才停住笑声，充满善意地对老板说："我的朋友，您让我想起了另一家超市的老板，他也这样对我说过，可是后来他却成了我们最好的用户。"接着，这位老推销员开始轻松地介绍起收银机的好处。

超市老板仍然不时打断他，表示自己对收银机没兴趣。但是，每次遭到拒绝，老推销员就会哈哈地笑起来，然后又说一个故事，故事的内容都是说他亲身经历的某位先生在表示不感兴趣之后，买了一台新的收银机。

年轻的海耶斯站在一边，感到十分窘迫，他一边觉得自己和师傅像个傻瓜一样赖在人家店里被客人笑话，一边又担心超市老板会失去耐心那他们赶到大街上。可是他又不敢阻止自己的师傅，任由他在那里哈哈地笑着，把超市老板的每一次拒绝都转变为他对有趣往事的回忆。

令海耶斯没有想到的是，那位超市老板居然被说服了，同意购买一台收银机。于是，海耶斯赶紧出去搬进一台崭新的收银机，并向老板详细介绍了收银机的使用和保养方法。

在讲完这个故事之后，海耶斯说道："直到今日，那位老推销员的圆胖身材，哈哈的笑声，还在我的眼前、耳旁。正是这个师傅教会我说服别人的窍门，带我度过无数次尴尬的场合，并提醒我轻松地去工作。"

故事中的老推销员在推销产品之前，首先推销的是他自己。他用轻松和幽默使超市老板感受到他不仅是位经验丰富、业务精湛的推销员，而且是一位轻松幽默、和蔼可亲的朋友。最终，这位来推销员凭着自己创造出来的轻松气氛，成功地达到了说服的目的。由此可见，会"巧说"的人不但懂得怎样用自己的语言去攻击对手的心理防线，更懂得用自己的态度去创造一个轻松的谈话氛围。这样，不仅让彼此在谈话过程中避免了尴尬，更为自己成功地说服对方提供了很多方便。

所以，当我们试着去说服别人之前，先要放下因为害怕尴尬而产生的紧张感，用幽默营造出轻松的气氛，这样才能够让别人在笑声中接受我们的建议。因为，制造出良好的气氛就已经说服了对方的一半，而另一半，则需要运用一些技巧。

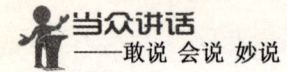

3. 逆向思维与换位思考

无论是说服我们身边的人还是说服陌生人，对于一般人来说都有一定的难度，这是因为，他们还没有掌握逆向思维和换位思考的说服技巧。而不论是逆向思维，还是换位思考，都要求我们在说服中学会站在被说服者的立场上去处理问题。只有掌握了逆向思维和换位思考的说服技巧，"巧说"的"巧"字才能最大限度地发挥出它的威力。

"巧说"的"巧"字里有很多的学问，比如当我们在说服别人的过程中看到"此路不通"的牌子，就要停下自己的脚步，仔细想想接下来要怎样走。如果一味执著前行，那么不是头撞南墙，就是跌入深谷。

其实，说服别人无论在生活上还是工作上，都是十分必要的。因为，只有通过别人的帮助，我们才能走向自己最终的人生目标；只有获得众人的支持，我们才能在事业的远航中一帆风顺。但是，无论是说服我们身边的人还是说服陌生人，对于一般人来说都有一定的难度，这是因为，他们还没有掌握逆向思维的说服技巧。而懂得"巧说"的人会在路走不通时，巧妙地向后转身，逆向思维，另寻出路，最终成功地说服对方。

在英国伦敦，年轻时尚的女士们都喜欢戴一顶精致的帽子。即使在电影院里看电影，女士们仍然带着帽子，这时后面的观众就遇到了很大的困扰。

伦敦的一家电影院就曾经连续接到许多男性观众的投诉，投诉的问题都是抗议坐在自己前面的女士戴着帽子，挡住了自己的视线。还有很多人建议电影院的经理，在电影开场之前应该发布告示，对戴着帽子看电影的行为予以禁止。

电影院的经理陷入了进退两难的境地：如果明令禁止女士们戴帽子似乎不太妥当，而且有失绅士风度；可是不改变现状的话，又会失去很多观众，严重影响电影的票房。后来，经理的妻子给他出了一个好主意，经理觉得十分可行，决定试一试效果。

第二天，这家被投诉最多的电影院将要放映一部新电影，观众席上坐满了观众，女士们都戴着自己时尚精美的帽子。这时，在正式放映电影之前，大屏幕上忽然出现了一则公告："应广大观众要求，为了体现绅士风度，特意提醒年老体衰女观众，请戴着帽子观看电影，以免着凉。"

比电影更戏剧化的一幕出现了，电影院里所有女观众都把帽子摘了下来。这条公告正是经理妻子的主意，从此，英国的电影院里再也没有被帽子遮挡视线的观众了。

试想，如果那位电影院经理采用了男性观众的意见，明令禁止年轻女性在电影院里戴帽子，那么很可能丧失了一部分女性顾客，而陪同她们的男士，也将不会光顾电影院了。而且，这样命令式的公告，很容易引起逆反心理，最终也不一定会有效果。

而经理的妻子因为懂得女人的心理：伦敦的女人是因为爱美才戴帽子，那么，要想让她们摘掉帽子，也得从她们的爱美心理出发。正是逆向思维，使她想出了一条要求老年女性戴帽子的公告，从而成功地帮助丈夫解决了危机。可见，在说服别人的过程中顺着对方的思路去想，只会让问题越想越难；而逆着难题去思维，往往能使说服中的问题迎刃而解。而说服别人的第一条技巧，就是要学会站在别人的立场上。

英国诗人拜伦就曾经运用这一技巧，帮助了一位乞丐。一次，拜伦在街上散步，看见一个盲人乞丐在街上乞讨。他衣衫褴褛、面有饥色，但是他并没有得到街上行人的同情，他面前的破盆子里还是没有一分钱。

拜伦走上前去，看见盲人乞丐身前挂着一块牌子，上面写着："我看不见。"于是，拜伦在盲人的牌子上加了一句话，改成："春天来了，我却看不见"。于是，路上的行人看了牌子上的话，纷纷驻足，伸出援手。

同一个乞讨的盲人，却因为拜伦的一句话，使路上的行人纷纷改变了态度。这时因为，拜伦的一句话激起了人们的同情心，让所有的路人都站在盲人的立场上，体会到了盲人的可怜，所以大家才会慷慨解囊，纷纷伸出援手。

说以，说服别人时，无论是苦口婆心，还是威逼利诱，都不如换位思考来得直接有效。只有站在对方的立场上，才能让别人被说服的心甘情愿，最终达到双赢的效果。

在一次领导与管理课上，老师给学员出了一道题目，要求学员用自己的方式让全班同学自愿走出室外。

第一位学员走上讲台，对全班的同学大喊道："我代表老师命令所有人都离开这个教室，马上！"结果，全班没有一个人走出教室。

第二位学员则走上讲台，对大家说："现在我要开始打扫教室了，不想被弄脏的同学请离开！"结果一部分人离开了教室，还有一部分人仍然留在教室内。

第三位学员想了想，走上讲台，没有说一句话，而是工整地在黑板上写道："各位同学，午餐时间到了，现在下课。"结果同学们争先恐后地向食堂跑去，很快教室里就空无一人了。

故事中第一个学员想通过权威来命令别人，结果以失败告终；第二个学员想通过威胁来说服别人，结果还是没有成功；第三个学员懂得避实就虚，从同学们的心理着手，终于成功地把所有人"请"出了教室。

不论是逆向思维，还是换位思考，都要求我们在说服中学会站在被说服者的立场上去处理问题。只有掌握了逆向思维和换位思考的说服技巧，"巧说"的"巧"字才能最大限度地发挥出它的威力。

4. 说服中的"数字魔法"

在涉及到数字的谈判中，一定要做一个精明的人，学会利用"数字魔法"的说服技巧。这样做，不但可以让事情的后果更加形象地呈现在对方的面前，还可以在不损害自己利益的情况下达到预先的效果。

在说服对方的过程中，如果涉及到一些敏感的数字问题，那么，我们可以适当地运用"数字魔法"。这样，不仅可以让事情的结果更清晰，对被说服者产生更大的影响，而且还能够将大数变成小数，让被说服者打消内心的犹豫。

"数字魔法"的说服技巧在商业谈判中尤其有用。有时候谈判的双方出现矛盾，往往是因为本来说好了价格，然后又提出一些原因，要求提价。如果不宜立即中断合作，那么帮对方算账则是一种比较好的说服方法。

卡耐基需要租用一个旅馆的大礼堂讲课，每个季度讲 20 次课，共付给这个旅馆 1000 美元。但是有一个季度刚刚讲完第一次课就接到旅馆老板的通知，说租金要增到原来的四倍。卡耐基非常生气，但是讲课已经开始，再行更换已不可能，于是就想去说服这个旅馆老板。

走进旅馆老板的办公室，卡耐基说："接到你们涨价的通知让我感到非常震惊，但是站在你们的位置，我也并不感到非常意外。你作为这个旅馆的老板，有责任让旅馆盈利，可问题是你这样做真的能增加盈利吗？"

卡耐基顿了一下，接着道："我来帮你算一下，如果你把礼堂租给人家办舞会，自然可以多得到一些租金，但是这种活动只是偶然的，时间不长，一次给你 200 美元，20 次就是 4000 美元，这样听起来，你的确是亏了。"

"但是你要知道，如果你增加我的租金，实际上就是降低了你们的收入。为什么这样说呢？如果你坚持增加租金，我租不起就要搬到别的地方去，把我赶跑了，你不是减少收入了吗？而且你要知道，到这里来听课的人都是一些高管人员，对你来说，这也是一个免费的广告。你想想，如果你花 5000 美元登广告，能吸引道这么多人来你的旅馆吗？"

说完之后，卡耐基就走了，扔给旅馆老板一句话："考虑清楚后再联系我。"

最后，老板还是以原来的价格租给了卡耐基。

遇到对方临时变卦，很多人的都会这样做：都说好了价钱，现在我们都已经使用过一次了，你却在中途改变价钱，这是什么意思？这不是存心勒索吗？从来都没有见到如此无耻的商人，无商不奸真是没有说错。如果这样说的话，你虽然很解气，而且理直气壮，即便可以让旅馆老板认识到理亏，但是由于丢了面子，恐怕也会一赌气就是要加价，这个时候你如果不换场地，那么就只好付出更高的价钱了。但是卡耐基并没有说旅馆老板如何不是，而是平心静气地为老板算了一笔账，从正反两个方面加以说明，通过比较说明增加租金会得不偿失，最终说服了旅馆老板不要加价。

在关于价格的说服中，我们经常碰到的另一个僵局就是对方觉得贵，要求降价。那么，怎么在不减少自己利益的情况下给自己的商品"降价"呢？懂得"巧说"的人会选择分解价格。通常一件商品的价格被分解之后，对方就会觉得这件东西是如此的便宜，我们也就完成了一次没有损失的"降价"。

有一次，我陪朋友去买一款 BB 霜，到了店里的时候，朋友问化妆品店的经理："这瓶 BB 霜多少钱？"经理说："180 元一瓶。"

我的朋友摇摇头，觉得这么一小瓶化妆品就要 180 元，实在是很贵。经理看看我朋友的表情知道她觉得很贵，立即补充说道："其实这瓶BB霜是很便宜的，180元能用半年呢！平均一个月才30元，一天才1元钱，这怎么算贵呢？"我朋友听到这里，觉得经理说的很有道理，于是继续站着不走，心理盘算着到底应不应该买。

经理又继续说："你一天早晚各用一次，也就是一天才两次，一次才5毛钱而已啊！5毛钱就让自己买到了好的肤质，漂亮的面貌难道不值得吗？"最后朋友禁不住店主经理的说辞，最终还是买了这瓶180元的BB霜。

店主成功的分解了价格，将自己昂贵的化妆品成功的推销给了顾客，而且朋友也真的受到了他的诱惑，进入了他的陷阱，觉得他的东西真的很便宜，最终被老板成功地说服了。如果我们在关于价格的说服中一开始就给对方一个较大的数字，是很不明智的。相反当我们给出一个分拆后的价格时，对方心里就会只想着得到的实惠和很小的花费，那么说服的成功也是理所当然的了。

所以，在涉及到数字的谈判中，一定要做一个精明的人，学会利用"数字魔法"的说服技巧。这样做，不但可以让事情的后果更加形象地呈现在对方的面前，还可以根据自己的需要，在不损害自己利益的情况下，随时调整商品的价格。

5. 撬硬石头，得用"激将法"

"激将法"的两个要点就是"胆大"和"心细"。胆大，要求我们拿出勇气，敢于在"硬石头"这种人的自尊心上扎一针，而"心细"则要求我们细致地分析对方心理，与别人将心比心。这样才可以以晓之以理，动之以情，用自己的三寸之舌轻松地撬动那些油盐不进的"硬石头"。

在工作或者生活中，我们总是会遇到一些偏强的人，不论我们晓之以理、动之以情，还是逆向思维、换位思考，对方都是油盐不进。这种人，我们把他们称作说服中最难搞定的"硬石头"。而对于这些油盐不进的硬石头，我们不妨采用"激将"的说服策略。当然，在激将之前，先要做好铺垫，让对方的兴趣和自尊心被充分调动之后，再一语中的，使说服进入我们原来设定的发展方向。

冯唐是西汉时期的名臣，他在文帝时做了中郎署长，当时已经一把年纪了。一次，汉文帝在官署里遇见了冯唐，看他一把年纪，就惊讶地问道："您老人家怎么还在做郎官？家是哪里的？"

冯唐回答说，自己原来是赵国人，后来迁徙到了代地。代地正是汉文帝没有做皇帝之前的封地，于是文帝感慨说："我在代郡时，有人多次跟我提起赵国将领李齐的才能，说他在巨鹿城下英勇指挥。现在我时常想起巨鹿之战中的李齐。不知您老人家认识这个人吗？"

冯唐恭敬地回答说："李齐虽然有才能，但还是比不上廉颇、李牧的本事。"

汉文帝忙问："这话怎么说呢？"

冯唐回答说："我的祖父曾在赵国领兵，和李牧将军有些交情。我父亲曾经做过代相，和李齐也有过交往，所以我能够知道他们的为人，判别他们的优劣。"

汉文帝听冯唐这样说，不禁感慨道："可惜我偏偏得不到廉颇、李牧这样的人做将领。如果我能有这样的将领，何愁匈奴侵犯呢？"

冯唐却回答说："万岁的话我不敢苟同，恐怕陛下即使得到廉颇、李牧，也不会任用他们的。"

汉文帝觉得冯唐是在侮辱自己，所以不欢而散，起身回宫去了。到了宫里，文帝越想越觉得需要问清事情的究竟，就又召见冯唐，责备他说："刚才，您为什么当着那么多人面羞辱我呢？"

冯唐赶紧跪下来道歉说："我实在是个粗人，不知道什么叫做礼仪，还请陛下不要跟我一般见识。"

汉文帝也十分大度，便不再生气，而是问冯唐道："过去的事情可以既往不咎了，但是，你为什么说我即使得到了廉颇和李牧，也不会重用他们呢？"

冯唐回答说："我的先祖曾经给我讲述李牧时的故事说：李牧做赵国的将军时，部队在边疆驻扎，可以在当地收租。而收上来的租子，全部用来犒劳士兵。同时，赏赐士兵的事，李牧从来不需向中央汇报，自己就可以做主。这是因为只有士兵吃饱了，才有力气训练、打仗。士兵的父母知道了才能安心。所以，赵国在李牧领兵时越来越强大，不但打败了匈奴，还差一点使赵王成为霸主。"

文帝一边点头，一边问道："那么，赵国为什么后来又被秦国所灭呢？"

冯唐回答说："这是因为赵主昏庸，听信郭开的谗言，将李牧杀掉了。然后又任命颜聚代替李牧的职位，最终被秦国所灭。"

汉文帝不住点头，又问道："那么，你说我不能任用贤能又是为什么呢？"

冯唐回答说："我听说有一个叫魏尚的人，在做云中郡守时把军队收上来的租子，全部赏给士兵，甚至还拿自己的俸禄来改善士兵的伙食。此外，魏尚还会每隔五天杀一头牛犒劳全军。正因如此，我们的军队兵强马壮，匈奴，不敢接近云中郡一步，不敢侵犯我们的边境。可是，魏尚却因为在报功时多报了六个敌人的首级，就被罢免了爵位，关在了监狱里。您可知道，士兵大都是庄稼人出身，他们为国家卖命，流血杀敌。而那些文官，则只会心怀嫉妒，无中生有。现在搞得士兵们吃不饱，穿不暖，怎么去拼命杀敌呢？所以我认为您的封赏太轻，惩罚太重了。"

汉文帝听后，沉思良久，对冯唐说道："是我糊涂了，你说的有道理。"

又过了几天，汉文帝派遣冯唐去赦免魏尚，并把冯唐封为了车骑都尉。这也是后来"持节云中，何日遣冯唐"的来历。

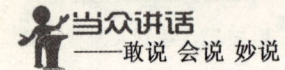

冯唐没有直接向汉文帝推荐魏尚，而是通过聊天、激将、分析，最终完全掌握了汉文帝的心理，成功说服了汉文帝重新重用魏尚。

由此可见，在说服别人时，有时需要轻松幽默，有时需要换位思考，有时需要避实就虚，有时则需要正话反说，用"激将法"。但是不论哪种方法或技巧，关键所在，都是要掌握对方的心理，从对方的视角出发，这样才能最终达到目的，皆大欢喜。

"激将法"的两个要点就是"胆大"和"心细"。胆大，要求我们拿出勇气，敢于在"硬石头"这种人的自尊心上扎一针，而"心细"则要求我们细致地分析对方心理，与别人将心比心。这样才可以以晓之以理，动之以情，用自己的三寸之舌轻松地撬动那些油盐不进的"硬石头"。

6. 把话说进人心里

很多时候，我们之所以被拒绝，并不是因为我们要求的事情本身出了问题，而是因为我们的语言没有打动别人的内心。想让别人接受我们的请求也很容易，只要我们能够了解对方的心意，把话说进别人心里，那么，无论做什么事情都可以水到渠成，信手拈来了。

很多不懂得说话技巧的人之所以金口难开，是因为害怕自己被人拒绝。但是，生活中又有很多我们必须向他人求助，而且必须不能被拒绝的情况。那么，这时无疑是对口才欠佳者提出了巨大的挑战。

其实，很多时候，我们之所以被拒绝，并不是因为我们要求的事情本身出了问题，而是因为我们的语言没有打动别人的内心。想让别人接受我们的请求也很容易，只要我们能够了解对方的心意，把话说进别人心里，那么，无论做什么事情都可以水到渠成，信手拈来了。

美国经济大萧条时期，人们就业困难，生活十分艰辛。有个年轻的女孩很幸运，她得到了一家高级珠宝的销售工作。

在圣诞节的前一天，珠宝店里的生意并不是很好。这时，门口进来一位衣着破旧，满脸哀愁的男子。他四十岁上下的年纪，一看就是在经济萧条中失去工作的人。女孩守在柜台后面，客气的接待每一位客人。忽然，她一不小心碰翻了一个碟子，碟子里六枚精美绝伦的钻石戒指落到了地上。慌忙的女孩只在地上捡起了其中的五枚，无论她怎么努力，也找不见第六枚戒指的踪影。

这时，刚才的中年男子正准备离开珠宝店。女孩看见他神色慌张，马上意识到了第六枚戒指的去向。

"对不起，先生。可以打扰您一下吗?"女孩客气地对门口的中年男子说道。

男子转过身来，差异地问道："什么事?"

女孩顿了顿，用近乎哀求的声音说道："先生，相信您也知道现在找份工作有多困难，所以这份工作对我来说十分重要，您说是吗?"

男子注视着女孩的眼睛，内心陷入了剧烈的挣扎。最后，他的脸上浮现出一丝微笑，温柔地对女孩说："是的，现在找一份工作确实很困难。但是我相信，你会在这里工作得很顺利的。我可以祝福你吗?"说着，男子向女孩伸出了自己的大手。

"谢谢您的祝福。"女孩立刻也伸出手，两双手紧紧握在一起。女孩的眼里含着泪花说道："我也祝您好运!"

男人转身离开了珠宝店，女孩目送他的身影消失在大街上。当她转身回到柜台后面时，长长地舒了一口气，把手中握着的第六枚戒指放回了盘子里。

故事中的女孩用动人的语言感动了中年男子的内心，最终拿回了戒指，保住了自己的工作。如果她大喊抓贼或者严厉地质问对方，恐怕事情就不会有这么圆满的结局。

所以，当我们需要说服对方的时候，先要从对方的心理世界出发，解决了对方的心理问题，也就把握了说服别人的关键所在。

曹操在统一北方之后，开始把自己的注意力放在了南部的江山。于是，刘备的军队被打得东躲西藏，东吴的内部也是人心惶惶，年轻的孙权刚刚从兄长孙策手中接过重担，他既没有经验，又缺乏自信，所以对于是战是降一直拿不定主意。

这时，诸葛亮应鲁肃之邀，过江来说服孙权，联合孙刘两家的军队，一起抗曹。在路上，鲁肃再三叮嘱诸葛亮，千万不要让自己的主公孙权知道曹操兵强马壮，实力雄厚。否则，孙权很可能会选择以张昭等人提出的投降策略。

诸葛亮笑而不答，只说过江之后，自己会随机应变。在舌战群儒之后，诸葛亮面见了孙权。

孙权毫不客气地问："你辅佐刘备与曹操数次交手，不知胜负情况如何？"

诸葛亮如实回答说："我家主公的兵力不过几千人，大将不过三四人。新野又是小城，粮草缺乏，所以我们根本不是曹操的对手。"

孙权一听诸葛亮所说与自己掌握的情报相符，于是进一步问道："那么，曹操一共有多少兵马呢？"

诸葛亮说："曹操先是破了吕布，后来又灭了袁绍，接着收了北番，定了辽东，新近又平了刘琮，所以，他现在的军队已经是百万之众了。"

鲁肃在一旁直向诸葛亮使眼色，孙权听后也大吃一惊，因为他手下也只有精兵五六万，根本无法对抗曹操的百万大军。于是，他对诸葛亮说："曹操怎么会有这么多兵马呢？你不是在乱讲吧？"

面对孙权的质疑，诸葛亮平静地说："曹操的军队何止百万，我刚才还是故意少说，实在是怕吓到您呀。曹操在兖州时就有青州军四五十万；平了袁绍，得兵四五十万；又在中原新招了二三十万的兵力；如今得到荆州的兵力，也有二三十万。如此算来，曹操的兵马不下一百五十万。"

孙权听诸葛亮所说有理，定了定神，接着问道："那么，曹操手下的将领又如何呢？”

诸葛亮笑着说：“曹操手下足智多谋之士，能征惯战之将，至少有一两千人！”

此时的鲁肃已经被吓得脸上变色了，孙权也开始重新审视自己与曹操的力量对比，却又不愿意在诸葛亮面前表现出来，于是又把球踢给了诸葛亮，嘴上不禁问道：“那么，依先生看，我东吴对曹操应该是战是和呢？”

诸葛亮说：“您刚刚继承了东吴的基业，自然应该谨慎而行。现在曹操军权在握，挟天子以令诸侯，大有席卷天下之势。只有我家主公不识时务，现在已经惨败。所以，我奉劝您不如早早投降，既可以免除江东生灵涂炭，也可以保全自己的性命。”

孙权听后默然不语，随即觉得诸葛亮的话像是讽刺，于是问道：“既然如此，那么刘备为什么不投降曹操呢？”

诸葛亮长叹一声，说道：“齐国的壮士田横尚且能够坚守道义而不屈服，何况我家主公是汉室宗亲，英才盖世。曹操名为汉相，实为汉贼。就算我家主公被曹操打败，也是宁为玉碎不为瓦全，岂有向汉贼屈膝的道理？”

孙权听后，觉得诸葛亮分明是在瞧不起自己，于是拂袖而去。

鲁肃看诸葛亮说服孙权抗曹失败，就上前埋怨诸葛亮说：“我早就让你不要惊吓我家主公，如今却惹得我家主公拂袖而去，你我都没办法完成使命了。”

诸葛亮看看鲁肃，故意高声说道：“这事也怪不得我。要怪就怪你家主公为什么不来问我如何对抗曹操，却来问我是战是降呢？曹操虽有百万雄兵，却是虚张声势，只要孙刘两家联合，举手之际，就能让曹操的百万之众灰飞烟灭。”

鲁肃闻言大喜，马上跑到后堂去再次请出孙权。

孙权听说诸葛亮有对抗曹操的办法，于是又走出来说道：“刘备势单力薄尚且与曹操顽抗到底；我坐拥江东十万之众，又怎么能不战而降。只是不知刘豫州新败之后，还能不能共当此难。"

诸葛亮听孙权如此说，知道他已经决心抗曹，于是说道："我家主公虽然新败于新野，但是关羽手下，还有精兵一万，刘琦手上也有江夏士卒一万。而曹操虽然人多势众，但他们远道而来，已经是疲惫不堪了，正所谓'强弩之末，不能穿鲁缟也'。又况且曹操的士卒都是北方人，他们不习水战。而投降曹操的荆州官兵，虽然精于水战，却并不能为曹操卖命。如此说来，只要孙刘两家同心协力，联合抗曹，一定可以大获全胜，匡扶汉室江山。"

孙权听罢大喜，更加坚定了抗曹的决心，说道："听了先生的话，不禁让我顿开茅塞。吾意已决，即日起兵，与刘豫州联手，共灭曹操！"

后来，曹操的百万之众，果然在孙刘两家的联手之下，"樯橹灰飞烟灭"了。

我们知道，诸葛亮过江的目的就是要说服孙权联合抗曹。但是，此时孙权的内心却在犹豫不定，而且十分怀疑诸葛亮的动机。如果他苦口婆心地劝孙权抗曹，喋喋不休地贬低曹操，反而会引起孙权的戒心与反感，最后只好无功而返了。

但是，诸葛亮就是诸葛亮，他先是站到了自己的相反立场上，对曹操的实力盛赞不已，并且不停地向孙权施加压力，让他不战而降。直到孙权产生怀疑，问他刘备为何不降时，诸葛亮才说出刘备的气节，故意激怒孙权，其目的就是要激发孙权抗曹的勇气和决心。

当孙权上钩之后，诸葛亮才开始认真地替他分析双方的实力对比，告诉孙权，只有两家联合，还是可以击败曹操，胜券在握的。如此一来，既加强了孙权抗曹的决心，又加强了东吴取胜的信心，最后才能取得赤壁之战的绝对胜利。

其实，孙权内心的一举一动，完全在诸葛亮的掌握之中。因此，诸葛亮也就可以收放自如，游刃有余地说服了孙权。在生活中，只要我们掌握了人心，那么就可以对于各种事情应对自如，在说话的时候直指人心。

—————第十一章—————
拒绝技巧，让对方知难而退

1. 拿出气魄，勇于说"不"

　　不论是在谈判桌上与对手进行谈判，还是在生活中结交朋友，我们都必须敢于把自己的观点表达清楚，不能做老好人。在交往中，更不试图以牺牲自己的利益为代价，来讨好对方。应该从容地表明自己的观点，以实现合理的交易。有时候，我们也需要为了实现自己的利益而寸步不让，因为，只有这样你才不会被人瞧不起。

　　在需要拒绝别人时，有很多人只看到了眼前的利益，结果难以割舍，"不"字迟迟不能出口。然而，当你以眼前的利益为重而不愿意拒绝对方时，往往失去了更大的利益。所以，如果为了争取更大的利益，那么在与别人的沟通和交流中一定要学会勇于说"不"，只有这样，才会让对方重新考虑你的建议，从而使结果更有利于自己。

　　比如，在有些交易中，对方为了尽可能地使你马上成交，会设下重重圈套。如果这个时候你觉得自己吃亏了，那么一定用勇敢地说"不"，而不要为了一时的妥协而中了别人的圈套。

哈维是一位足球明星安得的免费经纪人。当时有两个队都想争取安得，一个是加拿大足球联盟的多伦多冒险者队，一个是国家足球联盟的巴尔的摩小马队。

安得出生于一个黑人家庭，有兄弟姐妹一共九人，家里非常贫穷，哈维一定要为他争取到最好的待遇，所以需要在两大老板之间做出一个选择。当时，多伦多队的老板是巴赛特，他还是当地一家报社的老板，干得非常出色。巴尔的摩队的老板是罗森布伦，从事服装业和运动业，同样赚了不少钱。

哈维告诉罗森布伦，他要先跟多伦多队谈谈。见到巴赛特后，巴塞特果然出了个很吸引人的价码。而哈维凭直觉知道，他们必须马上离开此地，到巴尔的摩去。于是哈维说道："非常感谢您能开这么高的价格，不过，我们想先考虑一下。"

精明的巴赛特冷冷一笑，说："我开的价码只有在这房间里谈妥才算数，如果你一离开这个房间，我就立刻打电话给巴尔的摩的罗森布伦先生，告诉他我对这个球员已经没有兴趣了。"

迟疑了一会儿，哈维问道："我可不可以和我的客户商量一下？"

得到允许后，哈维把安得拉到窗户旁边，低声说道："我们必须马上离开这里，到巴尔的摩去。你假装受不了刺激，精神快要崩溃了，或者我告诉他，我必须赶回明尼亚波利斯去交涉一些劳工问题。"

但是安得受不了金钱的诱惑，觉得哈维的决定有点不可思议。但是最后，哈维只好用处理劳工问题作为借口，才得以离开。临走时，哈维向巴赛特保证，第二天一定会给他一个答复。

这时，巴赛特拿起了电话。安得以为他要给罗森布伦打电话，吓得连气都不敢喘了。还好，他是找自己的秘书。他说："我们那三架小型喷气机在不在？派一架送哈维和安得先生回明尼亚波利斯。"

这时候，哈维又尴尬得手足无措。他本想撒个谎，又被当场逮住，真是走到了绝路。于是，他直截了当地说道："巴赛特先生，我想您也别打电话到巴尔的摩去了，这桩生意我们不做了。"

安得当时差点气疯了，两眼责怪地望着哈维。

第二天，哈维和安得来到了巴尔的摩，罗森布提出的待遇，比巴赛特那边还要好，于是哈维就果断的与他签约了。

巴赛特希望安得在离开他办公室之前签约，是因为他知道罗森布伦提供的条件比他要好。由于直觉告诉哈维，在这种情况下决不能签约，因此，他果断地用说"不"换来了最终的更好的条件。如果是让安得自己去谈的话，肯定就会在巴赛特的控制之下，签下了这个让自己吃亏的条约。

所以，我们必须学会从容不迫地面对自己的对手，不害怕说"不"，这样才能更好地维护我们自己的利益。日本的经营之神盛田昭夫先生就曾经说过："在日本人中，许多人会以为出现分歧的意见时，双方的交情也会到此为止。而欧美人则不然，他们越是把对方看作朋友，就越是要争论到底，彻底地进行说明。我觉得在日本人中，不论是政治家、官僚或是商人，对这一点都尚不能习惯。"

其实，不论是在谈判桌上与对手进行谈判，还是在生活中结交朋友，我们都必须敢于把自己的观点表达清楚，不能做老好人。在交往中，更不试图以牺牲自己的利益为代价，来讨好对方。应该从容地表明自己的观点，以实现合理的交易。有时候，我们也需要为了实现自己的利益而寸步不让，因为，只有这样你才不会被人瞧不起。

2. 拒绝"三十六计"

对于很多人来说，这个世界上最难出口的话莫过于一个"不"字了。因为拒绝别人是一件让彼此都很尴尬的事情，不仅会使被拒绝者不快，而且还会影响到彼此的交情。

但是，在与人说话的时候，我们又常常会遇到不得不说"不"的情况。比如对方的要求是我们力所不能及，或者原则所不允许的；又或者对方的要求是不理智，或者根本无理的。我们就需要学会拒绝的艺术，用一些巧妙而委婉的拒绝方式，使对方心情愉快地接受我们的拒绝。

首先，如果直接拒绝会伤害到对方的心理和彼此的感情，那么，在拒绝之前可以先进行诱导，让对方自己明白自己的要求是无法被满足的，以此达到拒绝的目的。

美国总统罗斯福曾经在海军里担任过重要职务，这也让他面临很多麻烦，因为他的朋友们总是对海军里的事情感兴趣。如果他满足了朋友的好奇，就会对不起自己的职责；如果他拒绝了朋友的请求，又会得罪了朋友。有一次，又有人向罗斯福打听海军在加勒比海一个小岛建立潜艇基地的计划。罗斯福故意向四周看了看，然后压低声音问道："你能保密吗？"

那位朋友看罗斯福如此举动，便马上说道："当然能。"

罗斯福却微笑地看着他说："那么，我也能。"

罗斯福的成功诱导既顾全了朋友的面子，又保持了两个人之间的友情。由此可见，在通过诱导拒绝别人时，幽默的语言往往能使对方心领神会，从而避免尴尬，让一切在笑声中轻松化解。

其次，有些时候，我们不必直接说出"不"字，可以通过假设的方式了拒绝别人。

著名的爱尔兰剧作家萧伯纳曾被一位电影明星求婚，那位明星对萧伯纳说："如果我们俩结婚，将来生的孩子像你一样聪明，像我一样美丽，那岂不是件完美的事？"

萧伯纳自然对于这位肤浅、自大的明星没有好感，但是正面回绝又会伤了对方的面子，不是绅士所为。于是他回复说："要是我们结婚后，孩子长得像我，头脑像你，那岂不是太惨了吗？"

面对电影明星的追求，萧伯纳没有直接拒绝，而是采用了同样的口吻，用假设的方法，虚拟出一个按对方的要求可能产生的后果，使对方自己打消了自己提出来的念头。

在通过假设拒绝别人时，拒绝的后果可以由被拒绝者自己得出。如此的拒绝，既不会因为太直接而伤害感情，又可以让对方明白我们的苦心。

再次，在拒绝别人时，一定不要让别人觉得自己被贬低或者瞧不起了。当别人因为我们的名气或地位而提出请求或邀请时，我们不妨自我嘲讽一番，用自嘲的方式来说"不"。

钱钟书先生被称为民国第一才子，他不但脑子里装着一个图书馆，而且讲话也十分机智幽默。一次，一位外国女士读了钱钟书的《围城》，十分敬佩，要登门拜访。钱钟书却在电话中对她说："假如你吃了个鸡蛋，觉得不错，又何必一定要认识那只下蛋的母鸡呢？"

钱钟书的自嘲式拒绝，使人完全没有觉得他是在耍大牌，而是觉得他更加谦虚可爱、平易近人。所以，自嘲的智慧是拒绝别人时最有效的手段之一。

最后，有些时候，我们并不是因为无能为力而拒绝别人，而是为了让对方养成好习惯才说"不"。那么，为了不伤害对方，我们一定要站在对方的角度思考问题，诚恳地帮助他分析利弊得失，然后再从对方的利益出发，晓之以理，动之以情。这样，对方在领悟我们的一番苦心之后，自然能够心平气和地接受意见，撤回自己的请求。

美国总统林肯从小家境贫寒，他的同父异母的兄弟约翰斯顿更是不让人省心。一次，约翰斯顿写信向林肯借钱，当然，这不是第一次，也不会是最后一次。林肯既不能拒绝兄弟的请求，又不能纵容兄弟的无赖，于是他在回信中写道：

亲爱的约翰斯顿：

很遗憾，我并不认为满足你八十元借款的要求是一个好主意。以前，每当我帮了你一个大忙，你总会说："这下可好了，我们不会有问题了。"可过不了多久，你又会陷入同样的困难中。既然这种情况一再发生，那就只能从你自身行为的缺陷中找原因了。你的缺陷在哪里呢？我觉得我应该略知一二的，你不懒，但你仍然是个游手好闲的人。我怀疑，自我上次见了你后，你没有干很多的事，因为你看不到从工作中可以得到很多东西。

这种无意的浪费时间，就是造成困难的全部原因。你应该改掉这个习惯，这对你，甚至对你的孩子都有非常重要的意义。为什么对你的孩子们有更重要的意义呢？这是因为他们的生命时间还更长，当他们开始生命旅途前就抛弃这种有手好闲的习惯，比他们开始人生后再去想办法克服要容易得多。

现在，你急需一些钱，但我只能给你一个忠告：马上就去工作，为能给你的劳动付出适合报酬的人"尽你所能"。

让父亲和孩子照管家里的庄稼，你出去工作，找一份报酬好的工作，或是以工抵债。为了你能得到适合的报酬，我在这里向你保证，从今天开始到明年5月1日为止，你在工作中每得到一元钱的报酬，或抵掉了一元的债务，我就加付你一元。

这样，如果你得到了一份月薪十块钱的工作，你就能在我这里得到十块钱，你月薪就成了二十块。我也并没有要你出远门去圣路易斯，或去加利福尼亚的铅矿或金矿，我只是要你在我们家乡科尔斯县附近找一份报酬最适合的工作。

如果你能做到这点，你马上能还清债务了。更有益的是，你还会培养起一个好的习惯，使你永远不会再负债了。

你对我一直不错，我现在对你也不是不讲亲情。相反，如果你听从我的劝告，你就能发现，我这里提到的忠告比我借给你八十元钱还值钱。

祝福你！

你的兄弟：亚伯拉罕·林肯

林肯为了培养兄弟的自立，并没有把钱直接借给他，但是也没有直接拒绝他的要求，而是帮他分析了自己的习惯与性格，要他养成了自力更生的好习惯，这就是站在对方的角度拒绝对方的好处。

当然，简单的一个"不"字，听起来简单，真要做起来还是有一些学问的。

首先，不要直接拒绝，而是要学会拖延时间。因为一切事情都没有一个绝对，也许他给你的利益的确是不错的，只是你还没有看到其他人给出的价码，所以你需要时间去了解和比较，如果这一家给出的条件是最好的，那么你再答应也不迟。最常见的方式，就是这样说："好的，我认真考虑一下，在下周一之前给您准确答复。"

其次，如果对方逼迫你尽快签约，那么这时候就要提高警惕，不能迫于对方的威胁和眼前利益的诱惑而轻易签约，因为对方可能知道你亏了，所以要尽快把生米煮成熟饭，让你无法反悔。

最后，如果事先对谈判的事情已经有所了解，发现与自己了解的相距较大，而对方又逼迫你马上签约，那么这个时候就可以果断地进行拒绝，让对方死了算计你的这条心。

总之，拒绝的每一步，都是为了给自己争取最大的利益，所以要根据实际情况，审时度势，随机应变，有理有节地进行，让双方都有回旋的余地，使双方达到成交的目的。最好不要让彼此伤了和气。

在与人交往中，如果我们在应该拒绝的时候，不好意思说"不"，那么，最终不仅会自食恶果，还可能耽误了别人的事情，最终被人轻视，失去友谊。所以，如果说称赞别人是拉近彼此距离的顺势状态的话，那么拒绝就是彼此保持一定距离的逆势状态，虽然令人遗憾，但又无法回避。对于"不好意思"的人来说，尤其需要多加练习。

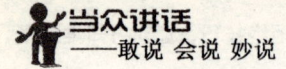
3. 对朋友说"不"，要让对方避免尴尬

在人际交往和商务往来中，对于每个人来说拒绝别人都是一件非常困难的事。因为，一不小心就可能得罪人，甚至把朋友变成敌人。所以，我们应该学着掌握一些技巧，拒绝别人的要求，而又不让对方感到尴尬，同时不会伤害彼此的友谊。如果说"不"的方法得当，不但不会得罪人，并且能获得别人的理解和体谅。

我们已经知道了，有些人在说"不"的时候为了照顾别人的面子，而无法说出自己的真实想法，结果自己陷入了进退两难，骑虎难下的境地。无论是在日常生活还是在商务谈判中，如果我们不能学会果断地说"不"，就很可能损失自己的利益，同时失去别人的尊重。给别人留面子固然重要，但是，在照顾别人的同时也不能委屈了自己。

需要注意的还有一点，就是学会拒绝的艺术。如果我们在说"不"的同时避免让对方尴尬，那么就可以把事情办得两全其美：既顾全了别人，也成全了自己。

三国时的华歆十分有才华，曾经在吴国的孙策手下任职。后来，孙策的弟弟孙权接替了孙策的职位，但是他并没有孙策的抱负，只想偏安江东，不图安定天下。与此同时，曹操掌握了北方的兵权，挟天子以令诸侯，积极招揽天下的人才，华歆更是曹操盛情邀请的人才之一。于是，华歆决定离开江东去投奔曹操。而他的朋友、同事听说他要高升，纷纷登门拜别，并且带着厚重的礼物。前后加起来，大概有数千人之多，仅是赠馈的黄金就有数百斤之多。华歆的心里一方面不想接受这些礼物，因为自己无功不受禄；一方面又不好当面拒绝，因为这样会让朋友们觉得自己不近人情。于是，华歆选择了来者不拒，将朋友们所赠送的礼物一概收下。等客人走后，他就让自己手下的家人将送礼人的姓名写在礼物上，原封不动的收起来。

正式出发的日子到了，华歆家里热闹非凡，亲朋好友都来送行，华歆则隆重地设宴款待。等到酒宴接近尾声的时候，华歆对所有的客人说："我本来不敢拒绝大家的好意，却没想到自己竟然收到了这么多的礼物。可是，考虑到我这次单车远行，带着这么多贵重的物品，恐怕太危险了。所以，各位的好意我心领了，至于这些东西嘛，还是请大家各自带回吧。"

众人听了华歆的话，知道他是为了顾全大家的面子，于是只好将自己的礼物带回，并且都颂扬华歆的高德。

华歆因为要保持道德的高尚，所以不想接受亲友的礼物；但是为了顾全亲友的面子，又不能直接拒绝。于是，他转了一个弯子，含蓄地拒绝了众人的礼物，大家不但没有责怪他不近人情，而且都对他的做法敬佩有加，这就是古人拒绝的艺术。

此外，为了在拒绝的时候不至于被朋友当作不讲义气，我们也可以通过让对方知道自己确实是心有余而力不足的办法，来委婉地拒绝对方。

小陈的一个好友做了人寿保险经纪人，他向小陈说了一大堆人寿保险的好处，接着又请小陈向他买 100 万元保险。小陈知道此举确有益处，但考虑到自己的经济情况，小陈轻轻摇了摇头。"哥们儿，我确实很想帮你这个忙，可我刚才算了一下，每月要付出的保险费，等于我收入的 1/3，而且我现在每月还要负担近两千元房贷，家里又有老婆、孩子……""好了，好了！"好友打断了小陈的话："我又没逼你一定要买，就是给你推荐一下啊！臭小子，以后发了财可一定要多照顾兄弟啊！"一场风波在笑闹声中落幕，两人的友谊没有受到丝毫影响。

人际关系学家告诉我们："我们需要在聆听别人陈述和请求完毕之后，轻轻摇摇头，而态度并不强烈。"轻轻摇头，代表了否定，别人一看见你摇头，知道你已拒绝，跟着你可以从容说出拒绝的理由，使别人易于接受。自然，拒绝的理由必须充分。一个充分的理由，使人谅解你不能遵办的苦衷。就不会对你记恨在心。

此外，在通过诱导拒绝别人时，幽默的语言往往能使对方心领神会，从而避免尴尬，让一切在笑声中轻松化解。当然，在拒绝别人时，一定不要让别人觉得自己被贬低或者瞧不起了。当别人因为我们的名气或地位而提出请求或邀请时，我们不妨自我嘲讽一番，用自嘲的方式来说"不"。

启功先生是我国著名的书法家，是书法界德艺双馨的泰山北斗。柴剑虹曾讲过一个有关自己的老师，启功先生的故事：在上世纪七十年代末，启功先生的名声已经非常之大，来自全国各地，乃至国外的人纷纷向他求学请教，启功先生家的访客自然络绎不绝，以致他所住的小巷终日不断脚步声和敲门声。对于普通人来说，这是荣誉，但是对于喜欢清静的启功先生来说，却成了一件麻烦事，他只好自嘲说："我真成了动物园里供人参观的大熊猫了！"

有一次，启功先生患了重感冒，无法待客。但是，他又怕有人来敲门，就在一张白纸上写道："熊猫病了，谢绝参观；如敲门窗，罚款一元。"来拜访的人们看到老先生的幽默，也就纷纷选择改日再来了。

启功先生的故事让我们看到，自嘲的拒绝方式可以委婉地拒绝别人的不合理请求，同时让对方在会心一笑中知难而退，不会伤了彼此之间的和气。所以，自嘲的智慧是拒绝别人时最有效的手段之一。

在人际交往和商务往来中，对于每个人来说拒绝别人都是一件非常困难的事。因为，一不小心就可能得罪人，甚至把朋友变成敌人。所以，我们应该学着掌握一些巧妙地拒绝别人的要求，而又不让对方感到尴尬，同时不会伤害彼此的友谊。如果说"不"的方法得当，不但不会得罪人，并且能获得别人的理解和体谅。

4. 借力打力，化解危机

人生会碰到很多棘手的事情，而硬取往往只会让形势变得更加糟糕，这时候我们就可以利用语言的"软威力"，通过语言的巧妙利用来说出有利于自己的一面，往往会起到独特的效果，让自己变被动为主动、不利为有利！

人生在世，遇到事情并不可怕，可怕的是找不到应对的策略，而聪明智慧的人往往能够在关键的时候调动一切资源突破重围，取得最后的成功！的确，有些时候我们遇到的问题并不好解决，甚至非常棘手。当直接的办法无法攻破的时候，或者无法达到最优的结果，就需要另辟蹊径！

比如，有人故意找茬，用语言抹黑，而你如果一时冲动就会落入对方的圈套，让自己陷入不利的境地。这时候，就要学会借力打力，不冲动也不暴躁，而是选择利用自己的语言智取，通过理智而且巧妙地"说话"来破解对方的"攻势"，"说出"有利于自己的一面！事实上，这种不动声色的看似温和的话语，却潜藏着智慧和胆略，让对方的"抹黑"为我所用，本来是不利于自己的，最后反而成了可以利用的"资源"！

所以，面对很多事情先不要着急和冲动，而要学会用"软实力"取胜，发挥自己的"口才"优势，用"说话"代替恼怒和激动，最终"说出"自己的优势！

俊飞是一家超市的老板，由于他年轻有活力，总有很多创意和想法，在他的带领下员工们服务态度温和，各种设施也齐全，所以生意非常的红火。而在他们的超市不远的的地方也有一家超市，老板不仅态度不好，而且物价也偏高，以前没有其他超市的竞争，他们的生意还算说得过去，但自从俊飞任老板的这家超市开业之后，他们那边就渐渐冷清下来。

慢慢地，那家超市的老板开始在心里记恨俊飞，一直想办法挤兑他们，但一时半会没有可乘之机！有一天，俊飞出去办事情了，超市只有服务员和一些小职员。不一会一位老太太就大声嚷嚷着进来了，说是超市卖的干面条里面有虫子，并要求超市赔偿，这还不算，竟然还要老板站在门口向路人道歉。这时俊飞不在，大家一时找不到对策，就想着多赔偿一点赶紧了事，谁知老太太死活不愿意，还一边哭闹一边向店里的顾客诉说。

正巧，这时俊飞回来了，大家慌忙把这件事情告诉他。俊飞思索了片刻，微微一笑就告诉大家没事儿，然后自己去处理。只见俊飞走过去对老太太说："老人家，实在是对不起，都是我们的错误，您不是要求我站在外面向大家道歉吗？好商量，我答应了！"然后他让店员拿一块大牌子，上面写上："现在这位老太太发现我们的面条有虫子，我向大家说声对不起。为了大家的健康卫生，现在决定，鼓励大家来我们超市进行监督，凡是能在包装里找到虫子的，本超市奖励50元，找不到直接放下就可以走人！"

然后俊飞和老太太走到外面站在大牌子旁边，大家见有这样的好事，都争抢着进来"找虫子"。但当超市里所有的面条包装被打开后，没有一个人找到虫子，正当大家扫兴而回时，俊飞又让大家停下说："没有找到也没有关系，不过我们决定再送大家一份礼物，不能让大家白来一趟！"就这样很多人虽然没有发现面条的任何质量问题，却依然得到一份礼物，很快这件事就在大街小巷传得沸沸扬扬！从此不但顾客没有减少，反而吸引来更多的人！

事后，俊飞才说出其中的秘密。原来，他刚回来听了这件事之后，就知道不是超市其他员工认为的只是一件普通的食品质量问题，而是另外一家超市故意搞鬼，毁坏超市的名誉。然后，他在心里想这并不是一件坏事，利用好了反而会让对方"偷鸡不成蚀把米"，给自己的超市做一下宣传也好，于是就发生了上面的一幕！俊飞说："我站在外面向大家道歉并不是一件坏事，按照牌子上面写的，让大家进来监督，不但证明了我们的食品没有问题，反而说明那位老太太无理取闹。再者，我们又送给大家一份礼物，他们就会把这件事说给身边的每一个人，这样大家就知道了是有人在故意栽赃……给我们做了一次很好的宣传广告！"

俊飞作为超市的老板独具慧眼，拥有透过现象看本质的能力，从而轻轻松松地就识破了对方的伎俩！所以，他不但没有因为对方的"找茬"而恼怒，而是"将计就计"，顺利地解决了问题，还给自己做了一次免费的广告，超市进一步提升了声誉！

在故事中，倘若俊飞因为一时冲动而和对方"针锋相对"，那么就真的上了别人的当。一旦让事情闹得沸沸扬扬，做再多的解释都无法挽回超市的声誉。

所以，一定不要忽视"说"的作用，运用巧妙的语言"借力打力"，从而突破重围。

5. 对上司说"不"是一门"学问"

拒绝上司对谁来说都不是一件容易的事，尤其是那些刚刚步入社会的职场新人。谁都害怕因为拒绝而得罪了上司，葬送了在公司中的前程。只有学会了对上司说"不"的"学问"，才能既不得罪领导，又可以表明拒绝之意。

通过掌握以上的拒绝技巧，在说话中拒绝别人似乎并没有我们想象的那么可怕。但是，对于大部分人来说，如果把拒绝的对象换成自己的领导，那么在他们看来这似乎是失去理智的自杀行为。毕竟工作中并不乏这样的反面教材：有的员工为了引起领导的注意，总找机会在领导面前慷慨陈词；还有的员工总是自以为是，曾经当众指出领导的不足和失误；更有些员工企图以攻击他人的行为来树立自己的影响，经常在领导面前说三道四、制造舆论。这样的结果往往是遭到排挤。

在精明的领导心中，那些唯唯诺诺的员工只是没有主见的庸才，而那些敢于对领导说"不"的员工才是难得的人才。所以，真正懂得拒绝上司的员工，应该是勇气与智慧并存的：这些人一方面能够以大局为重，不会为了个人的得失而害怕拒绝领导；另一方面也会给领导留足面子，懂得维护领导的尊严。

小陈是一家手机软件开发公司的技术人员。由于最近智能手机的语音搜索功能很流行，于是，小陈的领导很兴奋地给小陈布置了一个新任务，让他去开发一个语音搜索的软件，已解决那些不会打字用户的需求。

小陈想了想，就回答说："要开发这个软件难度很高，需要投入很大，还是不要做为好。"结果领导很生气，不但当时把小陈数落了一顿，而且扣了他当月的奖金。

故事中，小陈的选择是正确的，对于领导委托自己做的事情，一定要善加考虑，然后再作决定。如果因为不懂得拒绝，而接受了无法完成的任务，或者收益小于成本的项目，那么最后就会误了大事。不是因为到期无法交差而被领导狠狠批评一顿，就是会成为替罪羔羊，独自承担全部责任。所以，尽管我们是隶属于上司的员工，但是也要有自己独立的人格，不能不分是非对错地一味服从。

但是，在拒绝上司的同时，一定要讲究方式。比如故事中的小陈，之所以拒绝失败，并不是他的结论有问题，而是他的拒绝方式的问题。当领导兴致勃勃地要求员工去做一件事的时候，一定不能给领导泼冷水。像小陈这样的情况，可以先应承下来，过几天再对领导说："我觉得你提出的想法非常好，我们研究了一下，得到了几个方案，不过这几个方案都需要投入很多时间，开销也比较大。下一步的工作，还需要您的指示。"这样，领导自然会意识到自己的错误，也就可以及时停下来了。

甘罗是战国时代著名大臣甘茂之孙，他从小聪明过人，十二岁就做了秦国的丞相。

在甘罗的爷爷做秦相时，秦王提出了一个让人匪夷所思的要求：他命令满朝文武去找一枚公鸡蛋来给他吃，并限期三天，如果三天内找不到的话，满朝文武都得受罚。眼看期限将近，甘罗发现爷爷散朝之后愁眉苦脸，不停地叹气。于是甘罗问道："爷爷，您有什么烦心的事吗？"做宰相的爷爷说出了事情的原委，并说出了心中的苦恼："我们做臣子的，又不能拒绝大王的要求；可是，不论我们怎么想办法，也不能满足他的愿望。这可如何是好啊？"甘罗想了一想，安慰爷爷说："您先别着急，明天我替您去上朝，我自有办法。"

第二天早上，甘罗穿戴整齐，走进了秦王的宫殿。秦王一眼就看见下面的小孩子，便不高兴地说："一个小娃娃到我这里捣什么乱？你的爷爷呢？"甘罗不慌不忙地说："大王，我爷爷正在家生孩子呢，所以托我替他上朝来了。"满朝文武听了甘罗的话，都哈哈大笑起来，秦王也笑着说道："你这娃娃胡言乱语！男人怎么能生孩子呢？"甘罗也笑着回答说："既然男人不能生孩子，那么公鸡又怎么能下蛋呢？"秦王马上明白了甘罗的用意，取消了自己的无理要求。

故事中的甘罗，用自己的勇气和智慧，得体地拒绝了秦王。秦王不但没有加害于他，反而感叹道："孺子之智，大于其身"。由此可见，当上司提出一件让我们左右为难的任务时，为了不让领导有损颜面，同时把道理讲清楚，我们可以采用旁敲侧击的办法，说出一件与此类似的事情，让上司主动放弃自己的无理要求。

此外，拒绝上司的动机也很重要。如果是为了推诿和逃避责任，那么，不论多么高超的拒绝技巧，多么诚恳的拒绝态度，都最终会被领导识破。只有处于公心的拒绝，真正地为领导、为他人着想，这样的拒绝才能给自己加分。

春秋时代的齐国宰相晏婴，就是拒绝领导的高手。他曾经多次阻止齐景公的错误做法，但是每一次齐景公都欣然接受，而且越来越尊重晏婴。

有一次，齐景公为了修建供自己娱乐的高台，强迫百姓工作，使齐国的百姓苦不堪言。于是，晏婴勇敢地提出了反对意见，并且巧妙的说服了自己的领导。接下来，晏婴马上赶到工地，一边催促百姓加紧干活，一边谩骂和抽打干活的百姓，直到自己累了，才离开了工地。晏婴离开之后，王宫里传来了齐景公的命令，宣布停止建造高台，所有的百姓都可以回家了。百姓们齐声欢呼万岁，心中一边怨恨着晏婴，一边感念着齐景公，高高兴兴地回家去了。

晏婴的出发点是完全为了人民和国君的，所以他的做法才是一个员工拒绝上司的高明做法。他虽然对上司说了"不"，但是故意把"贤名"让给上司，把"恶名"留给自己。这样的员工，怎么可能不被上司赏识呢？

当然，拒绝上司对谁来说都不是一件容易的事，尤其是那些刚刚步入社会的职场新人。谁都害怕因为拒绝而得罪了自己的上司，葬送了自己的前程。然而，唯唯诺诺或者为虎作伥的人也不会有什么前程可言。只有学会了对上司说"不"的"学问"，才能三全其美：既不得罪领导，又可以表明拒绝之意，同时让整个集体朝着良好的方向发展。

—————第十二章—————
幽默技巧，在笑声中解决难题

1. 幽默的语言无往而不胜

一个懂得"幽默技巧"的人，一定是内心阳光，充满自信的人。因为，幽默的最高境界就是自嘲，而自嘲的人一定是充满自信和心胸豁达的。而自嘲的好处不仅可以活跃气氛，消除紧张；还可以在尴尬中自找台阶，保住面子；而且不会伤害到身边的人，是最为安全的方式。

幽默的说话方式是"巧说"的必修课。而幽默不仅是一种语言技巧，更是一种人格修养。幽默的人大多积极乐观，愿意与人交往，喜欢尝试新鲜的事务。所以，在别人的眼里，幽默的人不仅能使平淡的生活充满情趣，更能够帮自己在笑声中打破尴尬。

可以说，幽默是"巧说"者无往不胜的口才利器，哪里有幽默，哪里就有活跃的气氛；哪里有幽默，哪里就有成功的交际；哪里有幽默，那里就有欢乐的笑声。这就是"幽默效应"，它不仅能够帮我们赢得更多的朋友，更能够帮我们打破人生的僵局，获得事业的成功。

新东方教育集团的掌门人俞敏洪，就非常善于运用幽默来打破交往中的尴尬。一次，俞敏洪应邀到同济大学演讲，刚一走上讲台，就引起了台下学生们的一片"嘘"声，因为谁也无法相信这个其貌不扬、穿着随意的人就是身价过亿的新东方董事长。面对如此的尴尬，俞敏洪看看大屏幕上自己的巨幅头像，微笑着说："没想到同学们把我如此'高大'的形象放在大屏幕上。这就是理想与现实的差距。"说罢，台下马上响起了一片笑声，气氛也变得热烈起来。俞敏洪接着说道："我相信同学们看到我的第一眼一定感到非常失望。实际上，每一个人都是非常普通的，我们会发现，生命中非常重要的东西跟我们未来的幸福和成功其实没有太多的联系。比如说相貌。如果说一个人的相貌和成功有关，那就不会有马云和阿里巴巴，因为如果在座的同学认为马云长得好看，那一定是审美出了问题。当然，这并不意味着相貌好看的人就做不成事情。比如说，大家熟悉的百度老总李彦宏，他就英俊潇洒，他所有的照片看上去都像电影明星一样。所以不管相貌如何。都能取得成功。只不过马云和李彦宏坐在一起吃饭的时候，他们通常不太愿意坐在相邻的椅子上，因为两个人的对照到了惨不忍睹的地步，解决的方法就是把我放到他们两人中间，起到一个过渡的作用。"

就这样，俞敏洪在台下的欢笑和掌声中开始了自己的演讲，最终取得了圆满的成功。

其实，在与人交往中，我们难免会遇到尴尬。这时，逃避无法成为我们的救命稻草，只有通过幽默的语言和睿智的思维，才能帮助我们成功化解尴尬，走出交际的困境。

首先，一个懂得"幽默技巧"的人，一定是内心阳光，充满自信的人。因为，幽默的最高境界就是自嘲，而自嘲的人是充满自信和心胸豁达的。而自嘲的好处不仅可以活跃气氛，消除紧张；还可以在尴尬中自找台阶，保住面子；而且不会伤害到身边的人，是最为安全的方式。

曾任北大校长的蔡元培先生就是自嘲的高手。一次，在蔡元培先生七十大寿的时候，上海各界人士在国际饭店大摆筵席，纷纷为他祝寿。面对大家的盛情美意，蔡元培在答谢时也不忘自嘲，他风趣洒脱地说："诸位来为我祝寿，总不外要我多做几年事。我活到了七十岁，就觉得过去六十九年都做错了。要我再活几年，无非要我再做几年错事喽。"

蔡元培校长的故事让我们看到，自嘲在与人交谈中，可以迅速拉近人与人之间的距离，充分展示自己的人格魅力。同时，自嘲也可以用来委婉地对别人进行批评，这样可以让我们学会待人宽厚、与人为善。既不会在对别人不满时暴跳如雷，风度尽失，也不至于在遭受不公平待遇时逆来顺受，做个没用的窝囊废。

当然，运用"幽默技巧"时一定要适可而止。幽默就像是饭后的甜点，吃上一口固然让人心旷神怡，回味悠长。但是，如果吃得太多，就难免会心中起腻，难于消化。所以，我们在与陌生人交际时可以适当穿插幽默，但是千万不要把自己变成笑话连篇的相声演员或者滑稽的小丑。那样只会让人们觉得我们的无聊而轻浮，并不能彰显我们的人格魅力。而且，在别人正处在伤心的时候，或者需要谈论严肃的问题时，幽默也是不合时宜的，只会破坏气氛。

2. 用幽默在尴尬中突围

尴尬是什么呢？事实上，尴尬是人们的一种有意或者无意的失误对自己造成的困局。但任何事物都有两面性，困局有时候是一种考验自己应变能力的机会。当然，能不能成为机会还要看你怎么去应对！

在日常生活中，每个人都有可能遇到尴尬的事情，有时候一句无心的话或者一个随意地举动，甚至是一个微笑等等，都有可能成为让自己下不来台的因素。尤其在公众场合，很多人遇到下不来台会显得万分的尴尬，一时不知道如何是好，面对大家更不知道说什么。因为他心里充满了畏惧、歉疚，显得十分得紧张，有时说不出话来，有时是能说出来一些结结巴巴、枯燥乏味的话，却没有改变尴尬的局面。

所以，我们要学会借助一些幽默或者周围的人和事来化解尴尬！

在一个朋友的生日聚餐上，小王和许多朋友都来这里助兴，并准备一醉方休。所以，在吃完蛋糕后，大家都显得很兴奋。这时候，小王一不小心把过生日的朋友的酒杯碰到了地上。顿时玻璃杯与地面撞击的声音显得尖锐而刺耳，整个场面也沉静了下来。一时间大家都觉得很尴尬，不知道该说什么好，因为毕竟是人家的生日，这显得多不吉利啊！

尤其是小王，更是满脸的愧疚，呆呆的坐在那里一句话也说不出来。正当大家陷入尴尬的时候，小王出乎大家的意料，接着又把另一只玻璃杯扔在了地上，顿时两只玻璃杯被摔得粉碎。正当大家不知该如何收场的时候，小王站起来笑呵呵地说："大家不要紧张，这算是我送给朋友的一份礼物。开始碎了一只杯子，紧接着又碎了一只杯子，这叫一碎（岁）加一碎（岁），岁岁平安，多吉利啊！"

大家听小王这么一解释，都觉得挺有道理的，就连过生日的这位朋友都觉得说的太好了，把注意力集中在了"岁岁平安"上面。就这样，一场尴尬因为小王的口才被化解了。

在尴尬的事情发生后，小王只是短暂的陷入了困窘，但是随后他就放松了下来，用幽默给自己解了围！所以，当遇到尴尬时，不要害怕，要用幽默的语言缓解场面的紧张氛围！

曼德拉也是个很幽默的人。在南部非洲发展共同体首脑会议上，南非前总统曼德拉获得了"卡马勋章"。在获奖感言的开场白中，他幽默地说："这个讲台是为总统们设立的，我这个退休老人今天上台讲话，抢了总统的镜头，我们的总统一定很不高兴。"话音一落，笑声四起。

笑声过后，曼德拉正式发言。当讲到一半时，他发现讲稿的页次乱了，不得不停下来整理。这本来是件有些尴尬的事情，但他却不以为然，一边整理一边脱口而出："我把讲稿的次序弄乱了，你们要原谅一个老人。不过，我知道在座的一位总统，在一次演讲的时候也曾把讲稿的次序弄乱了，但他却不知道，照样往下念。"整个会场哄堂大笑。

作为一位政治家，曼德拉在人们心中的地位是至高无上的，在遇到演讲稿错乱的情况下，如果只是停下来去整理，大家就会嘲笑，甚至扫兴失望，而曼德拉用幽默的方式不仅避免了自己的尴尬，更让大家看到他智慧的一面，对他更加崇拜。

对于每一个人来说，出现尴尬的事情是在所难免的。这时候，幽默是最佳的处理方式，不仅能够缓解尴尬，也表现出一个人的智慧。

3. 幽默帮你撑起"场面"

顾名思义，"场面"就是既要有排场，又要有面子。所以，在场面中的人多少都是能够称得起场面的人！正因为如此，更应该学会说话，学会说场面话，而且说得还得让大家接受和认可！这样才能展现出自己的讲话能力、风范和魅力，符合自己的身份！

在我们的身边，有些人平时看起来挺聪明，而且张口就是非常好听的话，所以人们总感觉这样的人会说话、会办事！真正遇到大场合他们也会变得沉默寡言，甚至一句正儿八经的话都说不出来。就算有些人依然能够"口若悬河"，但是尽是一些无关紧要的话。这就是因为他们缺少锻炼，不会说场面话。

在适当的时候说出一些有魅力的场面话，不仅能为自己赢得尊

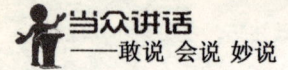

重，也有助于培养人脉圈子！

有一次，校长召集老师们准备开一次座谈会。小张作为一名出色的年轻老师还是校长亲自点名必须要到的人。因为临时有点急事儿，会议马上就要开始的时候，小张才慌里慌张地往会议室跑去。因为太心急，刚跑到门口一不小心被门槛绊倒了，重重地摔在了地上。

这时，小张更加感到难为情了，本来就迟到了，又弄出这样一档子事儿来，一时间不知道该说什么好。谁知校长却风趣地说："不就是开个会吗，干嘛要行这么大的礼啊！没事儿，大家已经接受了你的心意……下次一定要小心点儿！"听到这些，大家都笑了。本来大家都以为小张这下难以收场了，而校长一句幽默的话，让尴尬消失得无影无踪。大家对校长表现出了尊重。

另外，在当众讲话的时候，尤其在出席一些重要的场合的时候，学会暖场在很大程度上也会彰显自己的强大气场，赢得更多人的赞赏和尊重。很多时候，无论是在开会，还是在饭桌上，大家并不一定都相互认识，或者没有找到合适的话题，难免会出现一时的"沉默"。这个时候你要发挥出自己的当众讲话的能力，把气氛围调动起来。

一次庆功晚宴上，在老板托马斯的带领下，大家一起来到一家星级饭店的包间。托马斯招呼大家入座，随后出去接了个电话。当托马斯再回来的时候，发现里面很安静，竟然没有一个人说话。托马斯顿时就明白了，他们当中有些是刚来公司不久的员工，和大家还不是太熟，像这种星级饭店他们也很少来，有些不适应。

于是，托马斯就开玩笑地说："嘿，大家干嘛呢？咱出来是玩快乐，可不是让你们玩沉默的啊！"顿时大家都笑了。接着托马斯就主动和大家聊天，寻找大家感兴趣的话题，并想办法让大家都相互认识。最后，托马斯为了让大家放松，又主动和大家聊一些当年自己年轻时候的事情，并说出一些很精彩、很有感染力的语言，这些都是大家感兴趣的！渐渐地大家的情绪都被调动了起来，里面的气氛也热闹了！

不过，大家都愿意把托马斯当作谈论的中心，因为是托马斯打破了尴尬氛围，让大家摆脱了紧张。所以，托马斯的地位和威望进一步提高，深得大家的支持和认可！

无论在工作还是生活当中，如果陷入冷场，不但会让整个场面显得冷冷清清，更重要的是让大家觉得没有受到应有的尊重，积极性就会降低，肯定会影响事情的发展。相反，这时候如果谁能打破这种"困局"，让场面活跃起来谁就会拥有主动权，理所当然被大家奉为"中心"，产生很强的吸引力和凝聚力。

在公共场合中，那些会说场面话的人总是成为大家关注的焦点。因为大家聚在一起并不是为了"沉默"的，氛围活跃起来、大家的身心放松下来是每个人最想要的。

4. 幽默能救场，也能救命

在生活中，幽默不但能够帮助我们结交朋友，受人欢迎，而且可以避免尴尬，化解危机。甚至于在许多严肃的场合，我们的谈吐也离不开幽默。尤其是我们面对两难的选择或者意外的危机时，幽默能够让我们成功地把场面维持在和谐的氛围之中。

顾维钧是中国著名的外交家，同时是那个时代出名的美男子。但是，他的魅力不仅来自他的风度翩翩，更与他的幽默机智不可分割。

在担任驻美公使时期，顾维钧经常出席一些舞会，而这些舞会虽然是娱乐性质，但是参加的都是各国使团的代表与社会的名流，很可能因为一句话而造成外交上的事故。一次，在舞会上，一位美国的女士突然向顾维钧问道："顾先生，作为中国的驻美大使，您个人是喜欢中国的女士还是美国女士呢？"

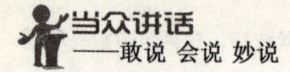

这是一个很难回答的问题，无论选择哪一个答案，都会受到不同的指责。于是顾维钧沉稳地答道："不论是中国的女士还是美国的女士，只要是喜欢我的人，我都喜欢她。"

顾维钧的回答不仅替自己解了围，更向世界展示了中国人的幽默与魅力。

此外，当我们犯了错误又自知理亏的时候，幽默也能够救我们一命。

1671年，以布勒特为首的一个犯罪团伙溜进了伦敦的马丁塔，抢走了英国国王的皇冠。当这伙人逃出伦敦塔的时候，被卫队给围住了，全部束手就擒。

查理二世对这些胆大包天的人充满兴趣，于是亲自去审为首的布勒特，说："听说你在克伦威尔手下的时候诱杀了艾默思，换来了上校和男爵的头衔？"

布勒特说："我只是想知道，这个人是否配得上您所赐的那个地位，如果他很容易地被我给干掉，那么您就能挑选一个更适合的人来接替。"

"没有想到你的胆子变得越来越大了，这下子居然偷起我的皇冠，简直就是胆大包天。"

布勒特说："我也知道这个举动实在是有点太狂妄了，但我也只是想借此机会来提醒陛下关心一下生活没有着落的老兵。"

查理二世问："可你并不是我的部下，需要我关心什么呢？"

布勒特说："我从来都没有与陛下进行过对抗，现在天下太平了，所有的人是陛下的臣民，我当然也是您的部下。"

查理二世说："你说说吧，我应该如何处置你。"

布勒特说："从法律上来讲，我知道应该被处死，但是我们总共五个人，如果处死的话，对于每一位，至少有两个亲人为此流泪。如果从陛下的立场来看，与其让十个人去流泪，还不如让十个人来赞美你。"

查理二世完全没有想到他会如此回答，微微地点了点头，又问道："你觉得自己是个勇士还是一个懦夫？"

布勒特说："自从陛下的通缉令发布之后，我就没有一个安身的地方，在去年为自己举办了一次假出殡，希望借此让人们相信我已经死了，从而不再追捕我，这肯定不是一个勇士的行为。所以说，我在别人面前是勇士，但是在陛下的面前却只是一个懦夫。"

查理二世听了这番话后，不但免除了布勒持的死刑，还赏给他一笔数目不小的财物。

布勒特本来是犯了死罪，但是在查理二世面前，却进行了一番幽默的辩解。最终不仅让自己免除了处罚，还收到了国王的赏赐。布勒特首先恭维了查理二世，所有的人都是陛下的臣民，自己也是他的部下，这就让查理二世有了好感。在中间插了一段得失分析之后，最后又幽默地说自己在别人面前是勇士，但是在陛下的面前却只是一个懦夫。这样一说，就让查理二世高兴起来，最终凭借幽默的口才救了自己一命。

很多人觉得，哪怕是自己犯了错误也要与对方辩上一辩，否则就会让对方抓住把柄，自己会吃大亏。但是，狡辩只会让对方更加生气，后果可能更加不堪设想。

5. 幽默技巧知多少

幽默的谈吐可以在交往中增加我们的魅力，轻松化解尴尬的局面，甚至还可以在关键时候救人一命。那么，究竟如何才能掌握幽默的技巧呢？毕竟，幽默感并不是天生的，想要准确把握幽默的火候和技巧，需要不断的探索和练习。以下是关于掌握幽默方法的一些技巧，希望可以帮助大家学会"巧说"，用幽默的口才为自己的人生成功增加砝码。

　　首先，一个懂得幽默感的人，一定是内心阳光，充满自信的人。因为，幽默的最高境界就是自嘲。

　　自嘲在人际交往中，可以迅速拉近人与人之间的距离，充分展示自己的人格魅力。同时，自嘲也可以用来委婉地对别人进行批评。

　　希腊的大哲学家，西方哲学的奠基人苏格拉底，有一个十分彪悍的妻子。他的妻子不仅不尊重他的学问，而且经常因为他收入微薄而大发脾气。对于这样的"爱妻"，苏格拉底常常自嘲说："有这样的老婆是我的福气，因为，她可以锻炼我的忍耐力，加深我的修养。"

　　有一次，苏格拉底的老婆又发起了脾气，不但大吵大闹，而且很长时间还不肯罢休。苏格拉底没有办法，退避三舍。可是，没想到他刚走出家门，那位怒气难平的"爱妻"就突然从楼上倒下一大盆水，把苏格拉底浇成了一只落汤鸡。就在邻居们都打算看苏格拉底笑话时，苏格拉底抖了抖身上的水，不慌不忙地说："我早就知道，响雷过后必有大雨，果然不出我所料。"

　　面对妻子的泼辣脾气，苏格拉底以他独有的幽默和包容，化解了自己的尴尬。

　　其次，除了自嘲之外，我们也可以开一开别人的玩笑，学会一些幽默的小手段。比如偷换概念就是比较常用的幽默手段之一，当一个词汇具有多义性和歧义性时，我们就可以幽默的偷换概念，把对于一般性思维来说是破坏性的东西，转变为积极性或者建设性的话语。

　　一次，有人向一位先生问路："先生，打扰您一下，我现在想要去医院了解一下情况，请问您要怎样走才能去医院？"

　　这位先生上下打量了一下眼前的这位年轻人，知道他去医院并没有急事，于是幽默地回答说："你想去医院吗？这容易的很啊。只要你闭上眼睛，径直穿过前面那条马路，十分钟以后，你准会躺在医院的床上了。"

　　当然，除了偷换概念之外，我们也可以使用一语双关的手段，利用同音异义词或一词多义的现象，来达到幽默的效果。

有一位外科医生忙了一下午，从手术室出来就向自己的同事抱怨。大家就问他什么事，把他忙成这样。

这位医生说："一个小孩得了痔疮，一下午都在给他动手术。"

大家就七嘴八舌地说："怎么可能呢？一个小孩子怎么可能得痔疮呢？"

于是外科医生一语双关地来了一句："这有什么好奇怪的？俗话说有志（痔）不在年高嘛。"

结果所有的同事都大笑起来。

一语双关的运用关键在于反应灵敏和结合当时场景，往往可以达到出人意料的幽默效果。当然，幽默的手段还有很多，比如夸张、荒谬、自相矛盾，等等。但是，这些手段只是达到幽默的工具，真正想要挥洒自如的运用幽默，还需要多多用心思考，和多多与人交流。

总之，幽默是生活中不可或缺的调味品，是人际关系中一见如故的润滑剂。对于想要学会"巧说"的人来说，掌握幽默的技巧不仅能改善人际关系，摆脱尴尬的困境，更能够促进我们的身心健康。因为，善于使用幽默的人不仅受人喜爱，更能获得别人的友情。

6. 做幽默人，说幽默话

我们要努力成为一个幽默的人，努力去讲幽默的话。因为，幽默是人际关系的润滑剂。幽默还能帮助你把许多不可能变为可能，它所产生的效果远胜于咧嘴一笑。

幽默往往可以给我们的个人魅力加分。而能够随时让人会心一笑的技巧，就是幽默。

马克·吐温是 19 世纪后期美国现实主义文学的杰出代表，也是世界公认的幽默大师。有一次，马克·吐温在某个小城市演讲，他走进一家理发店理发。理发师热情地与他交谈起来，问道："一看您就是外地人，你喜欢我们这个城市吗？"

马克吐温回答说"是啊，我的确是第一次到这里来。但是我觉得这是一个很好的地方。"理发师继续说："马克·吐温先生也很喜欢这里呢，他今天晚上还有一场演讲，您是不是专程赶来听他的演讲的？"

马克·吐温微笑着说："是的，我的确是为他而来。"

理发师问："现在可是一票难求，不知您买到票了没有？"

马克·吐温说："我还没有买票。"

理发师耸了耸肩膀，惋惜地说："那恐怕您要站着听了，因为现在已经没有空座位了。"

马克·吐温也耸了耸肩膀，幽默地说："是啊，每次马克·吐温一演讲，我就只能站着，真倒霉啊。"

还有一次"愚人节"，有人在报纸上登出了马克·吐温的讣告，说一代幽默大师马克·吐温已经与世长辞。马克·吐温的亲戚朋友看到报纸后，纷纷赶到马克·吐温家里吊丧。

可是，当他们看到正在写作的马克·吐温时，惊诧不已，谴责那家造谣的报纸，并怂恿马克·吐温跟他们打官司。

不料马克·吐温的脸上毫无怒色，对在场的亲友说："那家报纸并没有造谣，报道也是千真万确的，他们不过是提前了日期罢了。"

关于马克·吐温机智幽默的故事还有很多，正是这些幽默与诙谐让他成了广受欢迎的人。海伦·凯勒就曾经说过："我喜欢马克吐温。谁会不喜欢他呢？即使是上帝亦会钟爱他，赋予其智慧并于其心灵里绘画出一道爱与信仰的彩虹。"

但是，幽默只是一味调料，并不是正餐主食。所以，在运用幽默时一定要拿捏好尺度。正如马克·吐温在《自传》中所说："为幽默而幽默是不可能经久的。幽默只是一股香味和花絮，我老是训诫人家，这就是我为什么能够坚持30年。"

也许，有很多人希望学习幽默的技巧。其实，通过技巧而产生的幽默并不是真正的幽默，而是一种穿凿和做作。真正的幽默应该是由心而发，脱口而出的，这样才能让别人会心一笑，回味无穷。

要想成为懂得幽默的人，首先要有一个豁达的心胸。真正懂得幽默的人，都是对人生达观，对别人包容的人。而自嘲是幽默的最高境界。

世界文学史上的三座高峰之一，法国文学巨匠巴尔扎克就很懂得自嘲的三昧。他一生著作等身，却也债台高筑，生活十分拮据。一天夜里，小偷光顾了巴尔扎克的家，在他的书房里到处翻找。巴尔扎克在蒙眬中看见了到处乱翻的小偷，就爬起来点亮了一盏灯，并笑着对他说："我亲爱的朋友，我劝你还是省些功夫吧。我在白天都没办法在抽屉里翻出一块钱，你又何必冒着风险，在夜里翻找呢？"小偷一听，只好安静地离开了。

巴尔扎克用自嘲送走了这位梁上君子，自己没有受到伤害。也正是他的这种乐观，让他在艰苦的环境中笔耕不辍，最终成为了一代文学大家。

张大千先生是二十世纪中国画坛上最具传奇色彩的人物，他与梅兰芳先生私交甚笃。抗日战争期间，张大千与梅兰芳都住在上海，战争结束后，张先生离开上海返回四川老家。于是，上海艺术界的朋友们为他设宴饯行，刚好梅兰芳先生也在。

在大家入席的时候，张先生和梅先生却发生了争执，因为两个人谁也不肯坐在上座，你推我让，僵持不下。这时，张大千先生忽然说道："梅先生，你是君子，我是小人。理应你坐上座。"

梅兰芳听了不解其意，其他人听了也觉得莫名其妙。这时，张大千含笑解释道："正所谓君子动口，小人动手。梅先生唱戏动口，你是君子；我画画动手，所以是小人。"一句话引得满堂大笑。

张大千先生的艺术造诣与人格修养让人难以望其项背，他的幽默机智和豁达谦和也征服了一批又一批人。

乌戴特将军是德国的空军将领，他深受官兵爱戴，却患有谢顶的顽疾，但是，这丝毫不影响他的个人魅力。

有一次，乌戴特将军作为主客，参加了德国柏林空军俱乐的宴会。席间，大家纷纷向乌戴特将军敬酒，一位年轻的士兵却在斟酒时一时失手，把酒洒到了乌戴特将军的秃头上。全场顿时陷入尴尬之中，那位失手的士兵也被吓得魂不附体。

正在大家都不知道如何是好的时候，乌戴特将军轻轻地拍了拍士兵的肩，微笑着对他说："老弟，你以为这个办法能够治好我的秃顶吗？无论如何，还是谢谢你的好意，让我们来干一杯吧！"

此言一出，在场的人无不笑得前仰后和，宴会又恢复了欢乐祥和的气氛，人们在心里更加尊敬这位"聪明绝顶"的将军了。

乌戴特将军用自己的幽默挽回了尴尬，也拯救了年轻士兵的失手，同时保持了宴会的气氛，可以说是一举三得。

7. 有些玩笑开不得

在交谈中，只有双方都能欣赏的才叫玩笑。而那些自说自话的幽默，只会让对方觉得莫名其妙，让谈话的气氛变得更为尴尬。如果不顾及交谈对象的感受而乱开玩笑，或者在开玩笑时把握不好分寸，那么就只会自讨没趣，完全达不到幽默原本应有的效果。

幽默的语言可以帮助我们拉近与别人的距离，在尴尬的时候化解危机，固然是我们提升人气的利器。但是，在运用幽默时也需要注意，幽默必须掌握一定的尺度，戏谑自己固然可以化解尴尬，但是讽刺、挪揄别人，却会搬起石头砸自己的脚。而不合时宜的幽默，或者过于荤黄的段子不仅不能为我们的魅力加分，反而会引起别人的反感。

正如俗话所说，饭可以随便吃，玩笑不能随便开。万一掌握不好幽默的分寸，就可能弄巧成拙，伤害到别人的感情，甚至惹起事端。

王璐和李彤是从小一起长大的闺蜜，读书时又是同室女友，平日里形影不离，亲如姐妹。

有一天，王璐和李彤一起去参加一个朋友的婚礼。在婚礼现场，当着一群朋友的面，王璐议论起了李彤的衣着打扮。她用开玩笑的口吻说："李彤，你知不知道，你的裙子像个水桶一样，更加显得你身材臃肿；而你的皮鞋像小船一样，你穿着它活像是舞台上的卓别林。还有，你的发型像鸡窝，头发上那些奇怪的卡子，是你外婆留给你的老古董吗？"其实，王璐在说这些玩笑话时，内心并无恶意，不过是觉得人多热闹，自己活跃一下气氛罢了。更何况，自己和李彤这么亲密，对方一定不会在意。同时，她也想通过这些开玩笑的话，提醒李彤改进一下自己的衣着，将自己打扮得更漂亮一些。然而，李彤却马上翻脸了，她也敬道："我可没你会打扮！你身上哪儿都挺合适，可惜就是没人懂得欣赏，愿意娶你！"

从婚礼上回来以后，两人分别搬去了不同的宿舍，关系也一下子疏远了。两个曾经那么好的朋友，因为过分的玩笑，变成了陌生的路人。

这个故事中，乱开玩笑使两个人失去友情，但下面这个例子里，乱开玩笑却让两个朋友反目成仇，一个赔上了健康，一个身陷囹圄。

王涛和徐磊是一起长大的发小，工作时两个人进了同一个公司，比起其他同事来，关系自然不是一般的亲近。两个人的性格互补：王涛生性大大咧咧，喜欢开玩笑。而徐磊则心思细密，对待工作非常认真。

　　四月一日愚人节那天，王涛打算好好感受一下愚弄别人的乐趣，于是他决定跟自己最好的朋友徐磊开一个大玩笑。

　　当天中午，徐磊正在跟几个同事商量接下来的工作，王涛一脸慌张地跑了过来，惊慌地说："徐磊，不好了，你们家出事了。刚才你弟弟给我打电话说你妈在过马路时出车祸了！正在医院抢救呢！"徐磊一听，差点没晕过去。因为徐磊的父亲去世得早，母亲一手把他和弟弟拉扯长大。没想到自己刚要回报她老人家的养育之恩，结果却出了这样的意外。石磊赶紧跌跌撞撞地跑出办公室联系自己的家人，王涛却在他走后跟同事们说："这个笨蛋，原来这么好骗啊！"说着就自顾自地笑开了。

　　一会儿功夫，徐磊愤怒地冲进办公室，一把揪住王涛的衣襟说道："你这家伙，凭什么乱说话？我刚跟我弟弟通过电话，我妈一点事儿也没有！"王涛却大笑着推开他说："哈哈，没想到你这么容易上当。愚人节嘛，跟你开个玩笑怎么了！"徐磊看到王涛嬉皮笑脸的样子更生气了，一怒之下拿起桌子上的裁纸刀就向王涛刺了过去，嘴里说道："我也跟你开个玩笑，怎么样？"

　　结果王涛倒在了血泊之中，同事们都吓坏了，赶紧叫来了救护车。经过抢救，王涛总算捡回来一条命，可是他的胃却被切除了，以后只能吃很少的几种食物。而徐磊则因为故意伤害罪被判了六年有期徒刑，而这一切的最初起因不过是因为一个开过了头的玩笑。

　　所以，我们在平时开玩笑的时候，一定要把握分寸。诙谐而不伤人的幽默才有亲和力，以下是开玩笑时应该注意的几点事项。

　　首先，玩笑的内容要健康。

　　与人为善是幽默的第一个原则，懂得幽默技巧的人会让大家在开玩笑的过程中达到感情交流的目的。如果你借着开玩笑的时候对别人冷嘲热讽，甚至于肆无忌惮地攻击和取笑他人，那么除非对方是傻瓜才不会识破你的本意。当幽默失去了它的善意，那么也就变成了让人讨厌的讽刺和挖苦了。要知道，虽然不是所有人都像你一样口齿伶俐，虽然你在讽刺别人时表面上会占到上风，但是所有人都能够在交谈中明辨是非，当对方觉得你不能尊重他时，他就会不愿再与你交往，甚至会找机会对你进行报复。

其次，开玩笑的行为要适度。

开玩笑除了要注意内容健康外，还要注意行为的适度。因为，幽默既可以借助语言，有时也可以通过行为动作来逗别人发笑。但是，不论是语言还是行为，如果玩笑开过了头，那么最终一定是以欢笑开场，以悲伤谢幕。前面讲述的好朋友因为开玩笑而反目的故事，就是因为一方失去了对"度"的把握。

最后，开玩笑时针对不同的对象要区别对待。

懂得"巧说"的人知道，同一个玩笑，对朋友说得，对陌生人就说不得；对下属说得，对领导就说不得；对成年人说得，对小孩子就说不得；对男人说得，对女人就说不得。如此种种，都是告诉我们在开玩笑的时候，要针对对方的身份、性别、年龄不同，加以区别的对待。

比如，在逢年过节，一家人团聚的日子里，和长辈、晚辈开个玩笑，幽默一下可以让气氛更加热闹。但是千万要注意自己的身份，不可轻佻放肆，特别不要讲那些不健康的段子。

再比如，和第一次见面的陌生人，尤其对方是异性时，只有两个人单独相处的场合下最好不要开玩笑。这个时候，彼此还没有完全熟悉，内心存在着一定的陌生感。如果你讲了一个玩笑，对方没有反应过来，气氛反而会更加尴尬。搞不好还会引起对方反感，结果弄巧成拙。

当然，在和残疾人开玩笑时，也一定要注意避讳。俗话说，当着矮人莫说短话。每个人的心里都有不愿意让人提及的痛苦，对于残疾人来说尤其如此。如果你用别人的痛苦作为笑料，那么不但被取笑的人会心生不快，其他人也会觉得你缺少教养。

还有就是当很熟悉的朋友正在进行正式的商务洽谈时，最好不要

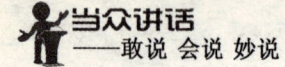
去和自己的朋友开玩笑。因为在这种严肃的气氛中，双方已经奠定了合作的基调，而你突然介入去和朋友开一句无关紧要的玩笑，一方面可能会转移人家的注意力，另一方面也很可能给自己带来尴尬。毕竟打断别人的话题，是十分不礼貌的行为。

总而言之，幽默是为了更好地拉近彼此的距离，而不是自我炫耀或者攻击对方弱点的武器。